KB150019

상식이 그리운 시대, 인문학으로 풀어보는

블로그 경제학

상식이 그리운 시대, 인문학으로 풀어보는

블로그 경제학

한성안 지음

진화
경제학

팩컴북스

반드시 읽어야 할
서문

경제학은 인간의 삶을 연구한다

인간은 물질적 기초 위에서 비로소 생활할 수 있으며, 물질과 가장 밀접한 관계를 맺으며 살아간다. 경제학은 이런 물질적 삶의 과정을 연구하는 학문으로 인간의 삶과 가장 직접적인 관계를 가진다고 볼 수 있다. 그러므로 경제학은 마땅히 우리의 관심 대상이 되어야 한다.

자연현상을 연구하는 자연과학과 달리 사회과학은 인간사회를 연구대상으로 삼는다. 사회과학은 인간사회의 존재방식과 그 진화과정을 적절하게 묘사해주어야 하며, 이 과정에서 모형이 동원된다. 그리고 이 모형은 현실을 최대한 반영할 수 있어야 한다. 경제학이 사회과학의 범주에 포함되는 한 경세학이 구축한 모형노 그렇게 되어야한다.

하지만 경제학의 현장은 그렇지 못하다. 경제학은 인간들이 살아가고 있는 대다수 현실을 외면하고 있다. 이로 인해 많은 사람들이 경제학에 대해 무관심할 뿐 아니라 사회과학 중에서 기피대상 1호로 여긴다. 그 결과 대학에서는 경제학과가 속속 폐과되고 있다. 더욱이 비정규직과 무차별적 해고, 사회 양극화에 대한 무관심을 넘어서 그것을 '학술적으로' 옹호하는 것을 볼 때, 경제학은 인간의 삶에 대해 심지어 적대적이기까지 하다.

이 책은 경제학과 인간의 삶 사이에 가로놓인 적대적 장벽을 철폐하고 양자의 화해를 시도한다. 양자의 대화만으로는 화해가 이루어질 수 없다. 그러므로 이 책이 시도하는 화해 전략은 '방법론적'이다. 왜냐하면 경제를 이해하는 접근방법(approach)을 개선함으로써 경제학과 인간의 삶이 적대적 관계를 청산할 수 있을 뿐 아니라 전자가 후자에 기여할 수 있기 때문이다.

경제학은 인문학으로부터 출발해야 한다

첫 번째 접근방식으로 이 책은 경제학을 인문학과 연결시키고 있다. 주류 경제학은 토지와 자본, 기계 등 물질로 충만하다. 거기에서는 노동마저도 기계와 같이 한 '단위'의 물질로 취급한다. 그리고 이러한 '생산의 세 가지 요소들'은 수학적 원리에 따라 작동하며 '함수식'으로 관계할 뿐이다. 그 결과, 경제학에서 인간은 사라지고 인간의 관계도 탈색되어버렸다.

　그러나 경제는 인간의 활동이다. 따라서 경제학은 인간에 대한 연구, 곧 인문학으로부터 출발해야 한다. 인문학이 배제된 경제학은 컴퓨터공학으로 전락할 것이고, 현실경제를 설명하지도 못한다. 인문학적 성찰을 중시하는 이 책의 방법론은 신고전학파 주류 경제학이나 마르크스 경제학과 다르다.

경제학은 보편적이지 않다

둘째, 이 책은 경제학 연구의 '다양성'을 시도하고 있다. 모든 사회과학은 역사적, 문화적 맥락을 기반으로 형성되었다. 곧, 사회과학은 보편적 학문이 아니라 시간과 공간에 따라 달라지는 특수한 학문이다. 나아가, 특정 시간과 공간 안에 서로 다른 사람들이 공존한다. 이 경우 사람에 따라 세상을 보는 방식이 다르며 경제를 이해하는 방식도 다르다. 한 개인이나 집단이 처한 경제적, 사회적, 문화적 조건에 따라 경제학 자체가 다르다는 것이다. 결국, 경제를 연구하는 방법, 곧 경제학은 시대, 공간(특히 국가), 관찰자가 처한 조건에 따라 달라야 한다.

경제학 연구방법의 '다양성'은 이 책이 시도하는 중요한 화해 전략이다. 다양성을 존중하는 이 책의 접근방식도 앞의 두 정통 경제학과 대립되는 점이다.

일원론적인 방법론은 잘못되었다

셋째, 이 책은 경제현상을 다원론적 접근방식(pluralism)으로 분석하고 있다. 다원론적 연구방법은 특정 경제현상을 여러 가지 요인들이 상호작용한 결과로 이해하는 방법을 의미한다. 이는 경제현상을 하나의 요인, 특히 경제적 요인만으로 이해하는 주류 경제학의 일원론적 방법론(monism)과 다르다.

예컨대, 성장이라는 경제적 결과는 가격이나 자본 등 경제적 요인만으로 설명될 수 없다. 그것은 기술, 정치권력, 사회적 관계, 문화적 습관과 같이 다양한 '비경제적 요인들'이 복잡한 방식으로 함께 작용한 결과다. 이런 점에서 다원론적 연구방법은 경제학 안에 비경제적 요인들을 포함시키는 것을 의미하기도 한다.

비주류 경제학으로 경제를 이해한다

이러한 세 가지 전략으로부터 네 번째 전략이 자연스럽게 도출된다. 이미 우리는 경제학이 유일하지 않고 다양한 방법론으로부터 연구될 수 있다고 주장하였다. 인문학적 성찰이 결여되어 있어 행위자의 행태가 극도로 단순하게 가정되어 있으며, 경제현상을 일원론적으로 이해함으로써 '경제학에 대해' 보편적 지위를 부여하는 경제학을 우리는 잘 알고 있다. 우리에게 가장 익숙한 경제학을 '신고전학파 경제학' 이라 부르며 이것이 경제학계의 '주류(mainstream)' 를 형성한다. 즉, 지금까지 우리가 '경제학' 이라고 언급해온 경제학이다.

반면, 인간에 대한 단순한 가정을 지양하고 경제현상에 다양한 비경제적 요인을 개입시킴으로써 경제적 요인에 특수적 지위만을 인정하는 경제학도 존재한다. 우리에게 익숙하지 않는 이러한 경제학에는 진화 경제학, 케인즈 경제학, 마르크스 경제학 등이 포함된다. 비주류를 형성하는 이들 중에서도 케인즈 경제학과 특히 진화 경제학(evolutionary economics)이 다원론적 방법을 선호한다.

결국, 이 책은 진화 경제학을 비롯한 '비주류 경제학의 관점' 으로부터 경제를 이해함으로써 경제학과 삶의 화해를 시도한다. 이제 경제학 자체가 잘못된 것이 아니라 주류 경제학, 곧 신고전학파 주류 경제학이 잘못된 것으로 문장을 다시 써야 할 시점에 이르렀다. 경제현상을 이해하고 삶을 개선시키기 위해서 경제학은 여전히 중요하다.

시민의 입장으로부터 경제를 바라본다

경제학이 경제로부터 삶을 거세해버렸다는 말은 다양한 의미를 담고 있다. 물론 그것은 수학이 과도하게 사용됨으로써 수학적 논리구조에 맞지 않는 요인과 내용들을 경제학으로부터 빼버렸다는 것을 의미하는데, 그것은 이보다 더 큰 의미를 담고 있다. 앞에서 말한 신고전학파 주류 경제학은 공급사이드 경제학이다. 간단하게 말해 기업의 입장에서 경제모형을 구축한다는 것이다. 나아가 수요자도 사실 기업의 행동방식과 다르지 않게 해석된다. 수요자는 기업의 종속변수에 불과하기 때문에 주류 경제학 모형에서 소비자 이론은 지극히 단순하다. 소비자는 극대화를 추구하고 계산에만 능한 자동기계일 뿐이다. 그러나, 소비자는 기업과 다르게 행동한다. 그들은 시장공간은 물론 위르겐 하버마스(Jurgen Habermas)가 말한 '생활세계'에서 살아가는 '시민'이기도 하다. 그들은 정치적, 사회적으로 행동할 뿐 아니라 문화적으로도 행동한다. 그들은 전통과 습관에 구속되는 동시에 정의와 도덕과 같은 가치를 추구하기도 한다. 이 책은 경제를 수요자, 소비자, 더 나아가 비기업 주체인 시민의 입장에서 이해하고자 한다.

경제학에서 시민의 입장을 복원하려는 기획 의도는 새로운 경제학 모형을 구축함으로써 실현될 수 있을 것이다. 하지만 그 기획의 달성은 요원하다. 이 책은 그러한 의도를 다른 방식으로 구현하였다. 경제학은 사회과학이다. 이미 언급한 것처럼 사회과학은 보편학문이 아니라 계급 특수적이며 시공간적으로 특수한 학문이다. 그러므로 경제현상에 접근하는 방식은 시간, 지역, 계급에 따라 다르다. 그것은 경제학이 논쟁의 여지가 있는 주제, 곧 쟁점들을 수없이 포함하고 있다는 것을 의미한다. 다시 말하면 경제학은 다양한 논쟁을 반드시 필요로 한다는 사실을 내포한다. 지금까지 논쟁은 학자들의 전유물이었다. 그렇지만 경제적 삶과 가장 직접적인 관련성을 갖는 사람은 시민임에도 불구하고. 이 책은 경제학 논쟁에 시민들을 직접 참여시킴으로써 경제학을 시민들의 품으로 돌려주고자 하였다.

이 책은 최근 2년간 필자의 블로그 '한성안 교수의 경제학 광장

(http://blog.naver.com/saintcomf)'에 올린 글들 중 경제학과 관련된 글들을 모은 것이다. 실제 블로그에는 경제현실에서 생업에 종사하고 있는 수많은 누리꾼들의 흥미진진한 댓글과 답글이 수없이 달려 있다. 지면관계상 모든 논쟁을 수록하지 못하고 그중에서도 경제학 논쟁과 관련된 내용들을 선별하여 수록했다. 시민들이 경제학 논점을 정확히 지적했다는 점은 매우 의의가 있다. 그리고 그러한 논쟁은 독자들에게 본문의 내용을 더 깊이 있게 이해하도록 해준다는 점에서도 가치가 매우 크다. 이러한 시민들의 일상적 생각이야말로 이 책이 가장 자랑스럽게 제시하고 싶은 창의적 기획이다.

이 책의 서술내용과 서술방향은 경제학에 대한 인문학적 성찰, 경제학의 다양성, 다원론적 연구방법, 시민 주체의 경제학, 경제학 연구에 대한 시민들의 참여로 요약된다. 이것은 결국 경제학과 인간의 삶을 화해시키고자 하는 이 책의 기획의도를 뒷받침한다. 이러한 의도는 본래 비주류 경제학이 오랫동안 지향했던 것들이다. 이 책을 통해 경제학과 가까워질 뿐 아니라 경제를 새로운 방식으로부터 이해할 수 있기를 바란다.

이 책의 출간은 이름 모를 시민들의 자발적 토론에 힘입었다. 참여한 시민들에게 일일이 허락을 받지 못하여 죄송스럽게 생각한다. 오래된 우정에 기대어 용서를 구하는 동시에 심심한 감사를 드린다. 나아가, 무능한 서생을 위해 생활전선에서 노력을 아끼시 않고 있는 영원한 후원자이자 연인인 아내는 항상 내게 최대의 감사를 받아야 할 사람이다.

마지막으로 부족한 원고가 세상에 나올 수 있도록 소중한 기회를 제공해주신 팩컴코리아㈜ 김경수 대표님, 기획과 편집을 맡아 수고한 박향미 편집장님, 그리고 팩컴코리아㈜의 가족들에게 깊은 감사의 마음을 전한다.

2012년 2월

한성안

C|O|N|T|E|N|T|S

경제현실과 경제정책

CONTENTS

대안을 찾아서

경제를 다르게 바라보는 방법

이 장에서 우리는 경제를 다르게 이해하는 방법을 알아보고자 한다. 다르게 이해한다는 것은 지금까지 우리에게 익숙한 방식으로부터 벗어난다는 것을 의미한다. 그렇다면 우리에게 익숙한 방식은 도대체 무엇인가? 고등학교 시절 《정치·경제》와 대학의 《경제학원론》을 통해 보편적 진리로 배웠던 '신고전학파 주류 경제학'의 방식이다. 카를 멩거(Carl Menger)와 레옹 왈라스(Leon Walras)로부터 시작한 이러한 방법론은 공식적 제도를 통해 우리의 뇌리에 각인되어 이제 습관처럼 되어버렸다.

이 장은 그러한 사유습성과 다른 방식으로 경제를 이해할 채널을 제공한다. 서문에서도 언급했듯이 이러한 다른 채널은 경제학과 인문학의 결합, 다원론적 방법, 시민 주체의 경제라는 특징을 보여준다. 이런 방법으로 경제를 이해하는 방식을 세칭 '비주류 경제학(nonmainstream economics)'이라고 부른다. 여기에는 대략 소스타인 베블런과 조지프 슘페터로부터 출발하는 진화 경제학, 존 메이너드 케인즈(John M. Keynes)로부터 시작하는 케인즈 경제학, 그리고 칼 마르크스의 마르크스 경제학이 포함된다.

부동산 광풍 시대,
집은 투자의 대상이 아니라
삶의 공간이다

나는 우리집을 무척 좋아하며 자랑스럽게 생각한다. 실제로 우리집을 방문해본 사람들은 이구동성으로 부러워한다. 물론 입발림일 수도 있지만 표본의 사례가 커질수록 통계량은 모집단의 모수에 근접해간다는 통계학적 법칙, 곧 '큰 수의 법칙(law of large numbers)'을 감안하면 진실에 가까운 것 같다.

집 넓이는 약 166제곱미터이며, 거실 바닥은 대리석으로 깔려 있다. 거실은 유럽식으로 매우 넓다. 대학생 시절의 동아리 친구들이 크리스마스 때마다 우리집에서 집단으로 혼숙하는데, 이들 사이에서 우리집은 '성안리조트'로 칭송(?)된다. 거실엔 벽난로가 설치되어 있어 겨울이면 장작으로 불을 지피며 낭만적으로 산다.

우리집 뒤뜰은 바로 금정산으로 연결되어 있어 마음만 먹으면 등산화를 신고 산으로 갈 수 있다. 우리집으로 연결된 가파른 등산로를 매주 타다보니 웬만한 산길은 펄펄 날아다닌다. 5, 6년 전 소모임에서 등산갔을 때 회원들이 날 업고 올랐던 시절과 비교하면 격세지감(隔世之感)이다. 나는 이 집을 통해 낭만과 함께 건강을 얻었다.

커다란 풍산개 한 마리도 함께 살고 있는데, 그 녀석에게는 뒷산이 제 집이다. 뒷산이 자기 마당이나 다름없으니 자유롭게 뛰어논다. 내 공부방이 뒤뜰에 붙어 있으니 나와 항상 눈이 마주쳐 별로 심심하지 않을 것이다. 도시에서는 이런 위풍당당 풍산개를 키울 수가 없지만, 우리집에서는 키우고 있다. 나는 자연과 공존하고 있기 때문에 본의 아니게 환경주의자가 되어버렸다.

집이 지하철로부터 5분 거리에 있으니 불편하지도 않다. 걸어서 오면 약간 가파르지만 가벼운 운동에 불과하다. 이 집을 살 때 알게 된 일이지만, 원래 주인이 우리 지역의 유명한 놀이공원 사장이어서 집을 고급으로 꾸몄다는 이야기를 들었다. 매일 '평등'이나 '못 가진 자'에 대해 얘기하다가 우리집 이야기를 해보니 영 다른 느낌이다.

나는 부자다. 맞다! 매우 부자다. 그리고 깨끗하고 쾌적하게 살고 있다.

그런데, 이 집의 공시가격은 7천만 원이다. 가격을 공개해버렸으니 비싼 값으로 팔아먹기는 글렀다. 빌라이기 때문에 이렇게 싸다. 그나마 이 가격도 살 때보다 값이 떨어진 것이다. 자산 가치로 보면 나는 분명 부자가 아니어서 불행하리라. 하지만 스스로 매우 부자라고 생각하고 있으며, 이 집에서 아주 행복한 삶을 누리고 있다.

10년 전 이 집을 살 때는 모든 사람들이 말렸다. 빌라는 가격이 자꾸 떨어지기 때문에 투자 가치가 없다는 것이다. 하지만 우리 가족은 집을 투자 대상이 아닌 삶의 공간으로 생각했기 때문에 그러한 충고에도 아랑곳하지 않았다. 굳이 경제적으로 계산하지 않더라도, 그동안 집값 상승분을 훨씬 능가하는 경제적 혜택을 누린 것 같다.

내가 생각하는 '경제학'과 '경제'는 효율과 경쟁, 이윤으로 회칠되어 있지 않다. 경제활동은 '얼마나 소유할 것인가'에 관한 욕망보다 '어떻게 살 것인가'와 같은 인문학적 질문과 항상 연결되어 있다. 인문학적 성찰을 망각해버린 경제는 '경제'가 아니라 '시장'일 뿐이다. 신고전학파 주류 경제학은 경제(economy)와 시장(market)을 혼동하고 있다. 하지만 나의 경제학은 시장이 아니라 경제를 연구해야 한다. 그래야 인간은 행복해진다.

댓글토론

쥐쌍스 : '어떻게 살 것인가'에 대한 인문학적 질문에 매우 공감합니다. 교수님의 집에서는 더위에도 건강할 것 같아요. 열대야로 시달리는 도심의 우리와 달리 금정산 자락에서 산바람이 불어올 것 같은데요.

↳ 한성안 : 경제생활은 인간의 생활이니 경제활동은 인문학적 질문과 관련되어야겠죠. 그래야 경제학이 인간의 행복을 증신시키는 데 기여할 겁니다. 그런데, 요즘은 경제학이 인문학적 질문을 망각해버려서 행복은커녕 불행만 가중시키고 있습니다.

사고뭉치 : 교수님께서는 7천만 원의 성에서 왕 노릇을 하시는데, 서울에선 몇 억 원이 있어도 힘들죠. 어떤 때는 서울 사람들이 매우 딱하다는 생각이 듭니다.

↳ **한성안** : 원효대사 왈 '일체유심조(一切唯心造)' 라……. 생각만 바꾸면 됩니다. 경제의 본래적 의미로만 돌아가면 될 거예요. 서울에서는 이 돈으로 6.6제곱미터나 살 수 있으려나 모르겠습니다.

DREAMER : 저도 바람이 있다면, 제가 살고 있는 공간에서 여유를 가지고 싶은데, 현실은 가혹합니다. 서울의 주택(아파트) 가격은 너무 높아 정상적인 급여 소득자로서 교수님이 공개하신 면적만한 거실을 가지려면……. 음, 그냥, 죽는 수밖에 없습니다.

↳ **한성안** : 오, DREAMER님. 죽지 말고 끝까지 살아남으십시오. 집은 살림의 장소, 곧 '살림집' 입니다. 부동산 장사로 얼룩진 경제가 안정된다면, 우리의 아파트는 '살림집' 이 될 것입니다.

모피 패션쇼와
윤리적 소비

경제학은 인간의 물질적 생활에 관한 문제를 다루는 학문이다. 그러므로 경제학에서 '인간', 곧 행위자가 논의의 출발점이 되어야 할 것이다. 그러나 경제학에서 인간 그 자체에 대한 관심은 의외로 부족하기 때문에 중심에 서야 할 인간에 대한 인문학적 성찰은 전무하다. 이로 인해 인간은 경제학에서 지극히 단순하게 처리될 뿐이다.

경제학이 인간과 관련될 때 관심을 가지는 주제 중 하나는 인간의 인지능력에 관한 것이다. 주류 경제학은 인간의 인지능력이 완전하다고 가정한다. 곧, 완전 합리성(perfect rationality)의 가정이 그것이다. 아마 하느님의 '생기'가 주입되어서 그의 형상을 닮았으니 그렇게 가정될 수도 있겠다. 이들은 인간의 합리성을 완전하다고 가정하기 때문에 그의 판단은 항상 정당성을 갖는다. 따라서, 인간의 판단과 그 자유는 존중되어야 한다. 이런 인간 존중 사상이 지극히 반인간적인(?) 신학에 기초하고 있다는 점은 매우 역설적이다.

그런데, 허버트 사이먼(Herbert A. Simon)이 주장한 것처럼 인간은 그다지 합리적이지 않다. 이러한 '제한적 합리성(bounded rationality)'에 관한 가정은 인간이 자연으로부터 진화해왔기 때문이리라. 그 때문에 비주류 경제학, 특히 진화 경제학은 인간의 합리성이 한계를 보여준다고 가정한다. 인간은 계산상 빈번히 오류를 범할 뿐 아니라 판단을 그르치기도 하고, 빗나간 예측도 자주 한다. 우수한 두뇌와 최대의 정보량을 자랑하는 경제연구소와 정부 당국의 경제전망치가 한 번도 적중하지 않은 일은 이런 사실들을 적나라하게 입증해준다. 이처럼 인간의 판단이 항상 옳지는 않다.

인지능력의 한계는 인식에 대한 편향성, 곧 '가치편향성'에서도 발견된다. 주류 경제학은 경제적 관점에서 인간의 합리성이 완전하다고 본다. 그런데 경제적인 관점에서 볼 때, 합리적으로 생각했더라도 그 결과는 치명적일 수가 있다. 경제적 합리성에 따른 행동은 비윤리적이거나 비도덕적인 결과를 초래할 수 있기 때문이다. 예컨대, 무기를 생산하는 기업과 종업원은 무기를 생산해서 이윤과 일자리를 얻겠지만, 그 결과 무고한 타인을 살상한다. 경제주의적으로 편향된 그의 합리성은 무슨 짓이든 해서 개인에게 이익을 가져다주지만 급기야는 타인의 신체나 생명을 해치는 것이다.

생명을 해치면서까지 경제활동을 해야 한다면, 그러한 경제활동은 마땅히 중단되어야 할 것이다. 경제활동은 모름지기 '살리는 것'을 목적으로 하지 '죽이는 것'을 목적으로 하지 않기 때문이다. 즉 인간의 경제적 활동이 반드시 도덕적 정당성을 갖지는 않는다는 말이다.

우리의 소비활동도 그렇다. 예컨대, 우리의 욕구를 충족시켜주거나 필요하더라도 만약 우리의 소비행동이 다른 생명을 희생시킨 대가라면 대다수 시민들은 이런 소비에 동의하지 않을 것이다. 나아가 인간의 욕망을 충족시키려는 소비활동이 자신의 생존 기반이자 그 자체로 가치를 지니는 또 다른 생명인 자연을 무자비하게 해친다면 그 소비는 멈추어야 한다. 생명보다 더 중요한 가치는 없기 때문이다.

결국, 인간의 소비활동이 멈추어야 하고 욕망이 통제되어야 할 절대적 기준은 생명이어야 한다. 그러므로 인간의 소비활동은 생명을 존중할 정도로 윤리적이어야 한다.

그런데, 적지 않은 사람들이 자신의 욕망을 채우고 자신의 부를 과시하기 위해 죽임의 경제활동에 몰두하고 있다. 오세훈 전 서울시장 시절에 한강 세빛둥둥섬에서 열린 명품 패션쇼에 등장한 모피 제품의 비윤리성이 사회적 이슈가 되었었다. 모피 코트 한 벌을 만드는 데 밍크가 60~80마리, 여우는 15~20마리가 들어간다고 한다. 그것도 모자라 털을 세우기 위해 산 채로 가죽을 벗기기도 한다고 들었다.

인간의 욕망을 채우기 위해 숱한 생명이 죽임을 당하며, 그것도 무참하게 학살되고 있는 것이다. 그러한 행위에 대해 그들은 어떤 죄책감과 측은지심도 느끼지 않는다. 인간의 이러한 소비행위는 결코 정당하지 않다. 그 소비활동은 단지 경제적 기준과 인간의 욕망에 기초하기 때문이다. 오히려 비윤리적일 정도로 매우 비합리적이다. 그 대가는 크다. 생명에 대한 살상과 잔혹함이며 공멸이다.

경제학은 인간이 더 겸허해야 하고, 더 윤리적이어야 한다는 것을 가르쳐야 한다. 인간이 윤리적으로 성찰할 때 '미학적'일 뿐 아니라 지속 가능한 공존의 사회를 이루어낼 수 있다.

댓글토론

찬 : 1997년~1998년 외환위기로 나라 전체가 파산지경에 놓여 있을 때, 국내의 모피 제품은 바닥이 났고 외국으로부터 엄청난 물량의 모피 코트가 긴급 수입되어 판매되었습니다. 나라가 망해도, 동물보호를 위해 시민들이 길거리에 나와 목이 터져라 외쳐도, 모피 코트를 사는 사람들의 귀에는 그런 소리가 전혀 들리지 않는 모양입니다.

↳ 한성안 : 신고전학파 주류 경제학은 행위자를 동질적인 것으로 이해하고 있지만, 케인즈 경제학이나 진화 경제학은 행위자를 이질적인 것으로 이해하고 있습니다. 따라서 윤리적 소비를 지향하는 사람이 있는 반면, 이에 아랑곳하지 않고 오직 소비 그 자체에만 탐닉하는 사람도 있습니다. 신고전학파 주류 경제학은 후자에 정당성을 부여하며 이를 권장하는 반면, 비주류 경제학은 전자에 정당성을 부여합니다. 제가 블로그에서 신고전학파 주류 경제학의 '연구방법론'을 비판하는 이유가 바로 여기에 있습니다. 경제 그 자체가 아니라 '경제를 이해하는 방법'이 개선되지 않으면 죽임의 경제활동은 멈추기 어려울 것입니다.

공주님 : 인간은 과시적 소비와 모방적 소비를 하는 존재여서, 모피 코트와 같

이 자신의 능력이나 지위를 대변할 만한 가치 있는 물품들을 꾸준히 소비하고 사용합니다. 우리는 과시하고 모방하는 것만이 자신을 드러내는 것이 아니라는 것을 깨달아야 하며, 내면을 가꾸어 진정한 자아를 발견하고 깨닫는 것이 급선무라고 생각합니다.

↳ 한성안 : 공주님과 같은 깨어 있는 소비자들이야말로, 상대방에 숨겨진 내면의 세계를 이해할 수 있을 것 같군요.

스토퍼 : 개인의 목적과 욕구 충족을 위해서 동물들의 생명을 이렇게 쉽게 빼앗는 현실이 너무 이기적이고 무섭네요. 동물도 인간과 같이 매우 소중한 존재인데도 이기심 때문에 많은 동물들이 죽어나가는 게 너무 슬픕니다. 당사자들은 왜 이러한 문제점들을 깨닫지 못하고, 환경단체나 일반 시민들이 더 잘 알고 막으려고 하는지 정말 답답하네요.

↳ 한성안 : 개인의 욕망추구가 최고의 선이라는 보수 경제학과 보수 신문들의 세뇌 때문이죠. 그래서 깨어 있는 시민들이 필요한 것입니다.

ALANRICKMAN : 인간의 이기심 때문에 많은 동물들이 죽임을 당하고 있군요. 하지만 이 시위나 집회를 하는 사람이나 저소득층을 제외하고, 상류층은 대수롭지 않게 모피 코트를 입을 테고 중산층은 겉멋과 과시를 위해 구입할 것입니다. 모피 코트가 부의 상징이 아니어야 비로소 소비가 줄어들겠죠. 인간의 합리성이 완전하다면 몇십 마리의 동물을 희생하면서까지 옷을 입지는 않을 것입니다. 그리고 여우, 밍크 등의 동물이 희생된다고 할 때, 오리도 동물이므로 오리털 점퍼도 비판되어야 합니다. 윤리적 소비를 주장하는 사람들의 말을 따르려면 우리는 앞으로 인공으로 제작된 옷들만 입어야 하겠죠. 그래서 그런지 저는 어느 입장도 변호해줄 수 없을 것 같습니다.

↳ 한성안 : 이제 매우 어려운 시점, 곧 외통수에 도달했습니다. 여기서 고민이 시작됩니다. 이러지도 저러지도 못하지만 결단을 내려 행동해야 하는 것, 이것이 실존적 인간이 직면하는 불편한 진실입니다. 이제 ALANRICKMAN 님 앞에 드디어 자유가 주어졌군요. 자유는 실로 무거운 짐입니다. 짐을 내려놓을 것인가? 그 짐을 지고 언덕을 끝없이 오를 것인가? 그런데, 이 진실은 우리에게 구체적인 답과 실천을 요구하고 있습니다.

후쿠시마 원전 폭발과
자연이 내린 선물

인간의 본성은 무엇인가? 고대 이후 많은 학자들이 이런 인문학적 질문에 끊임없이 매달려왔다. 잘 알려진 바와 같이 맹자는 성선설을, 순자는 성악설을 주장하였다. 그리고 근대사회로 접어들면서 장 자크 루소(Jean-Jacques Rousseau)와 토머스 홉스(Thomas Hobbes)가 각각 성선설과 성악설을 주장하였다. 하지만 이들은 인간의 본능을 하나로 환원시켜버린다. 곧 '단일본능론'으로 인간과 세상을 이해하는 것이다.

의식주에 관한 주제를 가장 직접적으로 다룬다는 점에서 볼 때 경제학은 사회과학 중에서도 대단히 물질적인 학문에 속한다. 그런데 이런 물질적인 학문이 역설적으로 인문학적 질문에 가장 깊게 뿌리를 내리고 있다.

애덤 스미스(Adam Smith)를 왜곡한 측면이 없진 않지만 신고전학파 주류 경제학은 인간의 행동을 이기적인 것으로 보고 있다. 이기심이란 인간관계에서 자신의 이익만 추구하는 것을 넘어 타인을 희생시키는 행동도 포함한다. 이런 생각은 근본적으로 성악설로부터 출발한다고 볼 수 있다. 신고전학파 주류 경제학에서 인간의 행동과 본성은 각각 이기심과 성악설로 환원된다.

신고전학파 주류 경제학자들이 인간의 본능을 이기심으로 환원하는 것에 반대하면서, 진화적 제도 경제학자 소스타인 베블런(Thorstein Veblen)은 '다중본능론'을 주장한다. 곧, 인간은 진화과정에서 이기심과 이타심을 함께 획득했다는 것이다.

베블런에 의하면 수만 년 동안 진행된 진화과정에서 인간은 집단에 속하지 않으면 생존할 수 없었다. 이런 과정에서 인간은 이기심만으로 살아갈 수 없음을 깨달았다. 산업 효율성이 대단히 보잘것없던 인류 초기 단계에서 이기심을 뒤로 던져버리고서 강력한 연대의식에 기초하지 않을 경우, 어떤 집단도 살아남을 수 없었기 때문이다.

따라서, 원시시대는 평화로운 소규모의 공동체 특징을 지니고 있었으며 사적 소유가 존재하지 않는 동시에 '어버이 성향', 곧 이타주의적 성향이 지배적이었다. 그러한 환경은 야만적 약탈시대가 도래하여 이기적 본능이 형성되기 전까지 대단히 오래 지속되었다. 인간의 이타주의 역사는 이기주의 역사보다 훨씬 길고 장구하다.

베블런의 이러한 생각은 현대 인지과학자들의 연구에 의해 속속 입증되고 있다. 이들에 의하면 인간의 두뇌는 협력적 기능을 수행하기에 적합하게 진화되었다. 급변하는 외부 환경, 자연의 공격과 위협은 집단수준의 압력을 높여줌으로써 이타주의와 같은 형질을 만들어낸다고 생각된다. 그리고 이런 협력적 기능은 단지 특정 집단내부로 제한되지 않고 '세계를 향한 보편적 사랑에 대한 기초'를 형성한다고 한다.

이처럼 인간은 리처드 도킨스(Richard Dawkins)가 주장하고 있듯이 몰가치적 공리주의적 본능, 곧 '이기적 유전자'뿐 아니라 '가치 지향적' 이타적 본능, 곧 '이타적 유전자'를 함께 소유하고 있는 것이다.

자연은 실로 인간에게 악마적 본성과 함께 부처와 예수, 알라의 본성을 함께 선물하였다. 그래서 우리는 타인을 배려할 뿐 아니라 나를 넘어 남을 생각할 수 있다. 또 내가 경험하지 않고도 남의 고통에 아파하면서 공감할 수 있다. 심지어 '적'이 당하는 고통에 공감함은 물론, 총탄이 퍼붓는 위험 속에서도 나이팅게일이 적들을 보듬고 치료할 수 있었던 것이다.

얼마전, 일본 동북 지방에서 진도 8.9의 강진이 발생하여 많은 사람이 목숨을 잃었다. 일제강점기 때 우리에게 막대한 고통을 주었으나 한 번도 진심으로 반성하지 않는 몰염치한 일본인들이다. 그들은 이 몰염치를 우리나라 보수세력에게 가르쳐주었고, 우리의 보수세력은 청년들에게 이 몰염치와 뻔뻔함을 교과서와 보수적 언론매체를 통해 가르쳐주고 있다. 그들은 필자가 싫어하는 '뻔돌이, 뻔순이 문화'의 원조다.

이 명백한 사실을 드러내는 것이 사회과학자의 책무이긴 하지만, 이웃의 고난 앞에서 굳이 이 사실을 지적하고 있는 나는 분명히 '악한' 존재임에 틀림없다. 하지만 자연은 내게 이 이기적이고 악한 본능을 통제할 수 있는 '신의 본능'을 함께 선물하였다.

우리가 '적(?)'들의 참혹한 현실 앞에서 그들의 고통을 외면하는 건 자연스럽지 않을 뿐 아니라 인간의 도리도 아니리라. 작은 성금이나마 낼 수 있도록 위대한 본능을 선물한 자연에게 감사한다.

댓글토론

허밍 스튜던트 : 도킨스 주장 부분은 오류가 있다고 생각합니다. 이기적 유전자가 이기적 행위만을 발현시키는 것은 아닙니다. 유전자가 이기적이라는 것은 유전자의 목적에 대한 것이죠. 유전자(자기 복제자)는 한 가지 목적만을 가지고 있습니다. 자기 자신을 세상에 널리 퍼뜨리는 일. 이 목적 때문에 이기적이라고 하는 것이지, 이기적 유전자가 이기적 행동을 유발시키는 것은 아닙니다. 도킨슨이 말하려는 것은 '협력'이나 '희생'이라는 이타적 행위도 유전자의 이기적 본성에 의해 설명이 될 수 있다는 것이죠.

↳ **한성안** : 허밍 스튜던트님은 이타주의(altruism)와 호혜주의(reciprocity)를 혼동하고 계십니다. 많은 경제학자들이 이 두 개념을 혼동하고 있죠. 신고전학파 주류 경제학자들은 말할 필요도 없고, 비주류 경제학자(케인즈, 마르크스)들도 그런 경우가 종종 있습니다. 이로 인해 경제학 모형이 크게 달라지며, 상이한 경제학파로 나뉘죠. 도킨스가 지적한 '또 다른' 이기주의는 호혜주의와 다르지 않습니다. 그의 이론은 호혜주의를 넘어서는 이타주의를

설명할 수 없습니다.

갈팡질팡대팡 : 교수님이 전체적으로 전달하려는 의미는 알겠지만, 적(?)이라는 표현을 써야 할까요? 같은 사람일 뿐, 갑작스런 재해로 운명을 달리하거나 그냥 사람일뿐인데요. 지금은 논리보다는 고통을 겪고 있는 우리와 같은 인간에 대해서 직간접적인 지원을 하거나, 기도를 하거나, 안타깝게 생각하거나 그래야만 할 것 같네요.

↳ **한성안** : 일반적으로 글에 ' ', !, ?와 같은 부호를 넣을 경우, 이 말을 강조하거나 유의해서 해석하라는 뜻입니다. '적(?)'이라는 표현을 썼지만, 결코 글자 그대로 해석하지 말 것을 당부하는 부호입니다. 이런 서술방식은 이미 일반화되어 있습니다. 그리고 전체 맥락을 보면 알 수 있습니다. 이 구체적 사건을 이해하고자 제가 독창적으로 설정해놓은 분석틀(framework)을 읽으셔야 오해하지 않고 제대로 이해할 수 있습니다. 이 분석틀을 건너뛰면서 읽게 되면 이 글의 특징을 놓칠 뿐 아니라 오해하게 됩니다.

지렁이경제 : 교수님의 강의를 들을 때마다 새로운 충격을 받고 있는 학생입니다. 작년에 교양 과목으로 경제학을 들을 때만 하더라도 인간은 이기적인 존재이며, 항상 합리적인 사고와 판단을 한다는 신고전학파의 주장에 전혀 문제의식을 느끼지 못하고 배우기만 했습니다. 그런데, 지금 생각해보면 그렇게 허점투성이인 전제들을 '어쩜, 그렇게도 비판 의식 없이 받아들이기만 했었나' 하는 생각이 듭니다. 인간의 본성에 대해서는 많은 주장이 나오고 있지만, 저 역시 인간의 본성을 선하다, 악하다는 단일본능론으로 규정짓기보다는 진화과정 속에서 때로는 이기적이지만 때로는 이타적이기도 한 다중본능을 얻게 되었다고 생각합니다. 그래서인지 저도 여전히 독도를 자기네 땅이

라고 우기는 일본을 미워하지만, 일본의 지진 피해를 보면서 같은 인간으로서 자연 앞에 속수무책으로 피해를 입은 그들에게 걱정과 애도의 마음을 느끼는 이타적 마음을 발견하게 되는군요.

↳ 한성안 : 그릇된 전제의 프레임에 갇혀버릴 때, 우리의 사고와 행동은 편향됩니다. 신고전학파 주류 경제학은 인간의 선행도 이기심으로 설명해버립니다. 그것은 이순신 장군, 김구 선생, 슈바이처 박사, 이태석 신부, 그리고 우리의 부모님과 선한 사마리아인들의 행동을 설명하지 못하게 하죠.

새해 아침,
역사와 경제학

1945년 인류역사상 가장 많은 인명피해를 낳았던 제2차 세계대전이 끝나 전시생산이 감소하자 생산자들은 무기생산시설을 민수산업(civil-ian industry)으로 전환시켜 많은 '소비제품'을 생산하기 시작하였다.

하지만 전쟁통에 민간인을 포함해 대략 5천만 명에서 7천만 명의 사람이 다치거나 목숨을 잃었다. 어떤 사람들이 즐겼는지 모르겠지만 전쟁은 참혹한 게임이다. 전쟁소비를 통해 군수산업의 이윤을 극대화시켜주던 이 많은 사람들이 연기와 함께 사라지거나 불구가 되어 소비활동이 제한되었으니 소비시장이 축소될 수밖에 없었다.

기업은 살상경험으로부터 배운 뛰어난 기술을 소비재생산에 적용하였다. 그와 함께 혁신적 재화가 시장으로 쏟아져나왔다. 20세기 중반에 등장한 대기업들은 신제품, 신모델, 새로운 양식이 더 신속하게 수용되기를 바랐다. 하지만 신제품이 출시되었다고 해서 자동적으로 소비되지 않았다. 소비자의 지갑을 열기 위해 소비를 충동질할 수밖에 없었다.

이에 따라 신제품 광고업자들은 새로움을 더 나은 것으로 바꾸는 동시에 옛것에 대한 멸시문화를 확산시켰다. 광고업자들의 융단폭격이 이루어지자 '새로운 것은 좋다(new is good)'는 생각과 '새롭지 않은 것에 대한 수치심'이 소비자들의 뇌리에 각인되었다. 새롭지 않으면 경제적, 사회적으로 열등하게 취급되는 것이다. 이로써 20세기 선진국에서 '새로움'은 명예가치를 얻게 된 것이다. 새로움은 곧 사회적 위신을 높여준다. 그때부터 베블런이 지칭한 바 있는 '유한계급(leisure class)'과 같은 부유한 소비자들은 새로운 제품을 통해 재력을 과시하는 데 열중했다.

새로운 제품을 구입하게 되면 남의 주의나 관심을 끌게 된다. 구매자에게 사회적 반응은 중요하다. 대다수 소비자들은 자신이 좋은 모습으로 남들의 주목을 받고자 한다. 어떤 소비자도 자신에 대해 '원치 않은 주목(unwanted attention)'을 끌고 싶지 않을 것이다. 그런데 쓸데없이 남의 주목을 받는 것은 위험하다. 자칫하면 왕따당할 수도 있기 때문이다. 대다수 소비자들은 배제된다는 공포 때문에 모방소비에 진력(盡力)한다. 이와 함께 '새로움은 무조건 아름답다'는 생각이 세상을 지배하게 된다. 반면, 옛것은 빨리 버려야 할 추한 것으로 해석된다.

요약해보자. 새로움을 그리워하는 현상은 대기업 판매 전략의 산물이다. 대기업이라는 기업조직은 20세기 초반에 등장한 후 20세기 중반에 굳게 확립되었다. 시장에 대량 제품을 전량 팔기 위해 그들은 '새로움의 미학'이라는 문화적 혁신을 이룬 것이다. 결국, 새로움을 최고의 가치로 생각하는 현상은 보편적 현상이 아니라 20세기 중반에 등장한 역사적으로 독특한 현상이라는 것이다.

새로움이 최고의 가치로 인식되자 '오래됨(old)'은 멸시당하기 시작했다. 전통은 부정되고 역사도 잊혀지는 것이 좋았다. 지혜의 보고로 존경받던 늙음은 추한 퇴물로 버림받는다. 경제학 교과과정에서도 《경제사》와《경제학설사》,《한국 경제사》와 같이 역사와 관련된 모든 내용이 사라졌다.

물론 나는 옛것이 모두 좋다고는 생각하지 않는다. 남존여비사상, 인간의 자유와 창의성을 억압하는 낡은 제도, 민중을 억압하던 옛 제도(앙시앵 레짐), 지배계급과 강자의 지배를 옹호하는 각종 전통문화 등은 내가 가장 싫어하는 옛것들이다.

지혜, 인권, 자유, 평등, 정의, 민주주의와 같은 인류의 보편적 가치들도 21세기의 자본주의 문화에 비하면 옛것이다. 그러나 이러한 것들을 옛것이라고 부정하고 멸시해서는 안 된다. 이것들은 시장에 쏟아지는 새것보다 더 가치 있고 아름답다. 위대한 새로움도 알고 보면 아름답고 가치 있는 옛것에서 나왔다.

21세기 사람들은 새로움에 열광하고 있다. 그리하여 21세기에는 '혁신'이 화두로 등장하였다. 하지만 새로움도 새로움 나름이고, 혁신도 혁신 나름이다. 상업적이고 낭비적인 새로움과 혁신이 있는 반면, 위대하고 창조적인 새로움과 혁신도 있는 법이다.

세해를 맞이하여 우리는 마음을 추스르고 새롭게 살 필요가 있다. 사람들은 새로운 희망과 계획을 세운다. 하지만 모든 새로움을 무조건 찬양하는 '새로움 지상주의'는 대기업이 창조한 상업적 문화다. 이제는 진정한 새로움을 추구할 때다.

새해에 추구해야 할 진정한 새로움은 무엇인가? 그것은 아름답고 가치 있는 옛것을 간직하면서 위대하고 창조적인 새로움을 추구하는 것이리라. 역사 속에 아름다운 옛것이 있듯이 말이다.

기억되어야 할 아름다운 것들이 내 안에도 분명 존재할 것이다. 이것들은 우리가 새해에 이룰 위대한 창조의 기반이 될 것이다.

역사는 중요하다!

댓글토론

동춘반점 : 생각할 게 많은 글 감사합니다. 교수님 말씀대로 내 안에 존재하는 기억되어야 할 아름다움을 지키고, 거기에 새로운 것들을 더하여 한층 더 풍성하도록 노력하겠습니다. 늘 건강하시고, 행복하시길 바랍니다. 그리고 저처럼 무지한 대중을 깨우쳐주시는 좋은 글 계속 부탁드릴게요.

↳ 한성안 : 동춘반점님께서 읽어주시면 앞으로도 계속 쓰겠습니다. 서울생활 하시면서도 부산 잊지 마시고, 모든 일 번창하시길 빕니다.

이성계 : 신상품과 새 인물에 유익한 점이 있는 것처럼 골동품과 연로한 정치인에게도 거울로 삼을 점이 있는 거군요. 역성혁명의 장본인, 이성계의 논리

를 되새겨봅니다. 폐가입진(廢假立眞)! 물론, 정치적인 의도를 감춘 수사학에 불과했었지만 그 말을 무덤에서 꺼내서 먼지를 털고 가짜를 없애는 일부터 해야 할 한 해라고 생각합니다.

↳ 한성안 : 민주주의와 훌륭한 가치를 위해 헌신한 분들이 잊혀지고 있는 현실이 안타깝습니다. 세월이 흘렀지만, 그분들의 정신은 우리들에게 좋은 교훈을 남겨주고 있죠. 그것이야말로 오래되었음에도 불구하고 좋은 것들이 아닐까요? 좋은 한 해가 되시기 바랍니다.

엉터리 사외이사제도와
사회계약설의 함정

인간은 고립된 존재로 살지 않고 관계망 속에서 살아가며, 이런 관계를 '사회'라고 부른다. 혼자만 살 땐 자기 마음대로 생활할 수 있지만 관계 안에 들어가면 그럴 수가 없다. 서로 다른 사람들이 얽혀 살기 위해서는 '제도(institution)'가 필요하다. 제도 없이는 사회생활이 유지될 수 없기 때문에 제도는 인간생활에서 필수적이라고 할 수 있다.

인간은 수십만 년 동안 집단생활을 영위해오면서 제도적 삶에 익숙해져 있다. 그래서 어떤 이는 인간을 '제도적 인간(Homo Institutionalis)'이라고 부르기도 한다. 제도는 다양한 요인에 의해 형성되는데, 먼저 매우 합리적인 계산과 심사숙고의 과정을 거쳐 형성될 수 있다. 홉스와 루소의 '사회계약설'은 절대군주제도나 근대민주주의제도의 등장을 평등하고 이성적인 개인들의 자유의지로부터 설명한다.

이렇게 보면, 현대사회의 모든 제도들은 평등한 개인들이 심사숙고

과정을 거쳐 이룩한 '합리적인 계약의 결과'로 볼 수 있다. 이런 생각은 신고전학파 주류 경제학의 제도이론으로 이어진다. 예컨대, 경제행위자는 '기회주의적 성향'을 보인다. 나아가, 재화는 '자산 특수성(asset specificity)'을 지닌다. 경제행위자의 기회주의와 재화의 자산 특수성은 배신과 계약 위반을 종종 유발한다. 이로써 거래비용(transaction cost)이 발생한다. 이 비용을 감소시키기 위해 경제행위 당사자들은 제도를 마련한다. 기업 간 거래관계를 '내부화'시키는 것이다. 요즘 자주 거론되고 있는 내부거래가 바로 그것이다. 신제도학파 경제학자인 올리버 윌리엄슨(Oliver E. Williamson)은 제도의 발생을 이처럼 거래비용으로 설명한다. 그에 의하면 제도는 경제적 효율성을 추구하는 과정에서 등장했다. 하지만, 모든 제도가 그런 합리적 과정을 통해 형성됐다고 생각하는 것은 큰 오산이다. 베블런은 제도를 역사적으로 전승되어온 '사유습관(habit of thought)'으로 정의한다. 그에 의하면 제도는 합리적이지 않다. 단지 지금까지 믿어왔고, 해왔으니 계속 할 뿐이다. 물리학적 관성의 법칙이 사회생활에 적용된다는 것이다.

존 갤브레이스(John K. Galbraith)는 제도가 지배자들에 의해 의식적으로 창조된다고 보았다. 독점자본주의시대의 소비문화는 독점자본을 위시한 '테크노크라트(technocrat)'라는 특수계층에 의해 조작된 것이다. 이러한 제도적 창조과정에서 노동자와 시민은 배제되었다. 갤브레이스에 의하면 제도는 결코 평등한 개인들의 자발적 합의로부터 형성되지 않았다. 제도 속에서 지배자들은 자신의 이익을 관철시킬 뿐이다. 그래서 칼 마르크스(Karl H. Marx)는 자본주의 국가를 자본가계급의 '지배도구'로 본 것이다. 반면, 복지제도와 기본권, 노동시장 제도 등은 권력관계의 균형에 의해 형성된다. 노동자와 시민들의 힘이 강하면 그것들이 형식적 제도로 안착되지만 그 힘이 약하면 축소된다. 나아가, 지배계층의 자의성과 폭력을 견제하는 제노노 있나. 이 역시 권력관계의 산물이다.

이처럼 제도는 역사적 문화, 지배계급의 이해관계, 정치적 권력균형 등 여러 경로를 통해 형성된다. 곧, 현대사회에서도 평등하고 이성적인 개인들 사이의 합리적 합의와는 거리가 먼 제도들이 수없이 많다는 것이다. 간혹 합리적인 제도도 존재하지만, 비합리적인 제도들이 더 많다.

그런데도, 많은 이들이 근대사회의 형식화된 제도들을 지나치게 신뢰하고 있다. 학교에서 배운 사회계약설을 지나치게 신봉하여 그 함정에 빠졌기 때문이다. 사회계약은 우리가 지향해야 할 꿈일 수 있다. 그러나 우리가 배웠다고 해서 그 꿈이 자동적으로 달성되는 것은 아니다. 꿈은 더 많은 학습과 성찰, 불합리한 현실과의 투쟁, 곧 땀과 눈물에 의해 비로소 달성될 수 있다.

대기업은 사외이사제도를 도입해 사회계약의 형식을 갖추었지만, 이사회에 상정된 2천여 개의 안건 중 1건만이 부결됐다! 나머지 안건들은 '공식적으로' 통과되었다. 대기업총수와 재벌의 기득권이 강화된 것이다.

지배계급은 근대적 제도를 통해 자신들의 이해관계를 문명적으로 관철시킨다. 근대적 제도를 통해 전근대적 관계가 존속되는 것이다.

베블런은 근대 속에 전근대가 공존함을 이렇게 지적했다. 그의 현대 자본주의 분석은 근대사회에서도 깨어 있는 시민이 얼마나 필요한지를 보여준다. 사회계약설의 함정에서 벗어날 때 진정한 사회계약이 이루어질 수 있다. 물론 주류 경제학의 '거래비용설'이라는 함정에서도 빠져나와야 한다.

댓글토론

tulius : 인간이 만든 유무형의 것들은 그 자체가 악한 것도 있지만, 많은 경우 그것을 어떻게 사용하느냐에 따라 선악이 결정되는 것 같습니다. 좋은 의도로 만든 제도도 악한 의도로 사용하면 나쁜 것이 되는 것처럼 말이죠. 민주주의 사회의 근간을 이루는 법과 제도도 마찬가지입니다. 중요한 것은 이러한 도구의 주인인 인간이 그것을 현명하게 사용하느냐 아니면 그것의 도구로 전락할 것인가라는 차이인 것 같습니다.

↳ 한성안 : 그렇죠. 역사 법칙은 존재하지 않습니다. 아무것도 예정되어 있는 것도 없고요. 법칙이라고 보이는 것도 수많은 인간들의 투쟁, 갈등, 타협과 습관에 의해 만들어진 것에 불과합니다. 현명한 사람들이 많을 때, 역사는 좀 더 나은 방향으로 진보하겠죠. 좋은 제도의 운명도 그와 같을 겁니다.

찬 : 어느 집단이든 일종의 '금기'가 있기 마련인데 그러한 금기 가운데 하나가 아마도 그 집단 내부에 존재하는 '근대사회의 형식화된 제도들'에 대한 비판일 것입니다. 특히 제도권 '안'에서의 비판은 제도권 '밖'에서의 비판보

다 더 금기시하는 경향이 있습니다. 그러한 풍토 속에서 사외이사의 역할은 일종의 '금기 깨기'인데, 실제로 금기 깨기를 실천한 예는 거의 없으며 오히려 또 다른 금기를 만들어내는 역할을 하고 있는 거지요.

↳ 한성안 : 근대사회에서 자연과학이 발전함에 따라 인간은 '비형식적 관계의 형식화'를 추구해왔습니다. 형식화에 대한 열광이라고 할까요? 이에 따라 형식에 대한 '신화'가 형성되었습니다. 경제학도 대수학과 기학학으로 형식화되고 있습니다. 그 결과, 인간은 형식에 갇혀버렸습니다. 나아가 형식은 인간을 배척하고, 정의를 배제하며, 불의를 보호하는 도구로 전락해버렸습니다. 우리는 그러한 형식화를 거부할 필요가 있습니다. 사외이사회가 금기를 깨지 못하는군요. 그렇다고 모든 형식을 거부해서도 안 됩니다. 어떤 형식은 인류의 삶을 살찌우고 진보를 촉진하겠지만, 그렇지 못한 형식은 반대의 역할을 하겠죠. 이 경우 형식 안에 '좋은' 내용을 채울 필요가 있습니다. 성찰하고 행동하는 시민이 없으면 이러한 것들이 결코 달성될 수 없다는 것이 저의 생각입니다.

재벌의 탐욕,
본능과 제도의 경제학

일반적으로 사람들은 인간의 본성에 관한 연구를 철학이나 윤리학의 영역으로 생각하고 있다. 감히 건드릴 수 없을 정도로 복잡하고 근본적인 문제라 대다수 경제학들은 철학이나 윤리학의 연구결과를 간단히 차용해버린다.

보수적인 신고전학파 주류 경제학자들은 인간의 본성을 이기적이라고 가정하고 이론적 모형을 구축한다. 동양철학으로 치면 이른바 순자의 '성악설'이고, 서양철학으로 이해하면 '기독교의 원죄설'이다. 이들이 보는 모든 인간은 악하고 게으른 존재다. 인간의 선한 행동 뒤에는 자기만족과 이기심이 은폐되었다고 보는 것이다.

반면, 진보적인 경제학자들 중 일부는 인간의 이타적 본성에 무게를 두고 이론을 전개해나간다. 맹자의 '성선설'이 이에 해당한다. 이들은 인간이 원래 선한 품성을 갖고 태어난다고 믿는다. 그러다 크게 당하고 나면, 인간을 쉽게 환멸하게 된다.

이렇게 단순한 본성론이 많은 경제학자들에겐 성에 차지 않을 것이다. 그래서 진보적 경제학자들 중에 많은 이들은 인간의 본성은 본유적이지 않고 '기술조건과 제도적 맥락'에 따라 변한다고 본다. '예컨대, 물질적 조건이 갖추어지면 인간은 선하게 되거나, 반대로 물질적 조건이 풍요로워지면 도리어 악하게 된다는 식이다.

주로 마르크스와 케인즈 경제학자들이 수용하고 있는 이러한 '선호체계의 가변성' 견해는 고자의 '성무선악설'에 해당할 것이다. 그러나 필자가 보기에 이 모든 견해는 과학적 입증 노력을 기울이지 않은 나태한 주장이다.

아무런 과학적 근거도 없이 인간을 단순히 악하거나 선한 존재로 묘사한 후 경제정책을 수립한다는 것은 너무 무책임하다. 또, 인간의 본성이 물질적 조건에 따라서만 변한다고 보면, 풍요로운 물질을 갖고 있는 부자들의 악행은 물론 가난한 자들의 배신과 '몰인간성'을 도저히 설명할 수 없게 된다.

특히 성선설을 믿고 싶은 사람들은 내 생각에 동의하지 않겠지만, 나는 이런 설명방식이 매우 불만스럽다. 앞에서 논의한 것처럼 베블런은 인간의 본성을 본격적으로 거론한 몇 안 되는 경제학자에 속한다. 19세기 말과 20세기 초, 찰스 다윈(Charles R. Darwin)의 진화론에서 영감을 받아 그는 인간이 진화과정에서 이기적 본능은 물론 이타적 본능도 함께 획득했다고 보았다. 곧 단일본능론을 폐기하고 '다중본능론'을 주장한 것이다. 그 때문에 우리의 행동은 이기적인 동시에 이타적일 수도 있다.

그의 다중본능론은 이후 인지과학자들과 뇌과학자들의 과학적 연구로 속속 입증되고 있다. 그런데 어떤 이는 상대적으로 이타적인 행동을 보이지만, 다른 이는 훨씬 이기적인 행동을 보이는 수가 많다. 예컨대, 기업가나 특정 정치집단의 소유욕과 권력욕은 하늘을 찌른다. 이 욕망을 채우기 위해서 그들은 이기적일 수밖에 없다. 반면, 교육의 성자로 불리는 페스탈로치나 아프리카의 성자 슈바이처 박사, 이토오 히로부미를 저격한 안중근 의사는 대단히 이타적이다. 왜 그럴까? 베블런의 관점을 따르는 진화 경제학자들에 의하면 가족과 그 나라의 문화, 곧 제도가 다르기 때문이다. 현재 우리나라처럼 입시경쟁이 치열하고 결과만 중시하는 제도 아래서 승리하기 위해서 인간은 비도덕적으로 행동할 뿐 아니라 이기적으로 변할 수밖에 없다.

하지만, 경쟁이 치열하지 않고 과정을 중시하며 사회통합과 정의를 존중하는 유럽사회 같은 곳에서는 인간이 좀 더 상대를 배려하며 이타적으로 될 수 있다. 본능은 중요하다. 그렇지만 제도도 그만큼 중요하다. 제도는 여러 가지 본성들 중 바람직한 것을 '선택' 할 수 있게 해주기 때문이다.

그래서인지, 탐욕스런 부자들 사이에도 도덕성의 차이가 발견된다. 한국에서는 신자유주의의 광란 아래서 수많은 사람들이 궁핍에 시달리고 있지만, 자신들의 세금을 더 내겠다는 부자들과 보수세력은 없다. 이들에게 불법과 탈법 상속은 이미 하나의 '미덕' 에 속한다. 날치기 예산을 통과시켜서라도 서민 예산은 깎아버리고 자신들의 배를 끝없이 불린다. 참으로 희한한 인종들이다.

그런데 미국에서는 백만장자 45명이 세금을 더 걷어달라고 정부에 요구하고 있다. '우리는 합당한 몫을 담당하고 싶다' 며 자기들로부터 세금을 왜 적게 걷느냐고 정부에 항의까지 하고 있다. 우리나라에서는 상상하기 힘든 일이겠지만 그 나라에서는 그게 정상인가 보다.

교육과 제도가 이렇게 사람을 다르게 만드는 것인가? 미국은 신자유주의의 본국으로 악명 높다. 그런데도 부자들 사이에 이러한 이타적 본능이 발현된다. 이런 세계적인 움직임마저도 외면하거나 마지못해 생색을 내는 이 땅의 부자들은 어떤 '종' 에 속하는지 참으로 궁금하다. 왜 이토록 탐욕적인 마음을 갖게 되었을까? 연구가 필요한 특이한 집단이다.

댓글토론

사고뭉치 : 분명 미국식 자본주의는 문제가 많지만, 이런 뉴스를 보면 미국식 자유주의 사고라도 제대로 배웠으면 합니다. 우리나라 자본가들은 정말 이기적이죠.

↳ **한성안** : 우리 블로그에서 '미국이란 나라' 에 관해 토론한 바 있죠. 미국의 건국사를 보나, 요즘 행동을 보나, 유럽 국가들과 비교해 마음에 안 드는 나라이지만, 몇몇 부자들의 행동과 마음가짐은 우리가 본받아야 할 것 같군요. 최소한의 양식마저 없는 우리가 문제입니다.

푸른지네 : 소위 재벌로 대표되는 한국의 자본가들은 그 뿌리가 일제강점기의 만석꾼에 닿아 있다고 생각합니다. 점령국이 식민지를 착취하는 경제구조에 빌붙어서 부를 일군 자들이 해방 이후에도 그 기득권을 유지하고, 다시 독재 정부의 보호 아래서 몸집을 불려온 것으로 보입니다. 그들에게서 기회주의 말고는 어떠한 기업철학이나 윤리를 찾아볼 수 없는 이유가 여기에 있다고 생각합니다. 아마 재벌 회장들에겐 직원들이 다 머슴이나 종으로 보일 겁니다. 그들은 수시로 강조하죠. "주인의식을 가지란 말야. 단, 주인 노릇은 하지 말고……."

↳ **한성안** : 우리나라 부자들에게 발견되는 천민적 행동방식의 기원을 역사적으로 잘 추적해주셨군요. 기회주의적 인생만을 걸어온 자들에게 자발적 기부를 요구하기는 쉽지 않죠. 아마 법적인 강제(조세)나 사회적 비난이 거세질 때 비로소 마지못해 움직일 것 같습니다.

Outsider : 저는 최초의 인간이 본성을 가지고 있었는지, 지금 갓 태어난 아기가 본성을 가지고 있는지 확인할 길이 없다고 생각합니다. 최초의 인간이 탄생했을 때 그 순간 제도가 존재했을까요? 그렇지 않다고 생각합니다. 정의를 내리기는 힘들지만 뭐가 되었든 인간에게 본성은 존재할 것입니다. 아마도 처음에는 인간의 본성에 따라 제도가 정해졌고, 그 이후에는 제도에 따라 인간의 본성이 정해지고, 또 인간의 본성에 따라 제도가 정해지고……. 이러한 과정이 계속 반복되는 것이라고 생각됩니다. 하지만, 처음에 인간의 본성에 따라 제도가 정해졌다고 해서 본성이 먼저가 되는 건 아니라고 생각합니다. 생각하면 생각할수록 쳇바퀴 돌듯 계속 제자리입니다. 인간에게는 본성이 먼저인지 제도가 먼저인지, 무엇이 인간을 바뀌게 할 것인지에 대한 명쾌한 결론이 없습니다.

↳ 한성안 : 오! 좋은 질문입니다. 닭과 계란의 우선성, 마주보는 두 거울 속의 영상! 우리가 알고 있는 이러한 미해결의 과제는 학술 논쟁에도 그대로 반영됩니다. 제도와 본능 중 어떤 것이 먼저일까? 이런 질문은 '무한회귀(infinite regression)'와 같이 본질적인 논리학 방법론과 관련됩니다. 무한회귀를 종식시킬 수 있는 존재는 신밖에 없죠. 하지만, 과학은 신을 받아들일 수 없습니다. 그렇다면, 계속 연구해보는 수밖에 없죠. 과학은 완결된 것이 아니라 열려 있습니다.

햇살처럼 : 그래도 저는 맹자의 성선설을 믿습니다. 인간은 태어날 때 선한 심성을 갖고 태어나는 것이라고 생각하기 때문이지요. 우리가 환멸해야 할 것은 단지 배타적으로 흘러가고 있는 사회와 현실이겠지요.

↳ 한성안 : 저도 그렇게 믿고 싶군요. 하지만 학문(과학)은 가능한 한 믿음(종교)을 멀리해야 하는 운명을 타고 났습니다. 만일 이타주의가 우리의 본성이라면, '이기주의를 조장하는 사회와 현실(제도와 문화)과 관계없이 이기주의도 우리 안에 이미 존재하지 않은가?' 그것이 베블런의 의문이었습니다. 애석하지만, 그 이후 과학자들(인지심리학과 뇌과학자)의 연구결과는 이타주의는 물론 이기주의도 우리 안에 공존한다는 그의 주장을 확인해주고 있습니다. 인간은 그처럼 복잡한 존재입니다. 저는 아무런 과학적 근거 없이 인간의 본성을 하나로 결정하면서 다른 하나를 의도적으로 추방해버리는 방법에 문제를 제기하고 있습니다. 종교적 논의로만 발전하지 않는다면, 햇살처럼님의 주장을 가지고 토론이 진행될 경우, 다른 분들이 가지고 있는 기발한 생각들이 많이 나오겠군요.

스폰서 검사와
우리 안의 공리주의

'성공과 이익을 모든 행동의 목표로 삼는다.'

실패를 두려워하고 손실을 최소화하는 건 대다수 사람들의 생각인데, 이게 무슨 문제가 될까? 나 역시 그런 목적으로부터 자유롭지 못하니 이런 행동을 비난하고 싶지 않다.

그러나 이 말이 성공과 이익을 달성하기 위해 어떤 수단과 방법도 문제가 되지 않는다는 것을 의미한다면, 이 글을 읽고 있는 대다수 사람들은 그런 삶의 방식에 동의하지 않을 것이다. 목적을 위해 수단과 방법을 가리지 않는 것, 우리는 이러한 행동방식을 도덕적으로는 물론 상식적으로도 허용하지 않는다.

그런데, 지난 세기 이후 이런 비도덕적이고 몰상식한 행동이 우리 사회에서 일상화되고 있으며 요즘은 셀 수도 없다. 처음에는 그런 행동에 분노하기도 했지만 지금은 감각을 잃어버린 지도 오래다. 왜 그

릴까? 아마도 그러한 사건들이 한국 현대사에서 너무 자주 일어나 익숙해졌기 때문일 것이다.

반칙이 한국적 문화로 습관화된 사회! 하지만 이런 습관은 단순한 반복을 통해서만 형성되지 않는다. 왜냐하면 그로 인해 내가 심긱힌 손해를 입고 있다면 그러한 역겨운 반칙을 쉽게 받아들이지 못할 것이기 때문이다. 그런데도 불구하고 왜 이렇게 쉽게 받아들일까? 체념을 넘어 이에 동조하고 적극적으로 공모하게 된 이유는 더 깊은 곳에 있다. 바로 공리주의(功利主義) 철학과 극단적 신고전학파 주류 경제학 때문이다.

공리주의는 18, 19세기 영국의 철학자 제레미 벤담(Jeremy Bentham)에 의해 제안되었다. 그 기본사상은 인간은 태어날 때부터 쾌락을 추구하고 고통을 피하려는 경향을 가진다는 '쾌락주의 인간관'에서 출발한다. 게다가 인간의 행위 중 쾌락을 주는 것은 선이고 고통을 주는 것은 악이며, 쾌락의 양이 많을수록 선한 행위가 된다는 '쾌락주의적 윤리관', 그리고 이러한 쾌락은 본질적으로 공(功)과 이(利)의 양에 좌우된다는 생각이 그 본질을 이룬다.

또 이 사상은 가능한 한 많은 공과 이를 달성하는 것을 최고의 목표로 삼으며, 그러한 목표를 달성하는 과정과 수단에 대해서는 묻지 않는다는 점에서 '성장주의'와 '결과주의'도 담고 있다.

이러한 공리주의 철학이 경제학과 인류의 발전에 기여힌 비는 매우 크다. 먼저 '최대다수의 최대행복'이라는 복지경제학의 철학적 기반을 제공해서 근대복지국가를 탄생시켰다. 나아가 쾌락주의적 윤리관과 성장주의 역시 인간의 물질적 욕망과 합리적 행동을 높이 평가함으로써 경제발전에 크게 기여하였다. 또 결과주의는 절차의 옳고 그름에 대해 문제를 제기하지 않음으로써 급속한 성장을 가능케 한 것도 사실이다.

그러나 공리주의가 인류의 발전에 기여한 것만은 아니다. 공리주의적 인간은 자신의 모든 행위를 이익과 손해로 계산함으로써 자신의 공(功)과 이(利)를 '합리적으로' 추구하는 사람이다. 그래서 그는 정의와 불의마저도 공리의 양으로 계산하는데, 불의를 통해 얻는 경제적 결과가 불의로 인해 입는 손실보다 더 크면 이익의 획득과정에서 불의를 저질러도 상관이 없으며, 더 나아가 불의한 수단을 택하는 것이 오히려 합리적이라고 생각한다. 그에게는 경제적 이익(공리)과 그 결과, 즉 밥그릇만이 정의요, 선인 것이다.

경제학에서는 이러한 인간형을 '호모 에코노미쿠스(경제적 인간)'라고 부르는데, 공리주의의 세례를 철저히 받은 오늘날의 경제학 덕분에 우리 모두는 경제주의를 신봉하는 지독한 호모 에코노미쿠스가 되어버렸다. 이들에게 정의(正義) 그 자체와 정의로운 절차는 우스꽝스러운 것이며 경우에 따라서는 경멸스럽게 느껴진다.

호모 에코노미쿠스의 정의에 대한 멸시 사례는 역사적으로 많이 나타난다. 반세기 전 독일과 일본의 호모 에코노미쿠스들은 경제성장과 일자리 창출이라는 공리를 극대화하기 위해 정의를 배반하고 세계대전을 일으켰다. 가깝게는 미국의 호모 에코노미쿠스들이 석유라는 경제적 이익을 확보하기 위해 이라크를 침공하는 불의를 저질렀다. 이러한 공리주의적 광기의 결과 인류는 커다란 불행을 겪어야 했다.

공과 이를 탐함으로써 정(正)과 의(義)를 배반하는 일이 나라 밖에서만 일어났을까? 우리나라의 근대사에서 보면 민족의 지도자들과 수많은 무명의 독립투사들이 정과 의를 위해 '비합리적으로' 싸울 때, 우리의 호모 에코노미쿠스들은 '합리적으로' 나라를 팔면서 자신의 공과 이를 취하였다. 그 결과 우리 민족은 일제의 압제(壓制)와 수탈(收奪) 아래서 엄청난 고통을 겪어야 했다.

우리는 학교와 보수신문을 통해 이 해괴한 원칙을 매일 학습받고 있다. 우리 안에 공리주의가 내면화된 것이다. 이건 오직 경제학과 학생만의 일이 아니다.

MBC 〈PD수첩〉을 통해 많은 검사들이 자신의 출세, 곧 성공과 이익을 위해 어떤 수단과 방법을 동원했는지 드러났다. 승진을 위해서 상관에게 아부해야 하는데 이를 위해 스폰서가 필요하다고 한다.

공리주의와 신고전학파 주류 경제학의 세례에 노출된 우리는 이런 사실에 무감각해질 수밖에 없다. 그리하여 우리 사회는 항상 반칙에 열려 있으며 반칙이 자유로운 사회다. 오늘도 대학 강단에서는 많은 학자들이 해괴한 수학 방정식을 동원하여 이런 반칙의 정당성과 반칙의 자유를 눈물겹게 호소하며 가르치고 있다. 우리는 그 가르침에 힘입어 공리주의를 소중히 품고 있으며 그 수많은 반칙을 용인한다. 그리고 지난 선거에서 반칙의 달인과 함께 공모하였다. 그 결과 우리는 지금 매우 불행하다. 모두가 쾌락주의, 성장주의, 결과주의, 경제주의라는 바로 그 공리주의적 광기에 희생되었기 때문이다.

공리주의가 인류의 발전에 기여한 면은 지대하다. 물질적 기반 없이 인간은 존재할 수 없다. 그런 점에서 공리주의가 가져온 행복이 과소평가되어서는 안 된다. 그러나 정의의 과소와 공리의 과잉상태는 결코 행복하지 않다는 사실을 기억하는 것도 중요하다. 그래서 임마누엘 칸트(Immanuel Kant)도 '정의가 무너지면 인간은 이 땅에 더 살 가치가 없다'고 말하지 않았던가. 이제 우리도 '우리 안의 공리주의'에 대해 성찰해볼 때가 되었다. 이것은 필자가 경제학자로서 이 땅의 수많은 호모 에코노미쿠스들과 진실로 공유하고 싶은 생각이다.

댓글토론

신군 : 풀기 어려운 문제임은 분명한 것 같습니다. 도덕적 기준을 스스로 견지하면서 공리를 취할 수 있다면 얼마나 좋을까요? 사회 초년생의 딜레마입니다.

↳ 한성안 : 옳은 말씀입니다. 그리고 그것은 사회초년생뿐 아니라 인류의 영원한 딜레마일지도 모릅니다. 인간은 그 난제를 안고 있습니다. 단지 어떤 인간은 그로부터 얼굴을 돌려버리고, '행복(!)'하게만 살고 있는 반면, 다른 인간은 그 부조리를 보면서 고뇌하고 있죠.

솔개 : '반칙이 문화로 습관화된 사회!' 문화를 바꾸는 일은 매우 어려운 일인데, 이를 어찌해야 할까요? 참으로 딱한 현실입니다.

↳ 한성안 : 저도 참으로 딱하게 생각합니다. 이를 외면하거나 용인하지 않는

깃. 그리고 작은 실천 말고는 다른 방법이 없는 것 같습니다. 깨어 있는 시민과 행동하는 양심들이 많이 나와 선거에 참여하는 방법이 그나마 효과적이겠죠.

체계바라워너비 : 요즘은 철학적 기초가 없는 많은 대학생들소차노 극단직인 개인주의적 사상에 불과한 벤담식의 공리주의(功利主義)를 마치 공리주의(公利主義)인 것처럼 착각하고 있다는 생각이 듭니다. 나아가 최근 경제사를 전공하고 철저히 공리주의(功利主義)적 시각에 입각한 일부 교수들이 자신들의 사리사욕을 위해 민족구성원을 배신한 친일행각까지도 개인의 합리적 선택이라고 합리화한 후, 그 내용을 아무런 문제의식 없이 교과서에 담고 있는 사태도 무척 안타깝습니다.

↳ **한성안** : 성찰이 없는 사람들로부터 순수한 정신의 학생들이 '교육(!)' 되고 있어 안타깝습니다. 그래서 저는 이곳이 경제학을 논의하고 교육하는 광장으로 자리잡기를 바랍니다.

퇴직 금융공무원의 금융기관 취업,
경제학의 일원론과 환원론

경제학 교수가 쓴 글이니 경제와 관련된 내용이나 '순수' 경제적 요인에 대한 분석이 많을 것으로 기대하겠지만, 나의 글은 경제적이거나 순수하지 않다. 그것은 경제를 몰라서가 아니라 경제학을 연구하는 방법론 때문이다.

나는 모든 경제현상이 '비경제적 요인'과 별개로 일어나지 않는다고 보는 사람이다. 나아가 우리가 목도하는 경제적 현실은 경제적 요인과 기술, 제도(정치, 사회, 문화) 등 비경제적 요인이 함께 작용한 결과로 이해한다. 즉 경제현상을 다원론(pluralism)과 상호작용론(interactionism)에 따라 이해하는 것이다. 이것은 케인즈 경제학은 물론 특히 '진화 경제학의 연구방법론'이다.

하지만 보수적인 신고전학파 주류 경제학은 이와 다른 생각을 가지고 경제를 이해한다. 이들은 경제현상을 '경제'라는 하나의 요인으로만 설명하려고 한다. 그리고 비경제적 요인을 경제적 요인으로 축소시켜버린다. 일원론(monism)과 환원론(reductionism)은 이들의 연구방법론이다. 이를테면 시장의 가격은 수요와 공급 등 경제적 요인에 의해서만 결정될 뿐, 정치 권력이나 사회적 요인과는 아무런 관계도 없다는 것이다.

다원론과 상호작용론은 명쾌한 답을 제시해주지는 못하지만 현실을 더 잘 이해시켜준다. 반면, 일원론과 환원론은 명확한 결론을 내려주지만 현실의 중요한 측면을 무시한다. 아름답고 산뜻한 결론(나는 이를 '판타지 소설'이라고 부른다)을 얻기 위해 현실을 희생시키는 것이다. 예컨대, 보수적인 신고전학파 주류 경제학은 '일반균형'이라는 절대적이고 매력적인 결론을 이끌어내기 위해 지극히 비현실적인 가정을 설정한다. 이 과정에서 중요한 비경제적 변수들은 소리 없이 사라진다.

하지만 신고전학파 주류 경제학의 이런 방법론이 단지 '미학적 욕구' 때문만은 아니다. 그것이 추구하는 바는 다른 곳에 있다. 이 방법론에 따르면 경제현실이 갖는 추악한 모습을 간단히 숨길 수 있으며, 그 속에서 지배자들에 의해 자행되고 있는 추악한 부의 축적과정도 숨길 수 있다.

보도에 의하면 2006년 이후 금융당국 2급 이상 퇴직자 90여 명이 업무와 연관성이 있는 금융기관에 취업했다고 한다. 국가의 금융기관에서 퇴직한 고위직 공무원이 금융회사로 초빙되면, 그 회사들은 쉽게 법을 피하면서 검은 이익을 취할 수 있다. 곧, 은행을 비롯한 금융회사의 거대한 경제적 이익은 학벌과 지연 등 끈끈하게 맺어진 강력한 사회적 관계로부터 얻어지는 것이다. 이러한 아늑한 사회적 관계는 공모와 결탁을 가능하게 해주고 은행의 '생산성'을 극대화시켜준다.

경제적 현상은 경제적 요인만이 아니라 비경제적 요인, 곧 '사회적 요인'과 상호작용한다는 것을 보여주는 것이다. 이런 일이 여기서만 일어났을까?

방법론적 일원론과 환원론의 프레임에 갇히면 이런 추악한 현실을 볼 수 없게 되며, 오히려 그러한 현실을 직시하는 게 불편할 뿐 아니라 불순하게 여겨진다. 그건 범죄자들을 즐겁게 한다.

우리나라 대학의 주류를 형성하고 있는 보수적 신고전학파 경제학자들이 하는 일이 바로 이런 것이다. 그 대가로 그들은 안정된 직장과 거액의 프로젝트로 범죄자들의 총애를 받고 있다.

반면 이 추악한 프레임의 허구를 고발하면서 불편한 현실을 밝혀내고 있는 다른 경제학자들은 그 빛나는 통찰력과 올바른 사회를 향한 불굴의 의지에도 불구하고 고초를 겪고 있다.

댓글토론

outsider : 정말 이기적인 사람들입니다. 언제부터 이치에 어긋난 행동을 하는 사람들이 잘살고, 정직하게 사는 사람들이 불이익과 손해를 보는 세상이 된 걸까요? 이 나라의 불공정에 분통이 터집니다.

↳ **한성안** : 공부하면서 깨어 있고, 정치에 참여함으로써 행동하면 불공정은 훨씬 완화되겠죠.

찬 : 비리와 부정을 감독하는 사람이 오히려 더 큰 비리와 부정을 저지르는 것은 금융감독원에만 해당되는 일은 아닐 겁니다. 역사적으로 조정에서 어사를 파견하여 지방행정을 감독한 것은 아주 오래전의 일이며, 비밀리에 어사를 파견했던 '암행어사 제도'가 공식적으로 행해진 것도 중종 4년(1509년)에서 고종 29년(1892년)까지 장장 4백 년에 가까운 기간이었습니다. 그러나 결코 성공한 제도가 되지 못했습니다. 박문수라는 뛰어난 암행어사가 모든 암행어사의 표본처럼 여겨지고 있지만, 실상 대부분의 암행어사들은 자신의 신분과 행적을 비밀에 부쳐야 함에도 불구하고 미리 지방관리에게 자신의 일정을 통보하기 일쑤였으며, 정적을 꺾는 일에 자신의 권력을 이용하기 일쑤였습니다. 그들은 마치 당쟁의 행동대장과 같은 역할을 했던 겁니다. 오늘날 각종 금융기관을 감독해야 하는 금융감독원의 퇴직자들과 현직에 있는 사람들의 검은 유착은 어쩌면 오래전부터 이어져온 암행어사와 지방관리의 역사적 고리와 같은 부분일 것입니다. 따라서 그 역사적 고리를 단절하는 것은 비리를 저지른 사람을 처벌하는 것만으로는 어렵고, 그 문제 역시 다원론과 상호작용론의 방법으로 보다 깊은 곳에서부터 그 원인과 해법을 찾아야 할 겁니다.

↳ **한성안** : 공식적 처벌은 물론 의식의 변화, 곧 양심의 복원을 꾀하는 프로젝트가 필요하겠군요. 여기에서 교육의 방향과 지도자의 철학이 중요할 겁니다. 입시경쟁으로 찌든 우리 교육의 방향을 '살림'과 '양심'의 교육으로 바꾸어야 하며, 배반과 반칙을 일삼는 지도자보다 신뢰와 정의에 따라 살아가는 지도자가 필요할 때입니다.

그들에게 묻습니다,
좌파가 어때서?

한 인간이나 집단의 경쟁력은 자신의 '내적 의지'와 '외적 경쟁압력'에 의해 좌우된다. 필자는 방법론적으로 한 가지 요인만을 주장하는 사람이 아니기 때문에 두 가지 요인을 함께 고려하면서 경쟁력을 이해하려고 한다. 그런데도 다산 정약용 선생이나 장영실, 아인슈타인처럼 내부 동인이 충만한 사람들을 제외하면, 대다수 사람들은 외부 압력이 가해지지 않을 경우 나태해지기 쉽다.

나태하면 경쟁에서 패배한다. 패배를 모면하기 위해 여러 가지 방법이 동원되는데, 가장 손쉬운 방법 중 하나가 이미 존재하는 방법을 습관적으로 동원하는 것이다. 하지만 그런 방식으로 위기를 모면하는 것에 익숙해지면, 그의 경쟁력은 갈수록 취약해진다.

그런 방식을 지식집단이 이용할 경우, 그 집단은 유치한 지적 장애자로 전락하고 마는데, 그들이 생산하는 논리는 결국 세간의 웃음거리가 되고 만다. 한국에서 보수집단을 지적 장애자로 만드는 단어는 '좌파'다. 자신의 이익이 위협받을 때나 지적 경쟁이 격화될 때마다, 이들은 상식이나 학술적 근거로 대응하지 않는다. 이 경쟁압력을 이겨내는 손쉬운 방법이 항상 있기 때문이나. 그들은 화가 치밀어 오르거나 말문이 막히면 '좌파'를 들이댄다. 그러니, 한국의 보수세력의 지적 경쟁력은 세계에서 가장 낮다고 볼 수 있다.

MBC 사장을 쫓아낸 방송문화진흥위원회 김우룡 이사장은 '큰 집(청와대)에서 김재철 신임 MBC 사장에게 좌파 대청소를 하도록 압력을 행사했다'고 자랑스럽게 주장했다. 때마침 집권여당의 안상수 전 대표는 부산에서 있었던 김길태의 여중생 성폭행살인 사건이 '지난 10년간 이루어진 좌파 교육' 때문이라고 열변을 토했다.

한국에서의 좌파논쟁이 어제오늘의 일은 아니지만 또다시 수면에 떠올랐다. 매우 바람직한 일이다. 그러나 논쟁이 생산적 결론에 이르기 위해서는 상대방이 주장하는 본질을 정확히 이해하는 것이 필요하다. 상대방의 주장을 이해하지 못하고 진행되는 토론은 필시 자기주장을 재확인하는 것 외에 각자의 지적 발전에 아무런 도움을 주지 못한다. 그래서 좌파논쟁을 할 때는 좌파가 무엇이고, 좌파면 무엇이 문제가 되는지를 원론적으로 따져볼 필요가 있는 것이다.

자본주의란, 한 사회가 직면하는 사회경제적 문제들을 '시장'이라는 제도를 통해 해결하려는 시스템이다. 사회는 먼저 성장의 문제를 해결해야 한다. 그런데 자본주의 발전사를 들여다보면 시장의 힘만으로 성장을 이룬 나라는 동서양을 막론하고 그 어느 곳에도 없다.

또 성장을 위해서는 사회간접자본과 인적자본 등 자본재 공급이 필요한데, 한국의 경제성장 과정만 볼 때, 시장은 자본재를 자체적으로 공급하지 못했다. 자본재 공급에 대한 시장의 무능력은 오늘날에도 예외가 아니다. 시장은 지식기반경제에서 절대적으로 필요한 기초과학기술이나 공통기반기술을 항상 과소 공급할 뿐이다. 결국 시장은 성장이라는 자본주의의 본질적 기능을 스스로 완수하기에는 역부족이다.

다행스럽게 시장이 스스로 성장을 이루어도 문제는 존재한다. 성장만큼 일자리가 창출되면 그 사회의 고민거리는 줄어들겠지만 성장에 비례하는 정도로 일자리가 창출된다는 보장이 없다. 우리가 최근 직면하고 있는 '고용 없는 성장'이 그 대표적 사례에 속한다. 시장은 화폐경제 아래서 삶의 조건이 되는 고용이라는 '기초재'를 충분히 제공하지 못하고 있다.

그나마 성장이 지속되기만 하면 좋겠지만, 현실은 전혀 그렇지 않다. 시장은 필연적으로 경기 순환을 수반하는데, 예컨대 1930년대 대공황기의 대량실업으로 인해 대부분이 빈곤층으로 전락했으며, 그 결과 자본주의체제는 심각한 붕괴위기에 직면했다. 시장원리에 충실히 따르는 기업은 결코 투자에 나서지 않았다. 이처럼 시장은 빈곤과 체제위기라는 '열등재'를 생산할 가능성을 항상 내포하고 있으며, 이를 자동적으로 치료하지도 못한다.

업적에 따라 가치를 분배하는 시장은 빈부격차를 필연적으로 발생시킨다. 거기에 강자들의 강력한 네트워크와 권력이 결부되면 불평등은 한층 심화된다. 제도적 장치가 없다면 시장과 성장이 이 문제를 자동적으로 해결하지 못한다. 곧 계층 간, 지역 간 평등은 그 자체로 사회 전체의 효용을 높여주는 '소비재'인데, 시장은 이러한 '우등재'를 공급하는 데 실패하는 것이다.

자본주의 내 좌파란 이처럼 분명히 존재하는 시장의 실패와 자본주의의 불안정성을 정부 개입으로 개선해가자고 주장하는 사람들이다. 그래서 이들은 시장과 정부, 그리고 성장과 분배 사이에 존재하는 긴장관계의 끈을 결코 놓지 못한다. 시장을 맹신하고 성장이 모든 문제를 해결해준다고 믿는 우파와 이 점에서 다르지만, 시장의 효율성과 역동성을 충분히 인정한다는 점에서 시장을 전면적으로 불신하는 마르크스-레닌주의자와도 분명히 다르다.

이들의 경제학적 기반은 대략 케인즈 경제학, 제도 경제학, 최근에는 진화 경제학으로 볼 수 있다. 자본주의 내 좌파를 대략 위와 같이 정의할 수 있는데 독일, 프랑스, 영국, 스웨덴, 핀란드 등 유럽의 사회민주당 사람들이 이에 속하며, 미국의 민주당도 여기서 크게 벗어나지 않는다.

이런 관점에서 생각하면 필자도 역시 좌파가 되는데, 좌파인 필자가 우파들에게 묻고 싶다. 시장제도의 장점을 인정하면서 그 단점을 보완하고자 하는 게 뭐가 문제가 된다는 말인가? 좌파논쟁은 필요하다. 그러나 최근 한국의 좌파에 대한 우파의 비판은 지나치게 왜곡되어 있다. 모두가 토론의 승자가 되기 위해서는 먼저 서로의 주장을 원론적으로 이해할 필요가 있다.

벼리 : 저는 비판만 있고 대안이 없는 좌파에 대해서 비판적입니다. 정부정책에 대한 일련의 비판도 필요하지만 그 정책에 순응하는 것도 한 방법이라고 생각합니다. 건강한 대안, 좀 더 힘 있는 대안을 강구해서 정책에 반영하려는 의지와 힘을 가지는 것이야말로 좌파의 올바른 존재 의미가 아닐까요? 그 무성한 논쟁 속에는 아쉽게도 참다운 힘과 지혜가 없습니다. 그저 비판을 위한 비판과 정책 입안자들에 대한 불신과 증오만 있을 뿐입니다. 또 좌파는 혜택 받지 못한 삶을 살아왔습니다. 그래서 그들은 세상에 순응하기보다는 왠지 거부하고 반항하는 것에 더 익숙해져 있는 것 같습니다. 이것을 건강하다고 말할 수 있을까요?

↳ 오드리와 상드 : 벼리님, 안녕하세요? 좌파는 대안이 없으며, 건강한 의지와 힘을 지니지 못하고 혜택을 받지 못했다는 말씀에 진심으로 공감합니다. 제 기억으로는 불과 20여 년 전만 하더라도 학교에서 역사 선생님들이 반정부적인 한마디 때문에 다음 날 자취를 감추는 일이 있을 정도로 대한민국은 닫혀 있었습니다. '민주' 라는 단어가 무색할 정도였죠! 그 이유는 우리나라 현대사의 정치지형이 반민족 친일세력에 의해 마련되었기 때문입니다. 그 결과, 정치는 민생을 우선시하기보다 자신들의 정권을 지키는 수단으로 전락하였습니다. 그 과정에서 어려운 민생을 보살피는 좌파는 철저히 탄압당했죠. 이러한 척박한 환경에서 자라날 수밖에 없었던 것이 오늘날 대한민국의 민주주의입니다.

그러다 보니 좌파는 자립은 고사하고 건강한 힘을 기를 기회도, 혜택을 누릴 기회도 없었습니다. 그리고 이제야 겨우 목소리를 내게 된 것입니다. 이런 토론의 장에서 좀 더 많은 국민들이 함께 토론한다면 벼리님께서 바라고 계신 건강한 대안을 마련할 수 있겠죠.

대사부 : 대학 시절이나 지금이나 저는 좌우의 문제보다 그 안에 들어 있는 구성원들의 정(正)과 부정(不正)의 문제에 관심을 가지고 바라보고 있으며, 실제 현실에서도 실천하고 있습니다. 그동안의 체험을 통해 느끼는 바입니다. 좌 안에도 대다수의 정좌(正左) 안에 극소수의 부정좌(不正左)가 있고, 우 안에도 대다수의 정우(正右) 안에 극소수의 부정우(不正右)가 있습니다. 하지만 그 좌우 표현 사상에 동조할 수밖에 없거나 중립적 입장에 있는 것이 대다수의 군상들이라 볼 수 있습니다. 우리 사회도 좌우라는 틀보다는 정과 부정이라는 틀로 진행해야 올바른 국가, 행복한 사회가 될 수 있다고 봅니다.

↳ 한성안 : 인간이 오래전부터 고민했던 큰 주제 중 하나가 경제와 도덕의 관계입니다. 이 주제는 근대사회에서 진보와 정의의 관계로 이어집니다. 근대 이후 노동운동사에서 운동의 분열과 발전을 유발하기도 했던 매우 보편타당한 주제죠. 대사부님께서 제기하신 문제는 여러 세대에 걸쳐 끊임없이 논란의 대상이 되었습니다. 앞으로도 새롭고 진지한 토론을 기대하겠습니다.

WEB 마스터 : 보통 우파를 자본주의, 민족주의 등으로 부르기도 하죠. 장제스나 녹일의 철혈재상 비스마르크가 떠오릅니다. 그런네 우리나라의 우파는 반민족적인 뿌리를 갖고 있다는 것이 참 기이하다는 생각입니다.

↳ 한성안 : WEB 마스터님이 잘 형식화해놓은 것처럼 우파의 가장 공격적이고

위험한 모습은 민족주의입니다. 독일의 나치즘, 일본의 군국주의, 이탈리아의 파시즘과 같이 20세기의 제국주의에는 공통적으로 민족주의, 곧 자민족에 대한 영광과 타민족에 대한 경멸사상이 깔려 있습니다. 우파들은 이를 이용해 자신들의 정치적, 경제적 욕망을 달성합니다. 그런데 한국의 우파는 왜 이것을 이용하지 않고 오히려 반대할까요? 왜 민족주의적이지 않고 오히려 반민족주의적 행동을 보일까요? 참 이상합니다.

여러 가지 설명이 있지만, 가장 알려진 설명으로는 그들의 이익이 민족주의적으로 달성될 수 없다는 것입니다. 그들은 일제강점기는 물론 해방 이후 줄곧 외세와 결탁해서 자신을 보호할 수밖에 없었습니다. 반민족적이 되어야 자신을 '보호'할 수 있었죠. 그들의 관심은 자신의 성장과 보존일 뿐 민족의 안위가 아닙니다. 반민족주의는 공리주의적 사고에 근거를 두고 있습니다. 따라서 자신을 위해 민족주의가 필요하다면 얼마든지 민족주의자로 바뀔 수 있습니다.

민족주의자인 독일의 우파와 지금까지 반민족주의자였던 한국의 우파가 최근 들어 민족주의자로 변하는 것, 이 모든 것들을 관통하고 있는 것은 바로 자신들의 경제적 이익, 정치적 욕망, 사회적 지위입니다. 민족주의는 이를 달성하기 위한 그들의 도구일 뿐이고, 우매한 국민들은 이에 동원되고 있습니다. 그렇게 보면 한국의 우파가 반민족주의적 태도를 취해왔다는 사실은 그리 이상하지 않을 것입니다. 물론 민족적인 것(national)과 민족주의적인 것(nationalistic)은 구분되어야 합니다.

장자연의 눈물,
가치판단 논쟁

경제학자로서 직접 말하기는 좀 쑥스럽지만, 경제학은 사회과학의 '여왕'이라고 불린다. 그렇게 불리는 이유 중 하나는 경제학이 역사학, 정치학, 사회학, 문화인류학은 물론 물리학, 생물학, 수학과 연관될 뿐 아니라 철학과 윤리학적 기반도 갖추고 있기 때문이다.

이처럼 방대한 영역과 연관되어 있으니 경제학 안에서는 학술적 논쟁이 끊이지 않는다. 경제학의 역사를 들여다보면 사회과학 전체를 아우르는 기념비적인 논쟁들이 수없이 많다. 그중 하나가 19세기 말과 20세기 초에 일어난 '방법 논쟁(Methodenstreit)'과 '가치판단 논쟁(Werturteilsstreit)'이다. 이 논쟁이 독일에서 출발했으니 독일 지성이 경제학에 미친 영향은 지대하다고 볼 수 있다. 그런데도 우리나라 강단에서는 미국식 신고전학파 주류 경제학만이 있을 뿐이다.

간단히 설명하면 인간의 판단은 크게 두 가지, '사실에 관한 판단'

과 '가치에 관한 판단'으로 나뉜다. 예컨대, '이 책은 사회과학 서적이다', '그는 공금을 횡령했다'는 말은 사실판단인 반면 '이 책의 내용은 우수하다', '그의 공금 횡령행위는 나쁘다'는 말은 가치판단에 해당한다.

이 논쟁에서 구스타프 폰 슈몰러(Gustav von Schmoller)와 같은 신역사학파 경제학자들은 가치판단에 관한 과학적 기준(객관적 기준)이 존재하므로 가치판단은 사회과학의 연구대상이 될 수 있다고 보았다. 따라서 경제학 연구는 윤리와 도덕 등 가치에 관한 연구와 통합되어야 한다고 주장한다. 곧, 경제학은 가치판단을 기준으로 연구되어야 할 뿐 아니라 가치판단을 외면하지 않아야 한다는 것이다.

가치판단은 도덕적, 윤리적 기준을 필요로 한다. 이 기준에 따라 사실에 대해 바람직한 것과 기피해야 할 것이 가려진다. 바람직한 것은 장려되고, 기피해야 할 것은 억제되어야 한다. 가치판단은 대개 행동과 정책으로 이어진다. 즉 이들에게 '사회정책'은 경제학의 최종 목적이 된다.

반면, 카를 멩거 등 신고전학파 주류 경제학자와 막스 베버(Max Weber)는 가치를 판단할 객관적 기준(과학적 기준)이 존재하지 않기 때문에 가치판단에 관한 연구는 사회과학의 주제로 적합하지 않다고 보았다. 따라서 이들은 경제학에서 가치판단을 배제할 것을 주장하였다. 곧, 경제학은 '가치 중립적 입장'을 취함으로써 윤리와 도덕을 잊어야 한다는 것이다. 가치판단이 내려지지 않으니 이들에게는 행동과 정책이 필요 없게 된다.

그 후 방법 논쟁과 가치판단 논쟁 후 신고전학파 주류 경제학이 주류로 자리잡게 되었다. 그리고 경제대국인 미국은 이 '가치 없는' 경제학파의 지적 공급처가 되었다. 동시에 모든 학문에 대한 '여왕'의 제국주의적 침략이 강화되자 가치판단을 외면하고 사실판단에만 주력하는 신고전학파 주류 경제학의 방법론이 여타 사회과학은 물론 예술과 문학까지도 지배하게 되었다. 실로 신고전학파 주류 경제학의 제국이 건설된 것이다.

　나는 경제학이 사실에서 출발해야 한다고 생각한다. 사실이야말로 신뢰의 토대이기 때문이다. 베버도 지적했듯이 가치는 역사적으로 변하며, 공간적으로 다양하다. 그래서 과학적 가치, 곧 가치의 절대성은 존재하지 않는다. 가치는 실로 상대적이다. 따라서 가치는 사실 앞에서 겸허할 필요가 있다.

　그리고 가치의 과잉은 오히려 인류를 불행에 빠뜨리기도 한다. 중세시대와 현대 한국 사회의 기독교가 보여주듯이 종교적 가치의 과잉 상태는 인간을 몽매하게 만들 뿐 아니라 타인을 멸시하거나 증오하게 만든다. 더 근본적인 사회·경제적 이유가 있겠지만, 1919년의 미국의 '금주법' 같은 경우도 가치의 과잉이 낳은 결과다. 이처럼 가치과잉은 경우에 따라 매우 위험하다. 그래서 가치는 과학적 방법과 사실에 의해 끝없이 통제되어야 한다.

　인간은 도덕군자로만 살 수 없다. 스님, 신부, 수녀, 목사로만 이루어진 세상을 상상해보라. 절대적 고요와 극도의 순결함은 인간을 절망에 빠뜨릴 것이다. 그래서 엄격한 가치판단은 바람직하지 않을지도 모른다.

그러나 알고 보면 사실이라는 것도 그리 객관적이지 못하다. 내가 알고 있는 사실도 실제로 나의 가치관과 이 시대의 가치, 나아가 지역 (국가)의 가치에 의해 선별된 것에 불과하다. 또, 인간의 합리성은 완전하지 못하다. 그래서 내가 알고 있는 사실도 이 초라한 합리성에 의해 획득되었을 뿐이다. 따라서 가치만큼 사실도 객관적이거나 과학적이지 못할 뿐 아니라 불완전하다.

나아가, 가치판단은 인간만이 내릴 수 있다. 가치판단을 포기하는 인간은 짐승이나 기계와 다르지 않다. 뿐만 아니라 가치에 의해 통제되지 않은 사실은 인간사회를 궁극적으로 파괴한다. 공금횡령, 원자폭탄, 살인, 강간, 전쟁, 환경파괴, 불평등, 이 모든 사실이 가치로 통제되지 않는 사회를 상상해보라! 가치가 결여된 삶은 악마와 짐승들이 우글거리는 정글과 같다. 인간의 삶에서 가치는 매우 중요하다. 가치는 인간의 본질에 해당할지도 모른다. 그렇기 때문에 사실도 성찰과 비판에 대해 스스로 자신을 드러내야 할 뿐 아니라, 가치에 의해 통제되어야 한다. 비록 그 가치가 초라할지라도 말이다. 결국, 가치와 사실은 상호작용하면서 긴장관계를 유지해야 한다. 즉 경제학 연구는 사실판단과 가치판단에 관한 연구를 동시에 수행해야 한다. 그리고 사실판단은 물론 가치판단에 대한 질문에 초라한 답이나마 제시할 수 있어야 한다.

해방 후 우리 사회는 미국의 지적 식민지가 되어가고 있다. 경제학은 특히 그렇다. 대학의 경제학과는 거의 미국 출신의 신고전학파 주류 경제학자들로 채워져 있다. 여왕의 학문을 하였으니 이들이 이 사회의 오피니언 리더가 되는 것은 당연할 것이다. 그래서인지 우리 사회는 유난히 가치판단을 두려워하며 행동을 멸시한다. 그리하여 끊임없이 가치에 색깔을 덧칠하고 행동을 비난하며 던입한다. 그 결과, '가치 없는' 경제학에 의해 우리 사회는 '가치 없는' 사회로 타락해버렸다.

몇 년 전, 배우 장자연이 화폐와 권력의 후원을 받는 악마와 짐승들의 비윤리성과 비도덕성, 곧 가치의 타락을 죽음으로 고발하였다. 그녀는 죽음으로써 이 사회에 가치판단을 요구한 것이다. 수많은 '장자연'이 성접대로 몸서리치는 삶을 살고 있다는 사실을 판단하였지만, 이 사회는 그 연약한 몸부림을 기억하지 않았을 뿐 아니라 외면하였다. 그리고 시간이 지난 현재까지도 아무런 행동도 취하지 않았다. 가치판단을 유보한 것이다.

신고전학파 주류 경제학과 그 우군들의 가치중립성에 포섭되어 있는 이상, 우리 사회는 그들은 가치판단을 유보하고 아무 일도 하지 않을 것이다. 그러면 우리 사회는 진실이 가려진 채 어둡게 추락할 것이다. 그러한 우려가 현실로 될 가능성도 없지 않다.

솔개 : 가치를 배제한다면 경제학이 존재하는 이유는 대체 무엇인가요?

↳ 한성안 : 저도 모르겠습니다. 아마 파워엘리트들의 비도덕적 행동을 외면하게 해주고, 학생들과 시민들이 이에 대해 가치판단을 내리지 않도록 가르쳐주기 위해 존재하는 것 같습니다.

jjaungsu91 : 부도덕한 사람들이 사실판단과 가치판단이 서로 상호작용하면서 긴장관계를 유지해야 한다는 이 글을 읽고 무엇인가를 느꼈으면 좋겠군요.

↳ 한성안 : 그 사람들은 이런 방식으로 사고하기를 싫어할 것입니다. 가치판단을 개입시키면 자신들의 행동이 스스로 부끄럽게 생각되기 때문이죠. 그래서, 이런 사고방식에 대해 의도적으로 귀를 막습니다. 보수적인 신고전학파 주류 경제학은 그들의 이런 사고방식을 도와주고 있고요.

고흥짱 : 교수님! 그들도 스스로를 도덕적이라고 생각하지 않을까요? 그들에게 윤리와 도덕을 가르치는 방법은 이 세상에 존재하지 않는 걸까요?

↳ 한성안 : 그들도 윤리와 도덕을 알고 있습니다. 학교 다닐 때 윤리시험에서 만점을 받았고, 기독교와 불교, 유교 등 종교를 믿고 있을 테니까요. 알면서도 외면하는 겁니다. 그게 자신의 탐욕적 소유, 지배욕, 과시욕을 방해하니까요. 알고 있는 사실을 실천하는 방법은 정치적 힘, 곧 민주주의적 정치권력뿐입니다. 친구들과 함께 다가오는 모든 선거에 꼭 참여하세요.

이소선 여사의 별세,
노동자는 기계가 아니다

고등학교 시절 《정치·경제》 과목이나 대학에서 《경제학원론》을 수 강한 적이 있는 사람들에게 매우 익숙한 용어가 있다. 바로 '생산의 3 요소'인데, 여기에는 토지, 노동, 자본이 포함된다. 인간은 물질적 삶 을 영위하기 위해 생산(生産), 곧 뭔가를 새롭게 만들어야 하는데 이 활동과정에 반드시 들어가는 '공통분모'가 토지, 노동, 자본이라는 것 이다.

이것은 보수적 주류 경제학, 곧 신고전학파 경제학의 용어인데, 한 두 개가 아닌 여러 가지 문제점들을 내포한다. 예컨대, 케인즈 경제학 자와 신고전학파 경제학자 사이에 일어났던 '자본논쟁'은 자본이라 는 개념이 얼마나 허무맹랑하고 순환논리에 빠져 있는 취약한 개념이 며, '자본의 한계생산성'이 얼마나 근거 없는 허상인지 잘 보여준다.

이 논쟁에서 신고전학파 주류 경제학이 명백히 패배했다. 그런데도 그 우스꽝스런 용어는 여전히 주류 경제학의 표준교과서에 그대로 실려 학습되고 있다. 이런 희한한 현실은 주류 경제학에서 학문이 무엇을 의미하며 그것을 신봉하는 자들이 어떤 부류인지 잘 보여준다.

그들에겐 성찰이 없다. 오로지 고집과 이해타산뿐이다. 왜 그럴까? 패배를 인정해서 경제학 체계를 수정하면 생산에 대한 '자본가의 공헌'을 부정하게 되기 때문이다. 이 결과를 수용하면 '자본가는 놀고 먹는다'는 주장을 수용하는 셈이니 귀를 막고 못들은 척해야 할 것이다. MB의 불통과 막무가내는 이 연구방법론에 기인한다고 해도 지나치지 않을 것이다.

자본의 개념에 대해서는 무지해서 그렇다고 치자. 노동에 대한 이들의 관점은 철저히 이념적이다. 그들에게 노동은 비용일 뿐이고 토지, 자본과 같이 죽어 있는 물질에 불과하다. 토지, 자본의 한 단위처럼 노동도 한 단위의 물건으로 취급될 뿐이다. 예컨대, 그들은 노동이 기계를 움직이는데 동력을 제공하는 자연적 원동기나 물건을 운반하는 수레에 불과하다고 생각한다. 그들에게 있어 노동자는 인간이 아닌 것이다.

리오 휴버먼(Leo Huberman)은 기계만도 못한 취급을 받는 노동자의 참상을 전하면서 "노동자도 하나의 인격체라는 사실이 이윤만을 추구하는 자본가에게는 중요하지 않다. 자본가에게 노동자는 비용을 구성하는 한 항목에 지나지 않는다"고 말했다. 신고전학파 주류 경제학자들은 자본가들의 이러한 생각을 충실히 모형화하고 있다.

주류 경제학자들에게 모든 비용 항목은 무찔러야 할 적이다. 때문에 생산과정에서 가능한 축출해야 한다. 기계나 수레에 불과하니 사용 후 닳게 되면 고물로 폐기되어야 한다. 또, 주류 경제학의 이런 노동개념에서 노동에 대한 증오와 멸시의 문화가 싹튼다.

물론, 이런 문화는 경제적 효과를 낳는다. 뭐든지 멸시하면 가치가 떨어지게 된다. 불통(不通) 주류 경제학자들의 이런 문화적 지원에 힘입어 기업들은 임금을 적게 주게 된다. 자본가들이 보기에 주류 경제학자들은 장학금을 지원해줘야 할 정도로 예쁘고도 착한 사람들이다.

이처럼 주류 경제학은 철저히 이념적이며 당파적이다. 한국 강단에서 학습되는 경제학은 노동에 대한 편향적 시각을 교묘하게 세뇌한다. 불순하기가 이루 말할 수 없고 이성적으로 온건하지 못하다.

이 불순하고 불온한 이념은 한국 사회에 국민적 문화로 체화되어 있다. 아니, 뼛속 깊이 스며들어 있다. 그 때문에 온 사회가 반노동자적이고 심지어 노동자 자신들도 노동자에 대해 적대적이다. 그러니 그들의 어버이들이야 오죽하겠는가? 희망버스에 욕설을 퍼붓는 어버이연합도 노동자들의 어버이들이다. 그들은 자신이 이 불순한 이념의 포로인 줄을 알지 못한다.

토지는 스스로 가치를 창조하지 못한다. 육체 노동자의 근력과 지혜가 개입되지 않으면 황무지로 남아 있을 뿐이다. 인간의 노동이 멈추면 기계도 녹슨 고철덩어리로 변한다. 가치생산을 도와주는 기계도 정신적 노동의 산물이다. 우리를 먹여 살린 것도 인간의 노동이고 인류의 기술, 과학, 예술의 발전을 이룬 것도 노동이다. 노동자는 물질도, 비용도, 기계도 아니다. 노동자는 삶의 기반이요 인류 진보의 원동력이다.

40년 전 "노동자는 기계가 아니다"라고 외치면서 분신한 청년노동자 전태일이 한국 사회를 지배하고 있는 보수언론, 보수경제학자, 비인간적 기업가, 그리고 그들에게 세뇌된 노동자들에게 이 말을 전하고 싶었을 것이다. 노동자는 가치를 창조하는 훌륭한 인간이다!

노동운동의 대모로 헌신하시던 전태일의 어머니 이소선 여사께서 별세하셨다. 모자의 헌신에도 불구하고 한국의 노동현실은 크게 개선되지 않았다. 여전히 정리해고는 만연해 있고 폭증하는 비정규직 노동자들은 불안에 떨고 있다.

그런데도 노동에 대한 혐오와 멸시는 커져만 가고 있다. 노동자들이 이 불순한 이념의 포로가 되었기 때문이다. 적은 수에 불과하지만 나와 비주류 경제학자들이 불순한 이데올로기와의 투쟁을 멈추지 않는 이유가 여기에 있다.

댓글토론

천상천아 : 학교에서 《경제학원론》을 배우면서 어디에도 사람은 보이지 않았습니다. 배우면서도 이건 수학이지 인간의 학문이 아니라는 느낌이었습니다.

↳ **한성안** : 신고전학파 주류 경제학자들은 경제학에 사람의 의지가 개입되면 비과학적이라고 매도하죠. 사회과학은 인간들의 관계를 다루는 학문인데, 인간을 이처럼 혐오하는 학문도 없을 것입니다. 저는 경제학에 인간을 복

원시키고자 노력하고 있습니다.

나그네 : 선생님의 가르침을 읽으면서 경제에 대해 새로운 이해를 더해갑니다. 따스한 경제학, 곡선과 수학공식이 아닌 인간의 삶을 더 행복하게 하는 경제학을 꿈꾸면서……. 삼가 이소선 여사의 영진에 고개 숙여 조의를 표합니다. 이젠 아드님과 내내 평안하시길 빌겠습니다. 그동안 감사했습니다.

↳ 한성안 : 그렇게 생각하셨다니 제가 오히려 감사하군요. 인간이 체제의 자동 인형이 아니라 체제를 관리하도록 모형을 구축해야 되는데 그게 쉽지 않군요. 이 여사님의 명복을 빕니다.

천개의 눈 : 대학 초년 시절 《전태일 평전》을 읽으면서 노동자들을 기계 이하로 취급하는 노동현실에 분노한 적이 한두 번이 아니었습니다. 노동가치설을 지지하는 저의 입장에서 보면 정말 명쾌한 글입니다. 신자유주의 체제의 자본주의 현실에서 비정규직은 정규직으로 되기가 매우 힘듭니다. 하지만 정규직은 언제든지 비정규직으로 될 수 있습니다. 정규직과 비정규직이 같은 노동자라는 입장에서 연대해야 할 이유입니다.

↳ 한성안 : 여기에 진보의 핵심가치인 '연대'가 힘을 발휘해야 되는데, 적지 않은 정규직들이 이 가치를 모르거나 외면하고 있죠. 노동이 가치를 창조하지만 반드시 윤리와 연대를 창조하지는 않는 것 같군요. 이들이 깨어 있는 시민과 행동하는 양심으로 거듭나지 않는 한, 우리 사회의 진보는 요원할 것 같습니다. 그래서 이런 광장들이 필요합니다.

viewfinder73 : 노조란 밀만 들어도 신경증적인 반응을 보이는 그룹 총수들이 대부분 서구 유학 경험이 있다는 게 또 아이러니합니다. 매값이라고 돈을 내면 사람을 당연히 패도 된다고 생각하는 부유층과, 생각보다 조용한 사회분

위기가 한국 사회의 수준을 보여주는 듯해서 부끄럽고요. 제 자신에 대한 부끄러움이기도 합니다.

↳ **한성안** : 정확하게 말해 '미국' 유학 경험이 있는 자들이죠. 미국은 자유 시장 경제체제를 유지하는 반면, 유럽은 사회 시장 경제체제에 익숙합니다. 따라서 유럽에서 살았던 사람들은 노조에 대해 그처럼 적대적이지 않습니다. 아이러니의 비밀은 거기에 있습니다. 우리가 미국의 영향권에서 벗어나야 한다는 말은 정글 자본주의로부터 더 인간적인 자본주의로 이행하자는 말과 유사합니다. 이 때문에 '반미주의(!)'가 정당성을 지니고 있죠.

쥬얼 : 뉴라이트계열이 사회교과서에서 노동에 관한 내용을 빼고 자본과 친기업적인 성향의 내용을 자꾸 집어넣으려 하네요. 학생들마저 자본의 노예로 만들 모양입니다. 교사들마저 노동자라는 단어를 이상하게 생각하는 경우가 허다합니다. 제 아버지도 작업복을 입고 회사에서 일하신 노동자이셨는데, 이 나라 참 이상하죠.

↳ **한성안** : 보수세력은 다양한 방식을 이용하여 지배체제를 유지하려고 합니다. 폭력, 차별, 빈곤, 문화 등입니다. 폭력적 수단이 한계에 다다르면 폭력을 통한 지배를 잠시 유보하고 문화를 통한 지배를 강화합니다. 문화는 우리의 의식과 행동을 결정합니다. 문화를 통해 우리는 그들의 지배체제를 긍정하게 되고, 급기야 목숨을 바치며, 노동자를 자발적으로 처벌하기도 합니다. 많은 진보세력이 경제적 분배에만 관심을 둘 때, 이들은 우리의 의식과 영혼을 앗아가고 있죠. 깨어 있는 시민들이 필요한 때입니다.

격론 후기,
배움을 향한 자세

인간은 책도 쓰고, 비행기도 만들고, 컴퓨터를 조종하며, 피아노도 치는 등 뭐든 할 수 있는 아주 대단한 존재인 것처럼 보인다. 이 모습에 감격해서인지 모르지만 신고전학파 주류 경제학은 인간의 합리성은 완전하다고 가정하면서 경제학 모형을 구축하였다.

그렇지만, 인간이 보는 세계는 완전하지 못하다. 대부분 자신이 학습한 개념 체계를 통해 세상을 바라볼 뿐이다. 그 덕분에 인간은 볼 수 없었던 현실을 보게 되지만 동시에 그의 시야는 프레임에 갇히고 만다. 그때부터 인간의 시각은 편향되기 시작한다. 한번 형성된 프레임은 온갖 정보와 지식을 축적하여 자신의 틀을 더 단단하게 만든다. 누적적 인과관계(cumulative causation)가 작동하기 시작하면 그것이 사유습성으로 변한다. 이때부터 이 프레임이 도리어 인간의 의식을 지배하게 된다. 그래서 거의 무의식적으로 사고하는 단계에 이르며, 결국 독단주의(dogmatism)에 빠지게 되는 것이다.

안 배우자니 세상을 이해할 수 없고, 배우고 나니 독단주의에 빠진다. 독단주의에 빠지니 상대방의 의견을 들을 필요가 없고, 대화가 불가능하게 된다. 그래서 독단주의가 두렵다. 나는 두려움을 이겨내기 위해 지식을 끝없이 비우고, 의심해본다. 지식을 비우고 끝없이 회의하니 독단주의로부터 자유로울 수 있다. 상대주의(relativism)가 주는 자유를 만끽하게 된 것이다.

그런데, 상대주의의 입장을 취하니 도대체 뭐가 옳은지 모르겠다. 판단기준이 없으니 또 배운다. 자꾸 배워서 좋지만 자신만의 '독단'이 없어서 실천할 수 없다. 실천은 목표와 규범(norm)을 요구하기 때문이다.

또한 자신을 주장하지 않게 되니 '열린' 자세를 지닐 수 있어서 타인과 대화가 가능하게 된다. 하지만, 자신의 입장을 밝히지 않고 항상 요리조리 내빼니 대화의 상대자는 힘이 빠진다. 도대체 그는 뭘 주장하고 있는 거지? 이 무책임한 자유방임주의자와 대화를 어떻게 진행시킬 수 있을까? 이로써 대화는 무익해진다. 결국 극단적 상대주의자와의 대화는 필요없게 된다. 그 때문에 러시아의 철학자이자 문학평론가 미하일 바흐찐(Mikhail Bakhtin)은 독단주의는 대화를 불가능하게 하고 상대주의는 대화를 불필요하게 한다고 말했던 것이다.

얼마 전, 블로그에서 '친일파 논쟁'이 치열하게 전개된 적이 있다. 한쪽은 가치판단을 더 중시하는 반면 다른 쪽은 사실판단을 더 중시한다. 물론, 다들 사실을 더 명확히 규명하는 것에서부터 출발하고 있다.

　가치판단이 지나치면 독단주의로 흘러 타인이 제기한 문제와 질문이 들리지 않게 된다. 극단적 독단주의, 곧 가치의 과잉상태에서는 대화가 불가능하게 된다. 반면 사실판단이 지나치면 상대주의로 흘러 대화가 피곤해진다. 극단적 상대주의자는 한 번도 자신의 입장, 곧 가치판단을 하지 않았기 때문이다. 그러니 잘못도 없게 된다. 극단적으로 사실판단만을 주장하는 사람, 곧 극단적 상대주의와 대화가 불필요하게 된다.

　토론을 하다보면 자신의 의도와 달리 자신도 모르게 극단적 독단주의자와 극단적 상대주의자로 돌변한 것에 스스로 놀라는 경우가 있다. 나 역시 그런 경험이 많다. 그럴 때는 빨리 수습하지 않으면 돌이킬 수 없게 되어, 결국 토론은 파경에 이른다.

　내 경험으론 스스로를 극단주의로 몰아가는 요인이 많다. 작은 실언, 약간의 누락, 불필요한 첨언, 부족한 지식과 정보의 발각, 어색한 표현, 약점을 잡은 조롱……. 그런데, 이러한 것들로부터 누구도 자유로울 수 없다. 또, 언제라도 일어날 수 있는 것들이다. 그렇다면 눈감아줄 수 있다. 또, 스스로 인정해도 흠이 되지 않는다. 나아가 누락되고 부족한 것들, 어색한 것들은 보충해주고 웃음으로 받아줄 수 있다. 토론에서 얻어야 할 중요한 것들이 있다면 더욱 그래야 할 것이다.

　인간이 원래 대단하지 않다는 것을 안다면 사랑스럽게 볼 수도 있지 않겠는가? 그렇게 되면 극단적 독단주의와 극단적 상대주의를 벗어나는 것이 어렵지 않다. 제한된 합리성만을 지닌 부족한 인간들이 서로 이해하고 사랑하게 되면 아무런 문제가 없게 된다.

나아가 토론의 목적이 상대방을 욕보이고 패배시키는 것이 아니라, 사실을 알고 진실을 규명하고 싶은 것이라면 작은 것들은 넘어가도 된다. 그래도 토론 진행상 그냥 지나칠 수 없다면 '이모티콘' 하나 붙이면 끝이다.

서로 이해하고자 조금만 노력하면 우리의 광장은 진정한 자유의 장이자 지식의 해방공간이 될 것이다. 마지막으로 토론의 최후승자는 토론의 참여자가 아니라 '진실과 사실'이며 궁극적 패자는 허위의식임을 기억하도록 하자.

반만디젤 : 독단주의는 이기주의가 원인인 것 같아요. 남부터 생각한다면 독단주의에 빠질 이유도, 소통하지 못할 이유도 없겠죠. 소통을 위해 자기주장을 강하게 하지 않는 것도 어쩌면 자기주장을 관철시키기 위한 방법인 것 같습니다. 강하면 부러질 수밖에 없지요.

↳ 한성안 : 매우 훌륭한 통찰력입니다. 사유방법(독단주의)의 기원을 인간의 본성이나 심리(이기심)에서 발견하시는군요. 앞으로는 꼭 참조하겠습니다.

쿠니 : 독단이 규범일 수 있으나 규범은 합의의 결과가 아닐까요? 완전함만을 추구하지 않는다면 '독단=규범'과 다른 시각으로 볼 수 있을 듯한데요.

↳ 한성안 : 집단의 민주적 의사절차과정을 거친 독단(?)은 합의와 같다! 좋은

생각입니다. 발전시킬 필요가 있겠어요.

발트젤 : 관조적이거나 무관심하지 않다면 그 순간 '인사이더' 잖아요. 역사적 사실과 가치에 대한 책임 있는 인사이더들이 서로 부딪치고 발전해가는 모습을 보니 역동성이 느껴졌습니다. 저도 간혹 친구들과 토론하다보면, 무서울 정도로 격하게 치달을 때가 있거든요. 하지만, 돌아와서는 상대방의 주장에 대해 꼭 한 번 생각해봅니다. 화내면서 배운다고 할까? 하지만 토론 중에는 절대 시인하지 않게 되더라고요.

↳ **한성안** : 배움의 과정은 너무나 고통스럽죠. 집중과 근면, 고뇌뿐 아니라 논쟁과 불화까지도 수반하는 어려운 과정입니다. 대다수 인간은 이 과정이 불편하여 배움을 포기하죠. 그런데도 왜 배울까요? 함께 고민해봅시다.

슬픈 이기주의,
'꿀벌의 우화' 와 '구성의 오류'

경제학은 대단히 엄격한 논리체계를 갖고 사회를 분석하는 학문이지만 재밌는 우화와 추상적 논리학 위에 서 있는 학문이기도 하다. 그리고, 이러한 우화와 논리의 차이 때문에 세상을 보는 방법은 물론 그 처방도 달라진다.

꿀벌은 꽃에서 꿀을 빨아먹고 산다. 꿀을 빨아먹는 행동은 자신의 생존을 보존하려는 이기적 동기에 기인한다. 이러한 이기적 행동을 추구하는 과정에서 꿀벌은 제 몸에 묻어 있는 꽃가루를 이 꽃에서 저 꽃으로 이동시켜준다. 그 결과 꽃은 수정되어 열매를 맺게 된다. 곧, 꿀벌의 이기적 행동으로 자연은 풍성하게 되었다. 중요한 사실은 이타적 동기가 아니라 이기적 동기에 의해 자연이 풍성하게 되었다는 것이다. 이른바 애덤 스미스가 즐겨 인용한 맨더빌의 '꿀벌의 우화' 다.

이러한 우화로부터 신고전학파 주류 경제학은 인간의 이기주의를 경제사회의 발전 동력으로 간주한다. 이기적으로 행동하라, 그러면 사회는 발전할 것이다. 그와 함께 모든 구성원은 함께 잘 살게 될 것이다!

그러나 이러한 우화와 반대되는 논리도 있다. 기업은 이윤을 축석해서 생존하고 발전할 수 있다. 이윤을 극대화하기 위해 기업은 노동자의 임금을 인하하는 경우가 많다. 그 결과 기업의 이윤은 높아지지만 노동자의 소득은 줄게 된다. 소득이 줄면 구매력이 낮아져 노동자는 소비를 줄일 것이다. 노동자가 소비를 줄이면 어떻게 될까? 기업은 그만큼 상품을 판매할 수 없으니 이윤은 오히려 줄어들게 될 것이다. 이윤이 줄면 투자가 감소하여 실업이 늘어난다. 실업이 늘어나면 노동자의 소비는 더 줄어든다. 사회 전체는 깊은 불황에 빠지고 만다. 결국, 기업의 이기적 행동이 이러한 사회적 불행을 초래한 것이다. 곧, 개인이 이기적으로 행동하면 개인이 생존할지는 모르지만 사회 전체는 불행해지고 궁극적으로는 자신마저도 몰락하게 된다. 이른바 '구성의 오류(the fallacy of composition)'다. 케인즈 경제학은 이러한 관점에 따라 시장에 대한 정부의 개입을 주장한다.

얼마 전 블로그에서 '한교수의 고민'을 풀어놓은 적이 있다. 우리 학교 교수협의회 회원들의 70퍼센트가 '숟가락 부대'라 교협에서 나의 역할을 계속하기가 어렵다는 내용이었다. 나는 이웃님들의 조언에 따라 그 후 카페 매니저의 역할을 충실히 수행하기로 마음먹었다.

그런데, 나는 성격상 항상 맡은 역할을 오버한다. 카페 매니저는 전달자 역할만 해도 충분하지만 아니나 다를까 또 오버하고 말았다. 회원들이 소극적으로 움직이면 참여를 독려하기까지 한다. 회장과 운영 위원들이 그런 것까지 하게 되면 너무 힘들어지기 때문이다.

그런데, 독려라는 것이 소극적 회원들을 꾸짖는(?) 내용이 될 수밖에 없다. 그냥 꾸짖을 수 있겠는가? 적절한 우화, 논리구조, 학술적 사실들을 동원한다. 그 과정에서 '꿀벌의 우화'와 '구성의 오류'도 동원된다.

자신의 편안함을 추구하는 여러분들의 이기적 행동이 교수협의회 전체의 전력을 약화시킨다고 설명한 것이다. 이 논리에 따르면 그들은 '이기주의자'와 '기회주의자'가 된다. 그들에게는 매우 기분 나쁜 말이다. 지금까지 이런 내용의 독려 글들을 몇 번이나 올렸다. 나는 이 역할을 자임(自任)하였다. 비록 불편하지만 누군가는 해야 할 역할이라고 생각했기 때문이다. 욕먹은 사람들은 욕한 사람을 비난하게 되어 있다. 그러니 이 일을 누가 선뜻 나서서 하겠는가!

결과는 예상한 대로였다. 나를 쳐다보는 교수들의 눈매가 심상치 않았다. 나를 피한다. 물론 미안해서 그러기도 하겠지만 웃기는 작자라고 생각하는 듯하다. 슬픈 현실이다.

나는 류쉰의 《아Q정전》에 나오는 '이기적이고 몽매한 민중'들을 위해 희생하는 것처럼 이타적이지 못하다.

무엇보다도 배고픈 서민들도 아닌 사람들을 위해 시간을 내주기가 어렵다. 그 시간에 학문을 연마하여 진보적 경제학의 초석을 마련하는 것이 훨씬 가치 있을 것 같았다. 이제 카페 매니저의 역할을 다른 분에게 양도했다. 이것이 '꿀벌'들이 취한 이기주의의 슬픈 결말이다.

댓글토론

Kelly : 이마트 피자와 롯데마트 치킨을 보면서 동네 중소 상인들의 몰락은 결국 이마트와 롯데마트 자신들의 소비군을 몰락시키는 것이라고 생각했는데, '구성의 오류'라는 이론이 있군요.

↳ 한성안 : 구성의 오류는 자본주의의 현실을 이해하는 중요한 논리학적 토대인데, 신고전학파 주류 경제학은 교과서에서 이걸 안 가르치죠. 그러니 《경제학원론》을 약간이라도 접한 사람들은 '꿀벌의 우화'로만 경제를 해석하게 됩니다. 결과는 항상 분열입니다. 분열은 파멸과 부자유로 귀결되죠.

반만디젤 : 어머니가 항상 하시는 말씀이 있어요. '사람 구제는 하지 말거라.' 그 말이 명언인 것 같습니다. 요즘 대다수의 사람들은 누가 가르치고 훈계한다고 바뀌는 존재가 아니더라고요. 제도나 먹이를 이용해 바꾸는 게 더 빠르죠. 그만큼 사람들은 이기적입니다.

↳ 한성안 : 수학적으로 표시하면 솔직히 '반만디젤님의 생각=한교수의 생각'입니다. 그런데도 마음이 많이 아프군요.

찬 : 집단이나 사회를 구성하는 각 구성원과 집단 사이의 관계에 대해 많은 생각을 하며 때로는 심각한 표정으로 고민했던 사람들 중에는 문학을 전공한 사람도 적지 않았습니다. 그들은 시와 소설, 그리고 평론들을 통해 '개인과 사회'의 문제를 제기하며 그 둘 사이의 교착관계나 모순점 등을 삶의 구체적인 양상으로 표현했습니다. 물론 '꿀벌의 우화'도 그 가운데 하나일 겁니다. 인간은 '자연의 모델'과는 상당히 다른 모습을 드러냅니다. 꿀벌의 이기적

행동이 주변을 이롭게 하는 이타적 행동으로 이어지는 것과는 반대로 주변을 해롭게 만드는 경우가 인간사회에서는 왕왕 일어나고 있는 거지요. 그런 면에서 인간은 사회적 동물인 동시에 반사회적 동물이기도 합니다. 영국의 극작가 조지 버나드 쇼(George Bernard Shaw)의 작품 중에 《An Unsocial Socialist 비사회적 사회주의자》라는 것이 있는데, 그는 바로 인간의 이와 같은 모순된 모습을 그리고 있습니다.

↳ 한성안 : 유익한 지적입니다. 신고전학파 주류 경제학은 '자연모델=사회모델'로 환원시켜 설명하죠. 그러니 사회현상을 제대로 설명해내지 못합니다. 진화 경제학도 그러한 환원주의 오류를 범하지 않기 위해 '인간'의 특성과 제도, 특히 문화를 이론 안에 지속적으로 개입시킵니다. 버나드 쇼가 그려낸 '비사회적 사회주의자'의 모습은 어떨지 매우 궁금합니다. 그러한 모습이 인간의 실존적 모습이라면 겸허히 수용해야겠죠.

뮤즈 : 무엇이 옳고 무엇이 그른지를 먼저 알고, 그른 것을 버리고 옳은 것으로 나아가는 자세, 이게 그렇게도 어려운 것인가요? 각자 자기 위치에서 지녀야 할 양심과 부끄러움, 이를 모르거나 외면한다면 그건 정말로 서글픈 현실이 아니고 무엇이겠습니까? 먹구름 잔뜩 끼고 비바람이 몰아쳐 구름 위에 태양을 보지 못하는 것이나 더 나쁘게는 보지 않으려는 사람한테 환멸을 느끼기도 할 것입니다. 기운 내고 쉬시기를 바랍니다.

파라다이스호텔에 앉은
강남좌파의 고뇌

'나는 무엇인가?' 근대사회에 들어서서 '개인'에 대한 관심이 커지면서 던져진 질문이다. 중세시대까지 개인은 신의 도구이거나 공동체의 부속물로서 존재하던 터라 자신에 대해 한 번도 물어본 적이 없었으니, 인류 지성사적 차원에서 보면 이 간단한 질문은 위대한 질문이라 하지 않을 수 없다.

이런 질문에 대한 답변은 수없이 제시되었다.

인간은 생각하는 존재다. 인간은 이성적 존재다. 인간은 유희하는 존재다. 인간은 사회적 동물이다. 인간은 정치적 존재다. 인간은 부조리한 존재다. 인간은 이기적이다. 인간은 이타적이다.

이 모든 정의는 인간을 '보편적인 존재'로 이해한다. 원시시대나 현대사회에서나 미국이나 스리랑카에서도 인간은 생각하고, 놀고, 정치적이고, 부조리하거나, 이타적이고, 이기적이기도 하니 이러한 정의가 틀렸다고 볼 수는 없다. 인간이라면 이런 성격을 공통적으로 지닌다는 것이다.

그런데, 인간은 먹지도 입지도 않고 공중에 떠다니는 보편적 존재가 아니다. 고려시대 사람과 현재 한국 사람의 생활방식과 생각이 다르고, 독일 사람과 미국 사람의 생각도 다르다. 곧, 그 시대와 공간에 종속되어 생활하고 생각하는 특수한 인간이라는 것이다.

특수성은 한 문화적 공간 안에서도 발견된다. 예컨대, 물질을 많이 소유한 사람과 물질을 갖지 못한 사람들은 서로 다르게 생활할 뿐 아니라 다르게 생각한다. 실제로, 자본가계급과 노동자계급의 생활방식과 사고방식은 너무나 다르다. 돈과 권력을 많이 보유하고 있으면 자유로움을 느끼지만, 반대의 경우는 맨날 '쫄면서' 살아야 한다.

부유한 자는 가난한 자의 삶을 이해하지 못하고, 가난한 자도 부자의 자유분방함에 대해 감히 예측조차 못한다. 그 때문에 마르크스는 '존재가 의식을 결정한다' 는 유명한 명제를 제시했던 것이다. 이런 생각은 '유물론' 으로 불리는데, 이는 '물질이 정신을 결정한다' 는 것을 의미한다. 유물론에 관한 한 예수께서도 뒤지지 않으셨다. "네 보물이 있는 곳에 네 마음도 있느니라!"

유물론이 사회현상에 적용된 후 마르크스의 생각을 따르는 사람들이 크게 증가하였다. 간단하게 요약하면 문화적으로 볼 때 부자와 자본가계급이 '전통과 자유' 의 정신을 갖는 반면, 빈자와 노동자계급은 '미래와 평등' 의 정신을 갖게 된다. 부자는 기존 체제를 유지하는 동시에 소유한 권력과 부를 이용해 마음대로 살고 싶겠지만, 가난한 사람들은 이 고통스런 구 체제를 가능한 바꾸어 보다 나은 미래를 향유하고 싶기 때문이다. 전자가 보수주의, 후자는 진보주의로 표현된다.

또, 경제학적으로 볼 때 부자와 자본가계급이 시장을 신뢰하고 성장을 시향히는 반면, 빈자와 노동자계급은 시장에 대한 정부의 개입을 요구하고 분배를 강조한다. 정치적 표현을 사용하면 전자는 우파, 후자는 좌파로 지칭할 수 있다.

그런데 인간은 과연 물질적 조건에만 종속되는 물질 혹은 자동기계에 불과할까? 분명히 인간은 물질적 조건을 떠나서는 살 수 없다. 돈 없고 빽 없으면 비참할 뿐 아니라 생각도 '쫄아든다.' 그래서 평등과 분배를 요구하게 된다. 반면, 지갑이 빵빵하고 사회적 백그라운드가 든든하면 이웃의 불행을 생각하지 않는다. 지금 자신이 누리고 있는 행복이 더 좋으니, 간섭하지 말고 자유롭게 가만 놔두기를 원한다.

변방 사립대이긴 하지만 나도 명색이 교수이니 물질적으로 빈곤층에 속한다고 말하지 못할 것이다. 그러니 유물론적으로 해석하면 분명히 보수적일 뿐 아니라 우파에 속해야 한다. 그런데 누가 뭐라고 하던 나는 스스로를 진보와 좌파라고 공표하고 다닌다. 유물론으로 보면 참으로 사이비 같은 이중인격자에 불과할 것이다. 하지만 인간은 물질에 종속되어 존재할 뿐 아니라 물질과 관계없이 보편성을 지니고 있다. 곧, 물질에 대해 '자유의지'를 갖고 있다.

실로 인간은 보편과 특수의 잉상블이나. 그러니 우파적 물적 조건에서도 좌파적 정신이 싹틀 수 있는 것이다. 이렇게 복잡한 인간을 하나의 잣대로만 이해하려는 것은 무리다. 다중본능론과 방법론적 다원주의를 지향하는 진화 경제학적 방법으로 바라보면 마르크스적 유물론으로 이해할 수 없는 현실들을 잘 이해할 수 있다.

요즘 이른바 '강남좌파' 논쟁이 일고 있다. '생각은 좌파적이지만 생활수준이 높거나 전문직종의 사람'들을 지칭하는 것 같다. 생활수준이 그리 높진 않지만 낮다고 말할 수 없으니 나도 거기에 속할지도 모른다. 유물론과 부정적인 시각으로 보면 나는 사이비 진보, 배부른 좌파여서 진보를 입에 달고 다녀서는 안 될 것이다.

하지만 진화론과 긍정적인 관점으로 보면 진보의 외연을 확대할 뿐 아니라 가난하고 소외된 사람들의 '입'이 되고 있으니 진보 진영에서 굳이 분리할 필요는 없을 것이다. 그렇잖아도 이 때문에 고민이 많은 사람이며 행동도 이율배반적이어서 부끄럽기도 하다.

그런 모순을 해소하기 위해 나름 노력도 많이 한다. 자신의 입과 몸의 안락을 위해 결코 큰돈을 낭비하지 않는 것이다. 그래서 외식 때도 돼지국밥과 육개장 정도로 만족한다. 그것이 내가 사는 도덕적 방식이라고 생각하기 때문이다.

이웃님들! 그런데, 얼마 전 한교수가 확 돌아버렸습니다. 아들 녀석이 공부 때문에 부산에 못 온다기에 겸사겸사 서울로 갈 참이었습니다. 그런데, 기상 악화로 예약을 취소하고 나니 허탈하더군요. 오랜만에 잡은 휴가 계획인데…….

둘이 서울에 가면 차비(고속버스)와 숙박비(유스호스텔 : 평생가족회원)로 최소 20만 원은 들텐데, 그걸로 해운대 파라다이스호텔 야외 식당에 들렀죠. 1인당 뷔페 5만 8천 원, 500cc 생맥주 8,500원! 개인의 입을 즐기기 위해 난생 처음으로 이렇게 과감히 투자해봤습니다. 물론 그동안 고생한 와이프를 위로하기 위한 목적이 더 컸지만, 쾌락과 도덕 사이의 내년석 부쟁을 치열하게 전개하면서!

라이브 음악과 폭죽이 팡팡 터지는 곳에서 강남좌파가 본전 팍 뽑았습니다. 전무후무한 이벤트일지도 모르니, 매일 고민하고 헷갈리고 있는 이 우왕좌왕 강남좌파를 용서해주십시오.

나의 너그러운 이웃님들! 다신 안 그러겠습니다.

댓글토론

지촌 : 강남에 살고는 있으나 스스로 비주류라고 여기고, 또 실질적으로 강남 서식자치곤 평균 이하의 경제력을 지닌 상대적 빈곤층에 속하니 저도 강남좌파인지요? 굳이 분류하면 배부른 진보로서 침묵과 무관심, 그리고 방관하는 모습이 영락 없이 강남변종 같습니다. 하지만 휴머니즘을 꿈꾸는 강남 이상주의자, 전 아내와 아이 때문에 호텔 패키지로 가기 싫은 휴가를 가게 되었습니다. 분수에 안 맞고, 체질에도 안 맞지만 함께 사는 이들을 설득할 힘이 없네요. 덕분에 스스로를 돌아봤습니다.

ㄴ 한성안 : 편안하게 휴식을 취하면서 가족과 함께 힘든 이웃에 대해 얘기하는 것도 좋을 것 같습니다. 지촌님은 '강남변종' 은 아닌 것 같네요.

조나단 : 필리핀의 한쪽에는 부자들만 사는 지역이 따로 있더군요. 높은 울타

리가 처져 있고 경비가 삼엄합니다. 그들은 그 안에서 행복할까 생각했었습니다. 돈이 척도가 되는 것을 벗어나고자 하는 것이 '좌'이지 않을까 합니다.

↳ 한성안 : 그렇죠. 화폐가 생기고 나서 교환이 편리해지고 자원의 낭비도 줄었지만 부의 축적이 가능해지면서 불평등이 심화되었죠. 그 후 인간을 기계로 취급하는 동시에 지배와 피지배관계가 고착, 강화되었죠. 좌파들이 화폐를 경계하는 이유입니다. '좌'의 기준을 흥미롭게 제시하셨군요.

천개의 눈 : 한교수님은 부단하고 의식적인 실천을 통해 좌파의 시민의식을 외부로부터 획득하셨다는 생각이 듭니다. 마르크스도 부유하고 교양 있는 변호사의 가정에서 태어났고, 엥겔스도 방적공장 경영자의 아들이었습니다. 지식층으로서 두 사람의 물질적 조건은 부르주아적일 수 있었지만 이들은 노동자의 계급의식을 획득했지요. 당시 지옥보다 더 지옥 같은 노동자의 삶에 대한 깊은 인간애가 없다면 가능할 수 없었다는 것이 제 생각입니다. 교수님 말씀처럼 요즘 '강남좌파' 이야기가 많이 언급되는데, 강남좌파가 겉 다르고 속 다른 이중인격자가 아닌, 단지 물질적 조건과 그가 가지고 있는 사상의 괴리 문제라면 전혀 문제될 게 없다는 것이 제 생각입니다. 한교수님 말씀대로 진보의 외연을 확대하는 좋은 현상이니까요. 한두 번쯤 과감히 소비한다고 해서 무엇이 문제겠습니까? 사회를 조금이라도 바꾸기 위해 그동안 진보 담론을 전파하고 교육한 공로가 더 컸는데요.

↳ 한성안 : 획득형질은 유전되지 않는다는 것이 진화생물학계의 정설이라서 그런지 맨날 좌충우돌, 우왕좌왕하는 것 같습니다. 다행히 인간은 진화과정에서 이기심과 함께 이타심도 얻었으니, 좌충우돌하는 와중에서도 타인의 고통에 대해 연민을 느낄 수 있는 것 같군요.

나그네 : 가슴으로 쓰신 글 잘 읽고 갑니다. 솔직하신 고백에 사알싹 마음이 끌렸답니다. 그리고 우리 사회의 소위 가진 자들이 지금 누리고 있는 것들에 비하면, 선생님께서 누리신 호사는 사실 호사도 아니지요.

↳ 한성안 : 그들이 호사를 줄이고, 세금을 적극적으로 낸다면 우리 사회는 한층 인간다운 삶을 누리겠죠.

여주 이포보 반대농성,
운동과 의식의 경제학

독일은 자타가 공인하는 환경선진국이다. 그들은 최고의 환경 인프라와 환경기술, 환경산업을 갖추고 있다. 그런데, 이 출발점이 참 흥미롭다. 잘 알려진 바와 같이 유럽 사회에 '68운동' 세대들이 미친 영향력은 대단하다. 독일의 환경운동도 사실 이들로부터 시작되었다고 해도 과언이 아니다.

이들이 생각한 환경운동은 인간의 건강과 삶에 필요한 환경을 인간에게 확보해주고, 인간의 개입으로 초래된 불리한 결과들로부터 자연을 보호하며, 이로 인해 생겨난 훼손과 불이익을 제거하는 운동이다. 이처럼 환경에 대한 이들의 관심은 영리적 목적과 아무런 관계가 없다. 그들의 관심은 인간과 환경의 공존, 그리고 환경보호 그 자체였다. 영리로부터 출발하는 우리의 녹색산업정책과는 완전히 다르다.

68운동 세대들의 이러한 환경의식은 독일사회에 커다란 영향을 미첫다. 그리고 이런 영향을 받아 강화된 환경교육, 곧 '환경의식화'로 인해 시민들은 환경의 존재 이유와 생명의 가치에 대해 더 깊이 성찰할 수 있게 되었다. 현 정부의 녹색정책에서는 찾아볼 수 없는 불순한 생각들이다. 오히려 환경의식에 귀를 막고 있지 않는가?

환경의식화의 결과 독일에서는 이제 보수나 진보 모두가 '환경주의자'로 거듭나게 되었다. 그리고 수많은 '그린 컨슈머(green consumer)', 즉 환경친화적 재화와 서비스를 적극적으로 구매하는 소비자들이 등장하게 되었다.

그린 컨슈머와 같은 환경주의자들은 경제적 이익보다 환경보호를 우선시하는 말도 안 되는(!) 행동방식을 보인다. 이런 비합리적인 사고는 독일 환경산업의 향후 발전 경로에 중대한 흔적을 남겼다.

자연환경에 가능한 손대지 말라고 막무가내로(!) 부탁하니, 기업은 환경기술의 방향을 거기에 맞추지 않으면 안 되었다. 그 결과, 환경을 파괴하면서 장사하고, 파괴된 환경을 수리하기 위해 또다시 장사하는 '사후처리' 기술보다, 파괴를 미연에 방지하면서 환경을 보호하는 '사전예방' 기술이 발전하였고, 독일정부는 이러한 기술발전을 대폭 지원했다. 국민들의 환경주의적 철학에 독일기업과 정부가 굴복하는 동시에 적응한 것이다. 결과적으로 이들도 독일식 환경주의자로 거듭난 것이다.

그러나 굴복과 적응의 결과는 결코 비참하지 않았다. 기업이 시민들의 환경친화적 요구를 수용하였으니 시민들이 이 기업들을 지지해주었다. 시민들은 환경친화적 기업이 생산한 제품을 기꺼이 구입했다. 유기농식품이 약간 비싸더라도, 에코공산품이 약간 비싸더라도 수용하였다. 경제 원리를 배반하면서 의식화된 구매활동을 하니 비경제적인 에코시장이 형성된 것이다. 그리고 무시할 수 없을 정도로 다수를 차지하는 그린 컨슈머들은 기업에게 포기할 수 없는 중요한 시장이었다. 이들은 그린 컨슈머들이 요구하는 환경친화적 제품을 값싸게 생산할 필요가 있었다. 정부는 이런 기술개발에 대해서도 다양한 방식으로 지원하였다.

환경주의자들의 지성과 힘의 결과는 찬란하였다. 독일에는 그들로 인해 환경제품에 대한 거대한 내수시장이 형성된 것이다. 그러한 내수시장은 급기야 수출시장으로 발전하였다. 독일은 환경소비재뿐 아니라 세계 최고수준의 환경기술과 설비도 수출하고 있다. 이리하여 독일은 세계 최고의 환경선진국으로 도약할 수 있었다.

따지고보면 환경선진국이 된 직접적 원인은 내수시장의 확충이었고, 이 튼튼한 내수시장은 독일 소비자의 구매의지 때문이었다. 그리고 그러한 구매의지는 경제주의적 사고와 성장주의적 사고가 아니라 역설적으로 반경제주의, 반성장주의와 같은 비경제적 의식에 기인하고 있었다. 이런 비경제적 의식이 환경보호는 물론 경제성장도 가져다준 것이다.

무심한 국민들의 무관심으로 인해 낙동강의 함안보 반대 고공농성은 해제되었지만 여주의 이포보 반대농성은 40여 일 동안 이어졌다. 한여름의 뜨거운 뙤약볕과 뜨거운 철제 사다리 위에서 그들은 왜 이렇게 앉아 있었을까?

경제학자의 시각으로 해석할 때 그들은 어쩌면 독일식 환경산업 성장모델을 외치고 있는지도 모른다. 그것은 환경과 인간의 공존모델이며 후손을 위해 환경을 남겨두는 지속 가능한 성장모델이다.

댓글토론

음치 : 독일인들이 친환경제품을 선택한 것이 '반경제적인' 것이 아니라, 진짜 '경제적'인 사고가 아니었을까요. 그런 제품을 구매하는 것이 나중에 자기들에게 경제적인 이득을 가져다줄 것이라고 생각한 것이겠죠.

↳ **한성안** : 반드시 해야 할 질문이죠. 결과적으로 볼 때 경제적으로 되었지만 출발은 그렇지 않았습니다. 우리는 결과로부터 원인을 유추해내는 방법에 익숙하지만 그런 전통적 방법은 '자신이 열망하는 정답'으로 이끌 뿐입니다. 처음의 의도와 다른 결과들도 많으며, 경제적 결과가 비경제적 요인에 기인하는 경우도 많습니다. 이러한 비의도적 결과와 인과관계의 불일치 현상이 일어나는 이유는 인간의 합리성이 제한되어 있으며, 그 과정에 다양한 요인들이 복합적으로 작용하기 때문입니다.

비경제적 원인이 경제적 결과를 유발할 수 있지만, 비경제적 결과를 유발할 수도 있습니다. 어떤 결과로 귀결되는지 아무도 예단할 수 없습니다. 그것은 당사자들 사이의 권력과 지식의 양, 타협과 설득, 투쟁과정, 그리고 예기치 못한 환경변화에 따라 결정될 뿐입니다. 독일의 환경운동이 처음부터 이 사실을 미리 알 정도로 완벽하게 합리적이었다고 볼 수 없고, 또 그들이 이런 방향을 처음부터 설정했다고 단언할 수 없습니다.

사고뭉치 : 결국 소비자, 즉 시민이 일어나는 게 가장 확실한 답인데, 그게 쉽지가 않으니…….

↳ **한성안** : 좀 우습지만 시민 주도의 환경산업정책에 관한 시각은 소비자(수요)를 중시하는 케인즈 경제학(수요 사이드 경제학)의 통찰력으로부터 얻은 것입니다. 양심적 시민을 경제적 수요자로 타락시켜 미안하지만, 아무튼 민주주의를 중시하는 정치학과 수요자를 중시하는 케인즈 경제학의 철학적, 이념적 기반은 같습니다. 그래서 양심적 소비자가 필요한데, 쉽진 않군요. 그러나 스스로 깨어 있고자 노력한다면, 가능할 수도 있겠죠.

경제현실과
경제정책

신고전학파 주류 경제학은 경제적 현실을 경제적 요인 하나만으로 해석한다. 그리고 인간을 매우 단순하게 가정한다. 또한, 공급자 혹은 기업의 입장에서 경제를 독해한다.

지금까지 우리는 경제를 이와 다르게 바라보는 방법을 알아보았다. 경제는 인간의 기본적 활동이다. 그러므로 경제학은 인간에 관한 연구, 곧 인문학으로부터 시작되어야 한다. 경제현실은 그 자체로 고립되지 않고 본능, 정치, 사회, 문화 등 다양한 요인과 결합되어 있다. 나아가 경제는 경제활동의 주체이자 다수를 형성하는 시민의 삶으로부터 이해되어야 한다.

이러한 비주류 경제학의 해석방법을 견지하면서 우리 앞에서 실제로 전개되고 있는 경제현실을 해석해보자. 그리고 우리의 삶에 직접적인 영향을 미치는 경제정책도 평가해보자. 경제는 기업이나 정부의 전유물이 아니다. 경제는 우리의 활동이며 시민의 '생활세계'를 떠받고 있는 기초와 같다. 따라서 시민의 최대 관심영역이다.

주식열풍,
경제야 놀자!

경제는 인간의 물질적 삶에 관한 활동이고, 경제활동은 우리에게 가장 일차적인 활동이다. 그러므로 경제학은 우리에게 가장 친숙해야 하며 관심을 가져야 하는 학문이어야 할 것이다. 그런데도 경제학은 사회과학 중에서 가장 어렵고, 그래서 멀리하고 싶은 학문으로 손꼽힌다. 가장 흥미로워야 할 학문이 최악의 기피대상으로 전락하게 된 데는 무엇보다 신고전학파 주류 경제학자들의 책임이 크다. 그들은 쓸데없는 수학으로 경제학을 몸서리치게 만든 주역들이다.

그래서 일반인들이 경제교육에 나섰다. 몇 년 전 MBC 〈일요일 일요일 밤에〉의 '경제야 놀자' 라는 코너를 기억할 것이다. 당시 조형기, 오상진, 김용만 씨가 앞치마를 두르고 경제교육에 나섰다. 그 코너에서 가장 인상 깊게 봤던 내용이 '재테크 정보' 였다. 한 금융전문가가 나와서 새로운 투자상품을 소개하면서 투자를 권유했던 것 같다. 당시 주식열풍이 한창이었으니 많은 이들이 이 코너를 관심 있게 보았을 것이다.

그래서인지 주식시장은 성장을 거듭하였고 대박사례가 심심찮게 늘었다. 그러나 2,000포인트에 육박했던 주가지수가 500선까지 곤두박질치면서 투자자들의 눈물과 탄식이 흘러나왔고 그들 중 몇몇은 스스로 목숨을 끊었다. 거의 99퍼센트 투자자들이 손실을 입은 것이다.

당시 그 코너에서 투자상품을 권유했던 그 전문가가 지금 어디에 있는지 모른다. 그가 투자를 통해 많은 돈을 벌었는지도 모른다. 그리고 그가 타인에게 적극적으로 권유했던 바로 그 상품들에 스스로 투자했는지도 알 수 없다. 김용만 씨가 투자와 사업에 성공했는지도 알수 없다.

주식시장은 기본적으로 '합법적 노름판'이다. 투자가 아니라 '투기꾼'들의 판이다. 노름판에서 누가 돈을 가져갈까? 끝까지 버틸 수 있는 사람들이다. 누가 끝까지 버틸 수 있는가? 판돈을 많이 준비한 사람들이다.

일반인들의 노름판은 그나마 공정한 편이다. 사기가 아니라면 적어도 정보량은 서로 비슷하기 때문이다. 곧, 정보의 대칭성이 유지되는 노름판이다. 이런 경우, 노름 실력(경험에 의한 전략)과 운이 결과를 결정한다. 하지만 국가가 공인한 합법적 노름판에서 정보는 매우 비대칭적으로 소유되고 있다. 큰손들은 풍부한 정보로 시장을 꿰뚫고 있지만 정보가 빈약한 개인은 육감과 요행에만 의존한다. 더욱이, 내부자 거래와 불성실 공시 등으로 주식발행기업이 사기까지 치면 그 결과는 뻔하다. 사기도 판을 좌지우지할 수 있는 꾼들이 칠 수 있다. 공적기관이 허가한 노름판! 왜소한 판돈, 빈약한 정보만 달랑 들고 있으면서 착하게 교육받아 세상물정 모르는 개미투자자들이 피눈물을 흘릴 수밖에 없는 구조다.

최근, 뉴욕주식시장에서 훈풍이 불고 있단다. 애널리스트들은 또다시 장밋빛 전망을 내놓으면서 투자(!)를 권유할 것이다. 웃기는 사실이지만 자신들은 정작 투자하지 않으면서.

이때마다 어릴 때 어머니의 팔베개를 기억하자. "허황된 욕심을 버려라. 노름판에 끼어들지 말고 노동의 대가로 성실하게 살아라." 그것이 부자가 되는 원리이며, 설사 부자는 못되더라도 인간이 행복하게 사는 방법이다. 이제 그런 경제, 그런 경제학과 놀지 마시라. 그건 불행을 불러들인다. 차라리 한교수의 경제학 광장에서 진정한 경제, 곧 삶에 관해 소통하면서 즐겁게 놀 것을 권유한다.

성직자는 아니지만 성서 한마디 인용하자. "욕심이 잉태한즉 죄를 낳고, 죄가 장성한즉 사망을 낳느니라."

nadreampine : 어느 프로그램에서 조형기 씨가 자신뿐 아니라 김용만 씨도 함께 손해를 봐서 위안이 된다는 걸 봤습니다. 욕심을 버리기가 쉽지 않네요. 매일 반성하며 사는데도 말입니다.

랭보 : 주식시장의 투기열풍은 결국 대중들이 경제를 몰랐기 때문이 아닐까요? 찰스 킨들버거(Charles P. Kindleberger) 교수가 공황의 원인은 대중들이 경제를 몰랐기 때문이라고 했다는 말을 들은 적이 있습니다.

↳ 한성안 : 킨들버거 교수는 몇 가지 잘못된 가정에서 투기를 진단하고 있습니다. 첫째, 그는 인간의 합리성은 완벽하다고 보았습니다. 그러나 인간의 합리성은 제한되어 있습니다. 그리고 미래에 대한 지식은 존재하지 않습니다. 그러니 급변하는 주식시장의 미래에 대해 알고 싶어도 알 수가 없죠. 따라서 그는 불가능한 전제를 설정한 후, 그것을 달성하지 못했기 때문에 열풍이 불었다고 주장합니다. 불가능한 것은 불가능한 것입니다.

둘째, 그는 경제를 '시장원리'로 착각하고 있습니다. 경제는 인간의 삶에 필요한 재화를 제공하고 소비하는 활동입니다. 그러한 활동을 위해 반드시 시장원리만 필요한 것은 아니며, 투기에 대한 지식은 더더욱 필요하지 않습니다. 유명한 교수의 말이라고 다 옳지는 않습니다. 그것은 잘못된 전제에서 도출된 결론일 뿐입니다.

신과장 : 목숨 걸지 않고, 경제랑 놀면서 살아가는 시대가 얼른 왔으면 좋겠습니다. 좋은 글 잘 보고 갑니다.

↳ 한성안 : 저도 그렇게 생각하는데, 먼저 경제학 교과서부터 바꿔야 되겠습니다. 그리고 삶의 경제를 연구하는 사람들이 많아져야 하겠고요.

후추상사 : 문제는 성실하게 노동의 대가만 바라고 행복하게 잘 살도록 사회구조가 되어 있지 않다는 것이죠.

↳ 한성안 : 후추상사님께서 희구하시는 사회구조는 대다수 건전한 경제인들이 바라는 사회입니다. 비록 어렵지만 그런 사회를 만들기 위해 각성한 시민

들이 함께 노력해야겠죠. 그러면서 투기적 경제를 억제하는 제도적 장치를 하나씩 마련해야겠죠.

부의 대물림,
불완전 경쟁시장의 불평등

진보적 경제학 중 특히 케인즈 경제학은 분배문제를 핵심적인 연구주
제로 설정한다. 그들에게 있어 불평등은 보편적 가치와 위배된다. 그
리고 시장은 불평등 문제를 치유하지 못할 뿐 아니라 악화시킨다.

불평등은 갈등을 유발할 뿐 아니라 인간과 사회를 타락시킨다. 그
리고 보수 우파들이 시종일관 뻔뻔스럽게 주장하는 것처럼 불평등은
결코 어떤 '고상하고 합리적인 경제법칙'에 의해 발생된 것이 아니다.
그것은 약탈과 폭력, 공갈, 사기 등 그야말로 말도 안 되는 억지에 의
해 등장한 것이다.

장 자크 루소는 《인간 불평등 기원론》에서 당시 절대주의 체제 속
에서 엄청난 불평등의 기원을 나름대로 서술하였다. 그는 인간은 원
래 평등하게 태어났으나 토지에 대한 사적 소유제도가 생겨나면서부
터 부자와 빈자 사이의 경제적 불평등이 생겨나고, 주인과 노예라는

부자유한 지배관계가 만들어졌다고 보았다. 그리고 부자들은 약자를 보호한다는 명분으로 국가와 법령을 만들어 불평등과 지배관계를 영구화했다고 설파하였다. 그리고 이러한 불평등과 지배관계를 유발한 토지사유제도야말로 얼토당토않은 방식 위에 형성되었다고 보았다.

주인 없는 토지에 제멋대로 울타리를 두르고 혼자서 '이건 내 것'이라고 선언한 후 타인의 출입과 경작을 차단해버린 것이다. 그 후 그들은 욕심도 없고 어수룩해서 그런 해괴한 짓을 못하던 착한 사람들을 자신의 땅에 불러들여 경작게 한 후 착취하기 시작했다. 자기 땅이 없으니 이 사람들은 남의 땅에 들어와 일하지 않고는 먹고살 수가 없었다. 아무리 죽도록 일해도 부자는 될 수 없고, 오로지 도적놈들의 재산만 불려줄 뿐이다.

부자가 된 사람들은 자신의 부를 성역화시키지 않으면 안 된다. 그래서 자수성가 신화가 동원되고 눈물 젖은 빵과 풀빵장사 얘기도 예외 없이 등장한다. 자신들이 부자가 된 것은 오로지 자신의 피나는 노력 때문이라는 것이다.

내가 항상 비판하는 신고전학파 주류 경제학은 이런 사기와 착취를 정당화해주기에 바쁘다. 그들의 경제학 교과서를 보고 있노라면 그 정성이 갸륵하다 못해 눈물겹다. 이른바 미시경제학에서 유명한 '오일러의 정리(Euler's theorem)'는 그러한 열망의 결정체라 할 수 있다(많은 독자들에겐 약간 생소할 것이다). 이 정리에 따르면, 완전 경쟁시장에서 한 나라의 총생산물은 노동자의 노력(노동자의 한계생산력)과 자본가의 노력(자본의 한계생산력)에 따라 공정하게 분배된다는 것이다.

완전 경쟁시장이라면 그럴 수도 있겠지만, 현실 속에서 그런 시장은 존재하지 않는다. 또, 완전 경쟁시장이라면 무엇보다 시장 행위자들이 '동질적'이어야 하며, 특히 소득과 재산 규모가 같아야 한다. 두 사람이 동일한 규모의 재산으로 출발한다면 경쟁의 결과는 적어도 공정하다고 볼 수 있다. 하지만, 두 사람의 재산과 소득의 초기 규모가 엄청나게 다르면 게임의 결과는 결코 공정해질 수 없게 된다.

누적된 부는 규모의 경제, 범위의 경제, 네트워크 효과 등 다양한 '외부 경제(external economy)'를 생산한다. 별다른 노력 없이도 많은 이익이 넝쿨째 굴러오는 것이다. 출발부터 가난한 사람은 이와 같은 외부효과를 누릴 수 없다.

경쟁의 과정에는 반드시 이런 경제적 법칙만 작용하지 않는다. 선조와 부모가 형성해놓은 사회적 관계와 '문화적 자본'은 경제적 법칙보다 더 큰 축적효과를 낳는다. 속옷 한 장만 걸치고 맨주먹으로 출발한 사람은 이 거대한 경제적, 사회적, 문화적 자본력을 도저히 이겨낼 수 없다. 그래서 이런 불완전 경쟁시장에서 부자는 계속 부를 축적할 수 있고, 가난한 사람은 더욱 가난해지는 것이다.

이런 불완전 경쟁시장만으로도 보통 사람들은 무기력해지는데, 부유층이 대놓고 저지르는 꼼수들은 우리를 절망케 한다. 필자의 학생들은 350만 원 등록금이 없어서 아르바이트 전선에서 죽어라 뛰고 있는데 재벌가(家) 자녀들은 땅 짚고 헤엄치듯이 돈을 긁어모으고 있다. 계열사 내부거래를 통해 일감을 몰아줌으로써 손 하나 까딱하지 않고 가만히 앉아 수십억 원의 돈을 날름 집어삼키는 것이다.

어디 그뿐이랴! 대주주의 혈연 관계인 중 만 12세 이하 어린이가 1억 원 이상 보유한 사람은 약 90여 명, 10억 원을 넘게 보유한 어린이 부자는 약 30명, 100억 원 이상은 서너 명 증가했다고 한다.

그들의 하룻밤 술값과 일주일 용돈도 안 되는 400여만 원을 벌기 위해 열심히 노력하는 학생들을 보고 있자니 세상이 원망스럽다. 루소가 다시 살아오면 18세기 유럽의 절대왕정에 결코 뒤지지 않는 한국 '근대(!)' 자본주의 사회의 '전근대적' 불평등에 혀를 내두를지도 모르겠다.

그래도 신고전학파 주류 경제학자들은 '오일러의 정리' 라는 해괴한 논리를 동원해서 재벌가 자녀들의 높은 배당금과 주가차익은 그들 부모의 노력과 기여 때문이며, 학생들이 6개월간 뼈 빠지게 일해서 받은 300여만 원은 그들 부모의 나태함 때문이라고 설명할 것이다.

아무리 그들의 장학금이 좋고 떡고물이 맛있다 하더라도 그런 말을 해서 되겠는가? 그건 열심히 사는 아이들에 대한 예의가 아니다. 그건 학문도 아니며 미친 짓일 뿐이다.

댓글토론

100 그라미 : 저 또한 이런 문제에 대해 저항의 목소리를 냈습니다. 하지만 사회를 알아가면서 부의 세습은 어쩔 수 없다는 것을 알게 되었습니다. 그리고 부의 세습은 인간의 본성이라는 생각까지 들었습니다. 그렇다고 문제를 그냥

내버려둔다면 다음 세대에게 너 큰 짐을 떠넘긴다는 생각이 드네요. 다음 세대를 위해 변화의 바람이 조금이라도 일어나길 바라는 마음입니다.

↳ 한성안 : 세습은 본능이 아니라 경제학적으로 '불법'입니다. 이런 불법이 없어지기 위해 더불어 사는 교육과 의식이 필요합니다. 동시에 법도 필요하겠죠. 강제가 없으면 대다수 보수세력은 결코 자발적으로 움직이지 않습니다.

s1234 : 부가 대물림되는 사회에서는 당연히 상위계층의 자식들이 질 좋은 사교육을 받고 명문대학에 진학하겠죠? 사회통합을 위해서는 부모의 사회적 경제적 지위가 교육에 영향을 미치지 않도록 하는 것이 정말 중요한 과제네요. 정부는 대체 이 사회를 위해 뭘 하고 있는 걸까요? 하루빨리 공교육을 정상화시키고 저소득층의 자녀들도 고소득층 자녀들과 같은 교육을 받을 수 있게 길을 열어주면 좋겠네요.

↳ 한성안 : 보수주의 정부는 결코 이 문제를 자발적으로 해결하지 않을 것입니다. 등록금이 싸지면 서민의 자녀들도 쉽게 능력을 발휘해서 자신들의 자녀들을 위협하기 때문이죠. 격차의 유지, 곧 '불평등의 항구화'가 보수정당의 기본 철학입니다.

공주님 : 부익부 빈익빈이 재생산되는 불완전 경쟁시장에서 우리는 오늘도 잘난 부모들이 형성해놓은 사회적 관계와 문화적 자본을 갖춘 자들에게 짓눌려, 새로운 88만 원 세대로 거듭나고 있는 안타까운 상황입니다. 비록 이러한 상황이지만, 깨어 있는 시민의식과 혜안을 가지고 사회를 이끌어가는 사람이 되어야겠다고 다시금 다짐합니다.

↳ 한성안 : 보수세력은 시민들의 이러한 비판적 성찰을 방해하려고 합니다. 신

고전학파 주류 경제학이 대학 강단에서 바로 그러한 임무를 충실히(!) 수행하고 있습니다.

프랑지파니 : 약간 불완전한 생각인지도 모르겠지만, 제가 그들을 앞설 수 있는 유일한 방법은 노력과 근성밖에 없다는 생각이 듭니다. 그들보다 하나라도 나아야 기회의 평등에 대해 외치는 제 목소리를 들어줄 사람들이 생기니까요. 절망보다는 희망과 오기를 갖고 세상에 임해야겠습니다!

↳ **한성안** : 맞습니다. 개인의 노력도 필요합니다. 하지만 개인이 극복할 수 없는 사회적 장벽도 존재합니다. 자신을 너무 탓하지는 마세요. 그런 사회적 장벽은 개인의 끝없는 노력은 물론 정치적 힘으로 비로소 타파될 수 있습니다. 혼자서 안 될 때는 함께 노력하고, 정치에 참여해야 됩니다. 민주주의와 서민을 위한 정당에 투표하십시오. 보수정당은 이 장벽을 영구화시키고자 합니다.

부산 영도로 간
희망버스를 위한 변호

1984년 독일의 사회학자 울리히 벡(Ulrich Beck)은 세계적 베스트셀러가 된 《위험사회》를 출간하였다. 그는 이 책에서 현대사회를 '위험사회'로 정의했는데, 과학기술로 이루어진 산업문명이 인간사회에 안전을 제공하기보다 오히려 위험을 가중시켰다는 것이다. 그러한 위험은 환경파괴에서 가장 뚜렷하게 드러나는데, 환경파괴의 결과는 특정계층이나 계급으로 국한되지 않고 '모든' 사람에게 '평등하게 분배' 된다는 특징을 보여주고 있다고 주장한다.

'결핍에는 서열이 있지만 스모그는 민주적' 이라는 그의 명언은 위험이 사회 전체를 뒤흔들고 있으니 모든 시민이 이 문제를 함께 성찰해야 한다고 요구한다. 그의 주장은 과학기술의 발전이 긍정적인 결과뿐만 아니라 위험과 파괴 등의 부정적인 결과까지 초래하고 있다는 점, 그래서 산업사회의 과학기술과 풍요사회(affluent society) 그 자체가 과연 인류가 지향해야 할 사회인지를 성찰하게 해주었으며, 이 관점은 근대인은 물론 진보세력에게도 '기술결정론'의 오류를 반성하게 해주었다.

뿐만 아니라 인류의 양심세력들이 노동문제나 경제적 결핍, 곧 분배 문제에만 주력하지 말고 환경, 인간 등 글로벌 이슈에도 관심을 가질 것을 촉구한 점에서도 의미가 있다. 곧, 계급주의를 벗어나 진보의 지평을 넓혀준 것이다.

더 흥미로운 관점은, 현대사회의 '개인화'로 인해 이러한 위험을 통제할 가능성이 희박해진다는 것이다. 위험에 직면하면 뭉쳐야 살 수 있는데 현대사회의 개인주의는 인간을 파편화시켜 위험을 해결하기 어렵게 만드는 것이다. 즉 연대가 절실한 시대에 상호부조가 더 어렵게 되었다고 주장하고 있다.

나는 현대사회에 대한 그의 분석에 공감한다. 보수세력은 물론 적지 않은 진보세력들도 과학기술의 발전은 무조건 바람직하다는 기술결정론의 오류를 범하고 있다. 비록 쓰레기를 양산하고 부도덕하게 행동하더라도 가치생산의 담당자인 노동자의 행동은 항상 보편성을 갖는다는 착각에 사로잡혀 있다. 하지만 이제는 노동자도 세계적 문제와 인간의 문제를 함께 고민해야 한다.

그런데도, 현대사회는 환경적 위험과 같은 새로운 위험은 물론 실업, 불평등, 배제와 같은 전통적 위험을 여전히 간직하고 있을 뿐 아니라 오히려 증폭시키고 있다. 이러한 전통적인 위험은 여전히 비민주적이다. 곧 지배계급은 더 안전해지는 반면, 피지배계급의 삶은 더욱 위험해지고 있는 것이다. 다시 말해, 전통적 위험은 한층 더 불평등하게 분배되고 있다.

이에 따라 비정규직과 실업자의 삶은 더 위험해지고 있다. 아마 필자를 미롯해서 대디수 사람들이 이 위험에 직면하게 될 것이다. 사회보장제도가 절대적으로 빈약한 한국 사회에서 이들의 위험은 절망과 죽음으로 끝날 수 있다. 새로운 위험의 등장, 그리고 전통적 위험의 증폭 등, 21세기 한국 사회는 '진정한 위험사회'로 보인다.

이기적인 보수세력은 이런 위험사회를 과학기술의 발전과 구조조정으로 극복하고자 한다. 여기에 신고전학파 주류 경제학은 보수세력의 노력을 그들의 말과 글로 충실히 지원해주고 있다.

민주적 통제를 받는 한 과학기술이라면 전 지구적 위험을 해결해줄 수도 있을 것이다. 하지만 순수하게 기술적이고 경영학적인 방식은 결과적으로 위험을 증폭시킬 뿐이다. 이런 위험사회는 '인문학적이고 사회학적인' 시각을 필요로 한다. 인간에 대한 예의, 그리고 공감과 연대만이 이 문제를 풀 수 있다.

고공 농성 중인 김진숙 민노총 지도위원과 한진중공업 노동자들을 위해 부산 영도로 간 희망버스는 위험사회에 대한 시민들의 인문학적 성찰과 사회학적 연대가 발휘된 결과다. 그리고 그를 통해 절망을 딛고 희망을 일구고자 하는 노력이며 생명을 위한 몸부림이다. 그런 면에서 매우 지성적일 뿐 아니라 건강하다.

그런데 이런 인문학적 경고를 철저히 외면하고 침묵하는 한국 사회, 참 무심하다. 어쩌면 우리 모두가 당사자일 텐데도 말이다.

제이별 : 저는 거리행진 현장에 있었습니다. 갈등의 원인이나 상황에 대해서도 물론 얘기해야 하겠지만, 사람들마다 관점이나 입장이 워낙 다르므로 그에 대해서는 일단 말을 좀 아끼겠습니다. 다른 것들을 제쳐두더라도 그곳에서 느낀 인간애와 연대감은 최근 7년간 어느 곳에서도 느껴보지 못했습니다. 그것은 이해관계에 의해 집산되는 보수주의자 사이에서는 느낄 수 없었던 감정이었습니다. 이제까지 몇 년 동안 스펙을 위해서만 살아왔고, 사회에 순응하려고 애썼고, 사회가 원하는 인간이 되려고 했기 때문에 오히려 그 차이를 더욱 명확히 알 수 있었던 것 같습니다. 하루빨리 살아서 내려올 수 있기를 기원합니다.

찬 : 어제 혼혈아 문제를 다룬 세 편의 시를 읽고 짧은 글을 쓰다가 우리나라에는 없는 법이지만 소위 '선한 사마리아인 법'이라고 불리는 프랑스 형법 제63조를 인용하게 되었습니다. 그 법조항은 이렇습니다. '자기가 위험에 빠지지 않음에도 불구하고 위험에 처해 있는 사람을 자의로 구조하지 않은 자는 3개월 이상 5년 이하의 징역, 또는 360프랑 이상 15,000프랑 이하의 벌금에 처한다.' 그런데 자기가 위험에 빠질 위험이 너무나 크고 많음에도 불구하고 크레인 위에 올라가 있는 노동자들을 보면서 새삼 여러 가지 생각을 하게 되었습니다. 위험한 사회일수록 선한 사마리아인의 정신과 실천적 행동이 필요한데 오히려 이웃이 줄어들고 있는 것이 현실이지요. 그러나 사회적으로 희망이 위험 수위에 이른 오늘날의 현실 속에서 희망버스에 오르는 사람들이

늘어나고 있다는 것은 한진중공업 사태와는 별도로 또 다른 희망이라는 생각이 듭니다.

↳ 한선안 · 그렇습니다. 희망버스는 지독한 절망 속에서도 희망을 포기하지 않게 해주는 것 같습니다. 어떤 사람은 절망을 주지만 다른 사람은 희망을 주는군요. 역시 '사람'이 희망인가 봅니다.

천개의 눈 : 희망버스에 몸을 실은 가슴 뜨거운 분들에 대한 글을 읽으면서 온몸에 소름이 돋았습니다. 그들에게 힘이 되도록 머릿수라도 채워줘야 하는데, 그러지도 못한 제 자신을 보며 한없이 부끄럽고 미안했습니다. 저는 현재 사회책임투자(SRI)를 위한 새로운 프로젝트로 이슈 보고서를 기획 중에 있는데, 1차 주제로 '우리나라 주요 기업의 비정규직 현황'에 대해 기업들에게 정보공개를 요구하고, 이를 비교 분석해 금융투자기관은 물론 언론에 보도자료를 만들어 배포해볼 생각입니다. 물론 아직 기획 단계에 있습니다만, 한진중공업 같은 기업에게는 전 세계 사회책임투자자들이 경영진에 합리적 해결을 위해 편지를 보낸다거나, 혹은 투자비중을 낮추거나, 최후에는 투자배제를 하는 등의 압박활동을 해야 한다고 믿기 때문입니다. 남아프리카공화국의 인종차별 정책인 아파르트헤이트(apartheid)에 맞서 사회책임투자자가 투자배제운동으로 반인권적인 독재정권의 목줄을 죄어 그들의 항복을 촉진시켰듯이 말입니다.

김진숙 위원은 우리의 미래입니다. 김진숙 위원이 홀로 올라가 있는 고공 크레인은 비정규직뿐만 아니라, 언제든지 비정규직이 될 수 있고 해고될 수 있는 모든 노동자의 '위험'을 상징한다고 생각합니다. 한교수님의 말씀대로 서민과 노동자들에게 '전통적인 위험'은 예전보다 더 증폭되었다고 생각합니다. 울리히 벡 교수는 현대사회의 위험이 모든 계급과 계층에 평등하게 분배된다고 했지만, 저는 이런 위험조차도 상대적으로 특정 계급에 불평등하게 분배된다고 생각합니다. 힘없는 노동자와 서민들의 입장에서는 전통적인 위험에다 삶의 근거마저 송두리째 앗아갈 잠재적 재앙이 추가되는 격이기 때문입니다. 실제로 환경 문제에서도 부자와 가난한 사람의 위험은 다릅니다. 지구온난화에 따른 기후변화로 인해 발생하는 난민의 대부분은 저개발 국가의 저소득층이 될 거라는 분석보고서가 많습니다. 기후변화의 계급성이라고 봐야겠지요. 환경 정의, 기후 정의라는 용어는 바로 이러한 근거에서 나오고 있습니다. 이는 노동자를 비롯한 서민들이 전통적인 위험에도 맞서 싸워야 하고, 산업발전에 따른 지구온난화와 같은 새로운 위험에도 싸워야 한다는 걸 시사합니다. 그들이 가장 큰 피해자가 될 것이기 때문입니다. 아무튼 탐욕스럽고 비정한 자본에 맞서 싸우는 김진숙 위원에게 연대의 마음을 부끄럽게 전합니다.

↳ **한성안** : 환경 정의, 기후 정의! 21세기 위험의 양극화 현상을 표현해주는 적절한 말이군요. 사회책임투자가 자본주의의 인간화를 촉진할 수 있는 강력한 수단이 될 수 있었으면 좋겠습니다. 눈님의 글을 통해 많은 분들이 이 수단에 관심을 가지기를 바랍니다.

짱구아빠 : 저는 이번 한진중공업 문제를 보고 '진실을 널리 알리는 방법'에 대해 많은 생각을 해봤습니다. 처음 김진숙 지도위원이 크레인에 올랐을 때는 이 정도의 이슈를 만들지 못했습니다. 일부 인터넷 언론에서만 다루었죠. 하지만 지금은 SNS 덕분에 다행스럽게도(?) 많은 사람들이 관심과 응원을 보냈습니다. 하지만 이들이 근본적으로 노동문제에 얼마나 관심을 갖고 있을지가

걱정입니다. 아직도 우리가 모르는 곳에서는 열악한 환경에서 일하는 노농자가 너무나 많습니다. 얼마 전 어떤 공장에서는 천신만고 끝에 생긴 노조가 사측에 올린 첫 요구사항이 환풍기 설치였습니다. 40년 전 전태일이 요구하던 환풍기 설치가 요즘의 현실에서도 요구사항이라는 게 믿어지십니까? 이번 일을 계기로 비정규직과 노동자 문제에 대한 관심이 지속되기를 희망합니다. 희망버스가 일회성 이벤트로 끝나지 않기를, 감히 현장에 한 번도 안 가본 제가 이런 말을 해서 죄송합니다.

↳ 한성안 : 노동자의 단합된 힘이 행사되지 않으면 환풍기도 설치되지 않는 현실! 힘이 없으면 현대사회도 봉건사회, 더 나아가 노예사회와 다를 바 없습니다. 현대사회는 과학기술과 경쟁으로만 도래하지 않는 것 같군요. 정치, 곧 권력이 얼마나 중요한지를 말해주고 있습니다.

저축은행사태,
남의 돈 먹기

굳이 부자가 되지 않더라도 적당하게 부를 소유하면 불안과 불확실성의 고통으로부터 벗어날 수 있다. 신고전학파 주류 경제학의 사유습성에 익숙한 사람들에겐 엉뚱하게 들릴지 모르겠지만, 부를 소유하면 타인을 지배하고 자신의 모습을 과시할 수도 있다. 진짜 부자들은 이런 '정치적이고 사회적인' 목적 때문에 부를 소유하고자 한다.

부자란 물질을 많이 모아 높이 쌓은 사람이다. 천석꾼이나 만석꾼들이 창고에 곡식이나 재물을 보관했던 것처럼 부의 규모가 크지 않던 시대에는 부를 물질적 형태로 쌓아놓아도 문제가 되지 않았다.

그러나 생산기술의 발달로 물질이 대규모로 생산되면서부터 사정이 달라진다. 나아가 수송수단과 유통구조가 발전해서 생산된 물질을 독점적으로 소유할 가능성이 높아짐에 따라 부를 물질적 형태로 축적하기가 어렵게 되었다. 그래서 현대사회에서 부는 대부분 '화폐'로 축적되는 것이다.

화폐는 어떻게 축적되는가? 내가 화폐를 직접 찍어낼 수는 없으니 화폐를 축적하기 위해서 남의 것을 가져올 수밖에 없다.

남의 돈을 먹는 방법은 무엇인가? 우리가 배운 바에 따르면 생산자는 자신이 생산한 물적 재화를 양도하는 대신 타인의 돈을 손에 넣는다. 우리는 이걸 '돈벌이'라고 부른다. 돈을 잘 번다는 것은 남의 돈을 손에 많이 넣는다는 것을 의미한다. 결국, 부자란 남의 돈을 많이 먹는 사람들이다. 부자는 항상 남의 돈에 큰 관심이 있다. 그리고 남의 돈을 먹기 위해 다양한 방법을 동원한다.

지극히 비현실적인 가정이지만, 두 사람에게 지적 능력과 물려받은 화폐자산이 동일할 때 둘 중 하나가 부자가 되는 방법에는 크게 네 가지가 있다.

첫째, 누구보다 열심히 일하면 부자가 될 수 있다. 막스 베버는《프로테스탄트 윤리와 자본주의 정신》이란 책에서 근면과 절약정신과 같은 프로테스탄트 윤리 혹은 청교도 정신이 자본주의의 발전을 가져왔다고 주장하였다. 우리 주위를 둘러보면 자수성가한 분들을 더러 만날 수 있다. 근면함과 장인정신을 가지고 홀로 기업을 운영하는 자영업자는 물론 떡볶이 장사, 구두닦이로 벌어들인 수억 원의 돈을 장학금으로 쾌척하시는 할머니와 할아버지들이 거기에 속한다.

둘째, 경제활동 과정에서 남다른 통찰력을 발휘하여 새로운 제품과 새로운 생산방식을 고안해냄으로써 새로운 가치를 창출하는 것이다. 베블런은 이러한 부류를 '산업계급'이라 불렀고 조지프 슘페터(Joseph

A. Schumpeter)는 이러한 기업가들을 '혁신적 기업가'로 불렀다. 우리는 이런 '생활의 달인'과 '창조적 기업'들을 심심찮게 만난다. 이들의 혁신활동은 자원을 효율적으로 이용하게 해줌으로써 낭비를 줄여준다. 뿐만 아니라 인간의 생활에 유용한 재화들을 새롭게 공급해서 삶의 질을 개선시켜준다. 이런 행동에 대해선 다른 사람들이 기꺼이 돈을 지불하고자 한다. 다른 사람의 돈을 먹지만 이 부류들은 정당하고 우아하게 먹는다. 자본주의를 아무리 비인간적인 체제라 비판하더라도 이런 사람들의 노력마저도 수전노와 착취라는 용어로 부정한다면, 비현실적인 도덕군자일 뿐 아니라 인류의 삶에 전혀 도움이 되지 않는 파괴적 비판자에 불과할 것이다. 남의 돈을 먹어도 이런 식으로 먹는다면 무슨 문제가 되겠는가.

그런데, 이런 식으로 남의 돈을 먹어서는 진짜 부자가 될 수 없다. 역사 속에 등장하거나, 현재 살고 있는 대다수의 진짜 부자들은 프로테스탄트 정신이나 창조와 혁신활동과 거리가 멀다.

셋째, 다음 두 가지 사례에서 지적되듯이 진짜 부자들은 남의 돈을 '날로 먹는다.' 먼저 전자본주의 사회는 말할 것도 없고 자본주의 초기 단계에서 부자는 폭력과 정치권력을 통해 자신의 부를 긁어모았다. 마르크스는 이를 '자본의 본원적 축적방식'이라 불렀다. 이 과정에서 사람들의 눈물과 탄식이 골짜기를 덮었으며, 피가 강물을 이루었다. 그런 무자비한 부의 축적방식이 자본주의의 초기단계에서만 존재한다고 생각하면 큰 오산이다.

몇 년 전 용산참사를 불러일으킨 각종 재개발 공사는 물론 노동자에 대한 공권력의 탄압을 통해 잘 드러나듯이 이런 폭력과 눈물은 가장 '현대화된' 자본주의 사회에서도 계속 반복되고 있다. 이 때문에 베블런은 '근대화된' 자본주의가 '전근대적' 축적방식을 포기하지 않는다고 설파했던 것이다. 그러나 최철원의 '맷값사건'이나 한화그룹 김승연 회장의 지극한 '아들사랑'과 폭력은 부자들의 이미지를 손상시킨다. 그러므로 부자는 폭력을 국가에 맡기는 대신 또 다른 방식을 동원한다. 사기와 기만을 통해 남의 돈을 먹는 것이다.

넷째, '공인된' 노동판에서 돈을 모으는 것이다. 어수룩하고 맘씨 좋은 사람들만 그러한 사기와 기만에 넘어가니 남의 돈을 먹기엔 한계가 있다. 그래서야 어느 세월에 부자가 되겠는가? 이제 정부와 사회에 의해 공인된 노름판이 필요하다. 그래야 많은 사람들을 끌어모을 수 있다. 나아가 노름판은 시장의 모습을 띠어야 하고, 거기에서는 상품이 오가야 한다. 그래야 사람들이 더 신뢰할 수 있을 것이다.

이에 부응하여 주식시장이 등장하고 은행의 금융상품이 제공된다. 은행을 방문하면 은행원들은 창구에서 이 신종상품을 열심히 권유한다. 따뜻한 커피도 제공하면서! 그래도 수익이 잘 나오지 않으니, 수익률을 높인다. 이른바 대박을 터뜨릴 것 같은 고금리상품이 제공된다. 이제 수많은 사람들이 이 공인된 노름판에 끼어든다.

그런데, 모인 사람들이 모두 프로테스탄트 정신과 창조와 혁신적 마음으로부터 떠나 있으니 새로운 것은 창조되지 않는다. 그러면서 서로 남의 돈을 먹으려고만 한다. 모두 손 안 대고 코 풀려는 것이다.

이 과정에서 누군가 남의 돈을 먹으면 다른 이는 반드시 자신의 돈을 잃게 되어 있다. 뿐만 아니라, 누군가 대박을 터뜨리면 대다수는 돈을 잃는다. 은행이야 거래 수수료만 챙기니 손해는 없다. 자기 돈도 아니니 마음도 가뿐하다. 노름판에서는 돈 잃은 놈만 속상할 뿐이다. 제 돈을 잃은 놈이 있으니 반드시 남의 돈을 날로 먹는 놈도 있을 것이다.

내가 살고 있는 부산에서 부산저축은행 사태로 무려 30만 명 정도의 예금자들이 피해를 입었다. 예금자 중 대다수가 저축은행의 높은 금리에 현혹되어 퇴직금이나 힘들게 번 돈을 맡겨둔 서민들이었다. 하지만 현혹되었든 모험정신으로 도전하였든 자신이 스스로 저지른 일이니 안타깝지만 별다른 방법이 없다.

금융상품은 노름판의 화투와 같다. 대박을 약속하는 고금리상품은 쪽박의 위험도 그만큼 크다. 대박은 1퍼센트만이 터뜨릴 수 있다. 그것이 진정한 의미의 대박이다. 1퍼센트가 대박을 터뜨렸다면 99퍼센트는 쪽박을 차게 된다. 99퍼센트의 쪽박 확률! 그것이 금융상품의 특징이다. 이러한 특징은 도박의 본질이다. 도박은 사기와 기만이다.

위험을 좋아하지 않고, 사기와 기만을 싫어한다면 은행, 더 나아가 '금융시장'을 멀리하라. 보통 수준의 정기예금 금리에 만족하자.

현대사회의 진정한(!) 부자들은 이 수준에 만족하지 못하는 사람들의 돈을 벌려고 한다. 남의 돈을 날로 먹고자 그들의 눈은 오늘도 벌겋게 충혈되어 있다.

솔개 : 남의 돈을 날로 먹는 사람을 일컬어 날도둑놈이라고 하지요. 때로 이들은 날강도로 변신하기도 합니다.

↳ 한성안 : 정부가 공인한 합법적인 날강도들만 조심해도 우리의 삶은 훨씬 더 안전하겠죠.

다름 : 날로 먹도록 정부가 보장을 해주니 선량한 피해자가 자꾸 양산될 수밖에 없네요.

↳ 한성안 : 도박을 권장하는 자본주의 정부! 대학은 이런 도박방법을 '금융'이란 이름으로 가르치고 있습니다. 세상이 돌아도 한참 돌았습니다.

HIAOAIH : 보통 사람들이 성공한 1퍼센트만 보기 때문에 거기에 매달리는 거겠죠. 쪽박 찬 사람보다 대박 난 사람이 더 큰 관심을 받는 게 당연하니까요. 결국 알고 보면 금융상품은 복권 같은 거로군요. 대부분의 사람들은 당첨된 소수 사람들에 대한 이야기만 듣고 복권을 구매했지만 당첨되지 않은 다수 사람들에 속하게 되니까요.

↳ 한성안 : 화폐란 본래 교환수단, 가치저장 수단이어서 상품으로 될 필요가 없는 수단입니다. 물론, 그것이 실물로 연결될 때 가치창조에 기여하기도 합니다. 하지만 본래 화폐는 가치를 재분배할지언정, 가치를 창조하지 않는 도구입니다. 그러한 화폐가 상품이 되는 시장이 금융시장입니다. 그러니 교환과정에서 가치가 재분배되어 쪽박과 대박이 동시에 생기는 거죠.

flowerB : 대학에 들어오기 전까지만 해도 '주식/펀드=투기'라고 생각했으나,

대학에 와서 비즈니스를 공부하면서 이는 투기가 아닌 투자라고 생각하게 되었습니다. 그래서 주식을 시작하게 되었고, 예상보다 훨씬 많은 이익을 남기게 되어 공부를 더 해야겠다고 마음먹었습니다. 그런데, 교수님의 글 중 '화폐를 축적하기 위해선 남의 것을 가져올 수밖에 없기 때문에 남의 돈을 많이 벌어들이는 자가 부자가 되는 것이다' 라는 말이 와 닿았습니다. 수익을 많이 거두어 무척 기뻤지만, 한편으로는 늘 남에게 베풀고 어울리며 살아가기를 희망하는 제가 평소 원하지 않는 모습으로 행동했다는 것이 마음에 걸렸습니다. 그래서 그런지 더 가치관의 혼란이 옵니다. 타인을 지배하고 과시하려는 부자가 아닌 올바르고 정직한 부자가 되고자 하나(내가 쓰기 위한 돈을 모으는 것이 아니라, 후에 사회 복지를 위해 필요한 자금), '부자' 가 되고자 하는 그 자체가 남의 돈을 빼앗는 나쁜 사람이 되는 것이 아닌가 하는 생각이 듭니다.

↳ 한성안 : 이제부터 flowerB님의 성찰은 시작되었습니다. 제가 답을 내리거나, 갈 길을 제시해드릴 수는 없습니다. 깊은 고민을 통해 훌륭한 답을 찾아낼 것이라고 믿어 의심치 않습니다. 위대한 민주시민이 되실 것도요.

외모 지상주의,
감각과잉 시대의 경제학

인간을 이해하는 방식은 여러 가지다. 그중 하나가 인간을 바깥 모습과 안 모습으로 구분하는 것이다. 우리는 그것을 외모와 내면이라는 근사한 단어로 표현한다. 이런 이분법은 좀 야박하긴 하지만, 세계와 인간을 이해할 때 효과적인 방식이다.

세계에 대한 인간의 인식은 감각기관을 거치지 않으면 안 된다. 눈으로 보고, 손으로 만지고, 혀로 맛을 보며, 귀로 들음으로써 사유작용이 시작되는 것이다. 그 때문에 프랜시스 베이컨(Francis Bacon)을 위시한 경험론자들은 진정한 지식과 인식은 감각기관과 경험에서 유래한다고 주장하였다. 그러나 같은 외부적 충격에 대한 느낌은 사람에 따라 다르다. 동일한 강도의 충격을 받고 여성은 매우 아프다고 느끼겠지만 표도르와 같은 건장한 남성은 파리의 날갯짓 정도로 느낄 것이다. 인간의 감각기관은 이처럼 불완전하다. 그 때문에 르네 데카르트

(René Descartes)와 같은 합리론자들은 진정한 인식과 지식은 감각이나 경험에서 출발하지 않고 명징한 이성의 추상능력, 곧 사유작용에서 얻어진다고 주장하였다. 이러한 합리론과 고전철학의 인식론을 이어받은 신고전학파 주류 경제학은 인간의 합리성은 완전하다는 가정 하에 경제학을 연구한다. 물론 수학적 미분원리로 정식화되는 이윤의 극대화, 비용의 극소화, 효용의 극대화 원리 등은 완전 합리성에 관한 이들의 가정이 부정될 때는 성립할 수 없다.

그렇다면, 인간의 사유작용은 정말 완벽한가? 그렇지 않다. 사이먼이 분명히 지적했듯이 인간의 인식능력에는 한계가 있다. 곧, 인간의 합리성은 제한적이다. 인간이 아무런 목적 없는 자연과 상호작용과정을 통해 진화해왔기 때문이다. 이처럼 인간의 감각기관과 사유활동은 모두 불완전하다. 그렇기 때문에 인간은 세계를 인식할 때 감각기관과 경험, 그리고 사유활동을 모두 동원한다.

우리는 사람을 만나게 되면 좋든 싫든 그를 판단한다. 그가 내게 유익한 사람인가 해를 끼칠 사람인가, 나와 편하게 지낼 수 있는 파트너인가 나를 불편하게 하는 귀찮은 존재인가? 나아가 나를 넘어 이 집단에 도움이 되며 사심 없이 집단에 헌신할 수 있는 '지사'인가, 아니면 집단을 이용하여 지배와 과시를 도모할 사이코패스인가?

잘못 판단하면 하루가 지옥 같을 수 있고 일생을 망칠 수도 있다. 나아가 집단이 잘못 판단할 경우 수많은 사람들이 물질적 결핍과 정신적 억압에 시달릴 수 있다. 이런 잘못된 판단을 차단하기 위해 경험론과 합리론의 인식방식이 함께 동원되어야 한다. 이때 감각을 중시하는 경험론적 인식방식은 외모를 판단하는 데 도움을 주며, 사유활동을 중시하는 합리론적 인식방식은 내면의 세계를 이해할 수 있게 해준다. 그리고 이 두 가지 방식에 대한 균형 잡힌 이용이 필요할 것이다.

그런데, 최근 들어 인식방식에 대한 균형이 급격히 무너지고 있다. 이른바 '외모 지상주의' 열풍이 급속하게 퍼지고 있다. 매스컴, 기업, 나아가 정치권도 외모를 1순위로 꼽는다. 이들이 외모 지상주의 문화를 창조하고 있는 것이다. 먹고살기 위해 일반시민들은 이 표준을 따라야 한다. 이제는 화장으로 가리다 못해, 얼굴을 깎아 자신의 모습을 없애고 있다. 실로 '성형공화국'이 되었다. 문화관광부가 추진하고 있는 의료관광도 내용을 보면 성형관광으로 채워져 있다.

인간의 사유능력은 매우 제한적이다. 그래서 종종 감각을 통해 인간을 판단한다. 감각이 나쁜 것만은 아니다. 역설적으로 이성의 과잉은 인간의 존엄성을 파괴할 수도 있기 때문이다. 하지만, 감각기관도 매우 불완전하다. 이때 이성적 판단이 이를 보완해주어야 한다. 이성적 판단은 비판적 지성은 물론 도덕적이고 윤리적인 판단을 포함한다. 더 나아가 그것은 '공적인 영역'에 대한 판단까지도 포함한다.

감각의 과잉은 불균형적 인식을 초래한다. 그리고 그 결과는 이성의 과잉이 초래한 결과에 결코 뒤지지 않는다. 야만적 폭력, 사적 욕망에 의한 겁탈과 착취는 감각의 과잉이 초래한 결과다. 그런데, 이성의 결핍과 감각의 과잉이 공적 영역으로 확대될 때 그 부정적 결과는 막대할 뿐 아니라 전 사회로 확산된다.

요즘, 공적 분야에서도 이런 위험한 외모 지상주의가 판을 치고 있다. 외모가 좋아야 출마할 수 있고, 외모가 좋아야 당선된다. 아주 위험한 트렌드다. 외모가 개인의 밥그릇을 더 챙겨줄지는 몰라도 사회 전체의 밥그릇과 안전, 그리고 통합을 이루어낼 수는 없다. 얼굴은 감상의 대상이 될지언정 필요한 것을 창조할 수 없다. 하루 종일 바라보고 있어보라. 무엇이 나오는가? 당연히 없다!

그럼에도 불구하고 많은 우매한 시민들이 외모 지상주의를 무비판적으로 받아들일 뿐 아니라 정치지도자까지도 이를 부추기고 있다. 서울시장 선거에 출마했던 나경원 의원이 김영삼 전 대통령을 방문했을 때 나 의원에게 외모가 좋으니 잘될 것이라는 말을 했고, 김종필 전 국무총리는 그 손에 키스까지 했다고 하니 정말 가관이다. 정치지도자까지 이 모양이니 할 말이 없다.

사회의 리더들의 행동과 말은 달라야 한다. 적어도 그들은 한 인간의 진정한 내면의 모습이 외모로 억울하게 오판되는 이 사회를 비판적으로 봐야 하며 그것이 공공의 영역에 가하는 해악(害惡)을 성찰하는 혜안도 지녀야 할 책임이 있다. 비현실주의자로 조롱당하더라도 그 위험에 경종을 울려야 하는 것이다. 깨어 있는 시민과 행동하는 양심이 절실히 요구되는 오늘이다. 이들에게 이 시대를 맡길 수 없지 않은가!

sem2395 : 은행지점장이신 고모부께서 요즘은 사람들의 실력이 워낙 좋고 비슷해 면접에서 외모를 보고 뽑는다는 말씀하시더군요. 언젠가부터 사람들은 예쁘면 모든 게 해결된다고 대놓고 말합니다. 어렸을 때부터 외모보다 내면을 잘 가꾸고 강한 사람이 되라고 배웠었는데, 한국을 이끌어나가는 정치인들이 먼저 외모를 밝히고 있으니 참으로 배신감이 듭니다. '한국은 정치 빼고 다 잘한다' 라는 미국인의 말에 자존심이 상하지만, 한편으로는 동감합니다. 저부터라도 깨어 있는 시민, 행동하는 양심이 되어야겠습니다.

↳ 한성안 : 사회가 이렇게 보편적 진리를 조롱하고 배신하니 모두가 노력과 학문을 외면하고 외모와 요행에 인생을 걸고 있습니다. 지금은 시민들이 지성의 등불을 밝혀 천민자본과 비도덕적 정치에 오염된 한국 사회를 치유해야겠죠.

해피테크윤 : 세상이 외모 지상주의로 가고 있죠. 시쳇말로 못생긴 게 죄가 되는 세상입니다. 마음과 마음이 통하는 세상, 진심이 통하는 세상에서 살고 싶습니다.

↳ 한성안 : 그러한 세상은 시민들의 단합된 정치력에 의해서 비로소 건설되겠죠. 그러기 위해서 우리 모두 성찰하는 동시에 정치를 혐오하면 안 되겠죠. 정치의 복원!

내비도 : 우리나라가 유독 심한 것 같아요. 천민자본주의와 결탁하여 외모 지상주의라는 극악한 괴물이 태어난 게 아닌가 하는 생각도 듭니다.

↳ **한성안** : 그럴지도 모르죠. 외모 지상주의의 기원을 밝히는 주제는 대단히 흥미롭겠군요. 그것이 문화적 현상인지, 경제적 현상인지도 밝혀져야 하고요. 막스 베버는 전근대성과 비합리성, 그리고 상업주의, 고리대금, 기생성을 천민자본주의(Pariakapitalismus)의 성격으로 예시하죠. 내비도님의 가설이 입증되기 위해서는 외모 지상주의와 이러한 천민성의 관계, 그것의 진화과정이 밝혀지면 되겠군요.

레몬시장의 역선택,
블로그 윤리

노벨경제학상을 수상한 조지 애커로프(George Akerlof)는 〈레몬시장^{the} Market for Lemon, 1970〉이란 그의 논문에서 재미있는 현상을 밝혀냈다. 오리지널 신고전학파 주류 경제학자들은 거래당사자의 '동질성' 을 가정하는데, 즉 거래당사자들의 문화는 물론 소득과 부의 규모, 나아가 거래대상상품에 대한 정보량도 같다고 가정한 후 경제학 모형을 구축한다는 것이다.

하지만 애커로프는 오리지널 신고전학파 주류 경제학자들과 달리 그 상품에 관해 보유하고 있는 정보량이 공급자와 수요자 사이에 동일하지 않다고 보고 거래모형을 구축하였다. 거래당사자 사이에 '정보의 비대칭성' 을 가정한 것이다. 현실적인 가정을 설정하니 현실이 보일 것이다.

나는 7년 전에 목돈이 모자라 중고차를 구입했다. 그 중고차가 성능이 좋은 차인지, 아니면 계속 걱정거리를 안겨줄 차인지 도저히 분간이 안 되었다. 나의 빈약한 정보에 비해 차를 판 사람은 그 차에 대해 완벽히 알고 있을 것이다. 곧, 둘 사이에 '정보의 비대칭성'이 존재하는 것이다.

제품에 대한 정보가 이렇게 부족한 상태에서 '구매자'는 어떤 가격을 지불하고 구입을 결정할 것인가? 중고차 시장에는 성능이 괜찮은 차도 나오겠지만 도색만 깨끗하게 한 엉터리 차도 버젓이 공급된다. 좋은 차라면 제대로 된 가격을 기꺼이 지불하겠지만 차의 성능을 알 수가 없으니 그 중고차에 높은 가격을 지불하고 싶지 않았다.

차에 대한 정보가 부족한 상태에서 나는 어떻게 행동했을까? 돈을 더 내는 위험을 피하기 위해 좋은 차와 엉터리 차의 '평균 정도의 가격'을 지불하는 결정을 내리는 것 말고는 다른 도리가 없었다. 결과적으로 좋은 차에 대해서도 평균 가격만 지불되는 현상이 나타난다.

나의 행동을 애커로프의 방식으로 정리하면 수요자는 중고차에 대해 아무런 정보를 가지고 있지 않으므로, 초과 지불의 위험을 피하기 위해 모든 차의 '평균'에 해당하는 가격을 지불할 수밖에 없다.

그렇다면 공급자는 어떻게 행동할까? 중고차를 내놓는 사람도 좋은 차를 내놓은들 상대방이 값을 후려칠 것을 예상하고 있다. 그러니 그가 성능 좋은 차를 중고차 시장에 내놓겠는가? 어차피 수요자가 가격을 제대로 쳐주지 않을 것이 자명하기 때문에 쓸 만큼 쓰고 난 후 부속품을 교체해야 할 때 도색은 고사하고 왁스세차 정도만 끝낸 후 팔아버릴 것이다.

이러다보니 중고차 시장에서 좋은 차가 점점 사라진다. 기껏해야 멋있는 모습으로 도색만 한, 평균이거나 그보다 못한 차들만 돌아다니게 되는 것이다. 이를 '역선택(adverse selection)' 이라고 부른다. 곧, 시장에서 잘못된 상품들이 선발되어 살아남게 된다는 것이다.

이런 일이 반복되면 중고차 시장은 어떻게 될까? 좋은 차는 사라지고 빛 좋은 개살구, 곧 레몬들만 활개치게 되거나, 매매가 이루어지지 않아 중고차 시장이 제대로 된 기능을 할 수 없게 된다.

당시 나는 그 차를 구매한 후 많은 어려움을 겪었다. 약 50킬로미터 정도 주행 후 브레이크패드, 라이닝은 물론 드럼도 갈아야 했고 브레이크 때문에 큰 사고가 날 뻔도 했다. 그래서 다시는 중고시장을 찾지 않기로 결심했다.

왜 이런 상황이 초래되었는가? 따지고 보면 수요자와 공급자 사이에 중고차에 관한 정보가 불균등하게, 곧 비대칭적으로 배분되었기 때문이다. 정보의 비대칭성은 중고차 시장에만 존재하지 않는다. '한성안 교수의 경제학 광장'도 정보가 비대칭적으로 배분되어 있다.

블로그의 수요자들은 한교수에 관해 모든 것을 알고 있지만, 나는 블로그의 방문자들에 관해 아무것도 모르기 때문이다. 정보의 비대칭성이 심각하다. 이런 상황에서 나는 모든 것을 정확하게 제시해야 하며, 조심스럽고 예의바른 언어를 사용해야 한다. 하지만 정보를 제공하지 않는 익명의 방문자들은 이런 족쇄로부터 완전히 자유롭다.

그러다 보니 언어가 척박해진다. 또 상대방을 쉽게 모욕할 뿐 아니라 답도 할 수 없는 질문(?)이나 비난 공세를 퍼붓는다. 그리고는 혼자서 결말을 내고 유유히 사라진다.

특히, 책 한 권 읽은 사람이 가장 똑똑하다는 말이 있듯이 밑이 훤히 보이는 짧은 지식으로 비판할 땐 참으로 난감하다. 부족하지만 성의를 다해 답을 제시하면 그때부터 말꼬리를 잡고 늘어진다. 이런 황당한 일이 주인장에게만 일어나는 것은 아니다. 토론에 참여한 성실한 이웃들에게도 종종 발생한다. 이웃들은 그때부터 방문을 끊거나 침묵을 지키게 된다. 이러니 블로그 이웃 중 다수의 진지한 알짜들은 숨어버리고 소수의 빛 좋은 개살구만 판을 치게 되어, 나도 지쳐서 블로그를 멀리하게 되는 것이다.

중고차 시장의 역선택은 정보의 비대칭성 때문에 일어난다. 그러므로 잘못된 선택을 시정하기 위해 서로의 정보가 투명할 필요가 있다. 정보의 대칭성을 복원할 필요가 있다는 것이다.

하지만 이런 문제점에도 불구하고 나는 이 블로그에서 정보의 대칭성이 복원되기를 바라지는 않는다. 정보의 비대칭성은 다른 영역에서 발생하는 또 다른 비대칭성을 상쇄시켜주기 때문이다.

비대칭성은 다양한 영역에서 발생한다. 나와 적지 않은 방문자 사이에 지식의 불평등, 곧 '지식의 비대칭성'이 존재하는 것이 현실이다. 이마저도 부정할 정도로 겸손(!)을 떤다면 나는 학자임을 포기해야 할 것이며 방문자들도 굳이 이곳을 방문할 필요도 없을 것이다.

화폐와 권력의 비대칭적 소유관계기 지배관계를 형성하듯이 지식의 비대칭적 소유도 지배관계를 만들 수 있다. 학교에서 교수가 지식의 규모를 매개로 학생을 지배하는 일은 비일비재하다. 피지배자가 그러한 불합리한 관계로부터 자유롭기 위해선 또 다른 비대칭성을 동원하는 것도 나쁘지 않다.

익명의 그늘 뒤에서 한교수가 가한 지식과 언어의 폭력에 저항하는 것도 필요하다. 이것은 권력을 가진 주인장에 의해 일어날 수 있는 역선택을 효과적으로 방지하는 기제일 뿐 아니라 민주주의로 향하는 방법이 될 수 있다. 그 때문에 나는 온라인상에서 실명제를 반대한다. 비록 익명, 곧 정보의 비대칭성이 나를 모욕할지라도.

하지만 정보의 비대칭성이 '권력관계의 중성화'와 '민주주의의 실현'이라는 효과를 넘어 블로그 활동의 파괴를 초래할 정도라면 그건 좀 곤란하다. 그렇다고 방법이 영 없는 것은 아니다. 이런 파멸적인 결과는 의외로 쉽게 방지될 수도 있다. 서로 존중하는 예절만 있으면 된다.

초등학교의《도덕》이나 중고등학교의《윤리》에서 배운 내용만 지켜도 익명, 곧 주인장과 방문자 사이의 정보의 비대칭성은 중고차 시장처럼 빛 좋은 개살구만 돌아다니게 하거나 역선택을 유발하지 않고 오히려 민주주의와 '배움'이라는 선물을 줄 것이다.

자묵 : 정보의 비대칭성에 의해 중고시장에는 빛 좋은 개살구만 남게 된다는 경제학이론을 온라인 공간에도 적용할 수 있군요. 흥미롭네요. 여하튼 온라

인상의 무례함이 한교수님의 블로그뿐 아니라, 온라인 공간 안에 만연한 게 안타깝습니다. 저만이라도 그러지 말아야겠다고 오래전부터 결심했습니다. 온라인이든 오프라인이든 누가 지켜보고 있어도, 지켜보지 않아도 같은 행동을 하는 게 진정으로 당당한 행동이라고 생각합니다. 얼굴이 가려져 있다고 무례를 일삼는 것이 얼마나 꼴사나운 행동인지를 알아야 할 텐데요.

↳ 한성안 : 그런 사람은 감시와 처벌제도가 없기 때문에 폭언의 자유를 누리겠지만 '자율'하지 못한다는 점에서 진정한 세계시민이 될 수 없죠. 자묵님께선 자율적인 세계시민이신 것 같군요.

짱구아빠 : 예전에 김제동 씨가 100분토론에 출연해 사이버 모욕죄에 대해 발언한 적이 있죠. 네티즌의 자발적 정화운동을 믿어야 된다는 말이 생각나네요.

↳ 한성안 : 익명이 악용되고 있어 안타깝지만 그것을 개선하기 위해 무조건 법적으로 처벌한다면 익명의 생산성을 파괴하는 결과를 초래할 것입니다. 힘들지만 참으면서 그 생산성을 실현시켜야겠죠.

생성 : 익명이란 점을 악용하여, 자율적인 공간을 법과 규율에 얽매이게 만들어버리는 것 같아 안타깝습니다.

↳ 한성안 : 많은 법과 규율들이 자율적이지 못한 몇몇 개인들에 의해 인류의 공동재산인 자유가 독점되거나 남용될 때 등장하였습니다. 안타까운 사실입니다.

고통과 절망의 교육제도,
이 낳지 마라

내가 아무리 이타적 삶을 지향하더라도 한 가지 앞에서는 나의 이타
주의가 힘을 잃고 가치관도 혼란에 빠진다. 그건 바로 가족, 그중에서
도 자식이다. 자식을 두고 있는 사람들의 마음은 대략 같을 것이다.
그래서인지 제 논에 물들어가는 소리와 자식 입에 음식 들어가는 소
리가 가장 듣기 좋다고 한다. 이쯤 되면 가족 중심주의에 매몰된 보수
주의적 성향이 충분히 엿보이는데, 나의 진보성은 그 정도밖에 안 된
다. 아무튼, 자식은 그처럼 중요하다.

전통사회에서 자식의 중요성은 아마 종족번식과 '대를 이음', 그리
고 노동력 공급 때문이겠지만, 현대사회에서 자식은 그 자체로 가정
에 웃음과 행복을 가져다주기 때문에 중요할지도 모른다. 물론 애먹
이는 녀석도 있고, 실망만 잔뜩 안겨주는 녀석도 있다. 그럼에도 불구
하고 인간은 끝없이 자식을 갈망해왔고 여전히 단념하지 않는다.

그런데, 요즘 한국 사회가 이런 행복을 기꺼이 반납하고 있어서 여러모로 걱정이 된다. 세계 151개국 가운데 우리나라 출산율이 최하위라고 한다. 1.22명! 대다수 가정에서 자녀가 1명뿐인 셈이다. 언론과 재계는 저출산이 초래할 한국 경제의 암울함을 부각시키면서 여성들의 출산을 갈망한다. 이 때문에 국가는 금전적 인센티브를 주면서 출산을 장려하고 있다. 시간이 좀 지나면, 모성애를 미화하는 드라마와 다큐멘터리 프로그램들이 넘쳐날 것이며 여성들은 피도 눈물도 없고, 국가경제도 고려하지 않는 냉혈적이고 이기적 존재들이라고 도마에 오를지도 모른다. 그리고 공익광고협의회는 가족공동체의 행복을 노래할 것이다.

그러나 예비 엄마들에게 권하고 싶다. 애 낳지 말라고! 이처럼 형편없는 보육시설과 육아제도 아래서 애를 낳는 건 자신의 인생을 포기하는 것과 같다. 또, 행복은 고사하고 원망만 쌓일 뿐이다. 이 지옥과도 같은 교육제도는 고통과 절망만을 안겨줄 뿐이다. 아이가 대학졸업 때까지 2억 6천만 원을 감당할 자신이 있는가? 2억 6천만 원이란 거액을 지불하고도 당신의 자녀는 88만 원짜리 비정규직의 슬픈 삶을 벗어나지 못할 것이 확실하다. 기업과 기득권층은 국가경제의 이름을 빌어 바로 이런 슬픈 노동력의 공급을 원하는 것이다. 마르크스는 이를 '산업예비군'이라고 불렀다. 이 슬픔은 나 하나로 족하다. 내 자식에게 물려주지 말자.

그래도 자식을 갖고 싶은가? 그렇다면, 자식을 낳아 행복하게 기를 수 있는 조건과 내 자식이 행복하게 살 수 있는 조건을 먼저 요구하

자. 그 전에 절대 애 낳지 마라. 그건 불행을 가져올 뿐이다. 나도 아들 하나밖에 없다. 2억 6천만 원을 절약하여 노후도 준비할 수 있어 솔직히 마음이 가볍고 지금은 행복하다.

사실 한 명 키우기도 어려운데, 하나라도 키울 수 있었던 것은 바로 독일의 우수하고 공짜에 가까운 보육시설 때문이었다. 그래서 키울 때도 행복했다!

자식이 행복을 가져다주는 그날까지 정신 바싹 차리자. 여성들이여! 이 순간만이라도 경제적으로 손익을 계산해보자. 지배계층의 이익을 위해 나와 내 자식이 손해보지 말자.

댓글토론

체게바라워너비 : 적극 공감합니다. 저도 아들 하나뿐인데, 이미 몇 년 전에 영구 불임시술을 했습니다. 현재 우리나라는 절대인구도 많고, 국토면적당 인구밀도도 높아서 인적자원이 남아돌아 자본가들의 뜻대로 '노동시장 유연화(고용 불안정)'가 심화되고 있는 상황입니다. 이미 150여 년 전에 마르크스도 《자본론》에서 언급했던 것처럼, 지배계급이 자신들의 이익을 위해 필요한, 이른바 '산업예비군'의 지속적 확보를 위해 아무런 사회적 대책도 없이 무작정 강요하고 있는 다자녀 출산 드라이브에 절대 협조하고 싶은 마음이 없습니다. 자본의 산업예비군 공급전략에 속아 넘어가면 안 되겠죠. 맞습니다.

↳ **한성안** : 한국 사회의 지옥 같은 입시제도 앞에서 죄책감이 들어 저도 일찌

감치 산출불능상태를 자발적으로 선택했습니다.

푸른지네 : 저도 애를 둘 키우는데 영 만만치 않군요. 젊었을 적에야 양육비 걱정 같은 건 해본 적이 없는데, 막상 사업이 뜻대로 안 되고 아이들이 대학에 진학할 때가 되고보니 앞날에 대한 부담이 천 근의 무게로 어깨를 누릅니다. '뭐, 궁하면 통하겠지' 라는 근거 없는 낙관론에 기대어 식구들을 독려하고는 있습니다.

↳ **한성안** : 여기 오시는 분들 모두에게 해당되겠지만, 푸른지네님과 같은 훌륭한 부모 아래서 자란 자녀들이 성장해 이 사회를 더 아름답게 만들어주어야 될 텐데요. 참다운 교육내용과 함께 인간다운 대학선발제도, 학벌 없는 사회, 고등교육 기회에 대한 평등 등. 이 모든 것이 실현되어 뜻있는 동량들이 행복한 교육을 받을 수 있도록 우리 세대가 힘써야 되겠군요.

우리의 가련한 국회의원,
황제의 삶

인간은 무엇으로 행복할 수 있는가? 법정 스님은 소유로부터 해방됨으로써 사람이 행복해질 수 있다는 가르침을 남겼다. '무소유'의 행복이 그것이다.

나도 이 블로그에서 인간의 행복이 물질적 조건에만 기인하지 않는다는 생각을 여러 번 제시한 바 있다. 이런 좋은(!) 글들을 읽는 대다수 사람들은 위로와 평화를 느낀다. 물질로부터 해방되니 노력도 필요없을 뿐 아니라, 더 달라고 칭얼댈 필요도 없어지기 때문이다.

아무리 열심히 일해봤자 내게 돌아오는 건 별로 없고, 더 달라고 해봤자 줘야 할 놈은 안 준다고 버티면서 법과 곤봉을 동원하고, 동료마저도 쩨쩨하다고 핀잔주면서 왕따시켜버리니 물질에 관해 최소한의 욕망을 갖는 것마저 피곤할 따름이다. 그러니 빈한한 속에서도 스스로 부자라고 생각하면 그만인 것이다. 그래서인지 오늘날 우리가 사랑하는 문학과 철학, 수필은 이러한 '정신적 부자론'을 설교한다.

그렇다면 인간은 마음만 고쳐먹으면 행복해지는가? 그렇지 않다. 내가 생각하는 행복론은 그런 고상한 정신적 행복론과 무관하다. 인간이 인간인 이유는 물질 위에 서 있기 때문이다. 내가 행복한 이유는 단지 빈한하고 열악한 물질적 조건에서 연구하고 있기 때문일까? 그렇지 않다. 내가 행복한 첫째 이유는 인간생활에 필수적인 '물질적 조건'을 갖추고 있기 때문이다. 이런 물질적 조건 위에서 정신적 행복도 느낄 수 있다.

나의 행복론은 관념적 행복론과 무관하다. 인간은 물질 없이 정신만으로 행복해질 수 없다. 그래서 나의 행복론은 관념적이 아니라 '물질적 기초'에 의해 보장되는 행복론이다. 그런 점에서 나는 목사님이나 스님이 아니며 문학가나 사상가도 아니다. 나는 경제학자다.

보수적 경제학자들이 다다익선, 곧 '많을수록 좋다'고 주장하지만, 나는 '필요한 만큼만 소유할 것'과 '과잉소유는 자신은 물론 사회의 다른 구성원을 불행하게 만든다'고 주장한다는 점에서 천박한 물질적 행복론과도 다르다. 법정 스님의 무소유 사상도 나의 '적정소유론'과 다르지 않다고 생각한다.

최소한의 물질 없이는 인간의 정신적 행복은 확보될 수 없다. 이 최소한의 생활조건이 바로 최저생계비다. 보건복지가족부가 2010년 책정한 최저생계비는 1인 가구 50만 4,344원, 2인 가구 85만 8,747원, 3인 가구 111만 919원, 4인 가구 136만 3,091원이다. 보건복지부의 '정신'이 참 행복스럽다.

매년 쑥쑥 커나가는 아동의 점퍼 내구연한을 6년으로, 여성용 팬티는 3년에 9점, 브래지어는 2년에 2점, 남성양말은 1년에 4켤레로 잡았다. 가난한 집의 아이라고해서 6년 동안 자라지 않는 것은 아니다. 여성에 대해서는 유권해석을 내릴 권한을 갖고 있지 않지만, 나처럼 연구실에 앉아 있는 사람이라면 1년에 4켤레 양말로 버틸 수 있다. 하지만 최저생계비를 받아야 하는 계층은 험한 노동현장에서 가장 많이 움직여야 한다.

교육비는 월 5만 5,302원으로 책정해놓았다. 그야말로 빈곤층은 대대손손 단순노동의 굴레에 갇혀서 사회에 봉사하라는 명령이다. 그리고 사회의 조화를 위해 그런 열악한 노동조건과 삶 속에서도 만족하고 평안을 누리시라!

그리고 아프면 안 된다. 아프면 보건복지부의 정신적 계산법은 더 이상 설득력이 없게 된다. 아플 땐 정신력으로 참아내는 인간승리 드라마를 연출하시라! 집권여당 국회의원, 전경련, 중소기업협회는 이 금액도 많다고 한다. 자본가는 노동자가 천사이기를 원한다는 마르크스의 주장이 하나도 틀리지 않은 것 같다. 천사는 순종을 미덕으로 삼을 정도로 착하기도 하지만 옷 한 벌이면 평생을 견딜 수 있고, 물도 안 마시고, 아무것도 먹지 않고도 살 수 있지 않은가.

나는 이들에게 묻고 싶다. "당신들 이렇게 살면서 진짜 행복할 것 같아?" 자기들이 봐도 말이 안 될 것 같으니 보수신문, 한국교회, 대학의 이데올로그들로부터 정신적 지원을 요청한다. 주는 대로 받아 생활하고 마음만 고쳐먹으면 한국의 최저 생계비로도 황제의 삶을 누릴 수 있단다.

여당의 차명진 의원이 최저생계비 1일 체험에 다녀온 뒤 "6,300원 짜리 황제의 삶을 살았다"며 자신의 행복한 체험을 자랑했다. 그리곤 나름대로의 정책방안도 제시했다. "최저생계비만 올리는 것으론 답이 안 나올 것 같습니다. 국가재정에도 한계가 있고요." 참으로 그들다운 대안이다.

나는 이 해괴망측한 황제에게 되묻고 싶다. 이 생활을 지속하면서 도 황제의 정신을 고고하게 지닐 자신이 있는지, 더 나아가 이 황제의 삶을 자신의 자녀에게도 물려줄 의향이 있는지.

참으로 재밌는 점은 보수세력들은 자기가 하기 싫은 일들을 남에게 는 훌륭한 일이라고 설득해내는 능력이 있다는 것이다. 이 사회의 부 를 독점한 욕망의 전사들이 자신의 무한한 소유욕을 필요한 만큼으로 줄이면 국가재정은 한계에 봉착하지 않는다. 그리하면 희망을 잃은 채 소중한 삶을 소진하고 있던 이웃의 행복은 증가할 것이다. 너와 내 가 모두 행복해지는 삶, 그것이 바로 황제의 삶이다.

댓글토론

베지밀 : "당신들 이렇게 살면서 진짜 행복할 것 같아?"에서 웃음이 빵! 터졌네 요. 돌아가신 이주일 씨가 왜 코미디를 배우러 정계에 갔다고 했는지 알 만합 니다.

↳ 한성안 : 그 코미디가 너무 저질스러웠던지 정계를 탈출해버렸나 보죠.

김체리 : 차명진 의원이 6,300원으로 뭘 했는지 궁금해서 홈페이지에 들러 사용내역을 보았습니다. 총 6,300원 받아서 쌀국수 970원, 참치캔 970원, 미트볼 970원, 그리고 쌀 한 컵 800원, 황도 970원. 이렇게 해서 주식과 부식 모두 합쳐 먹거리 4,680원이었습니다. 남은 돈에서 D씨 술 먹은 속 다스리라고 약값 1,000원, 그리고 신문 600원. 최종적으로 남은 돈 20원. 죄다 식비더군요. 원래 최저생계비엔 식비만 포함되는 건가요?

↳ 한성안 : 예리한 관찰입니다. 자기 비용은 불려 말하고, 남의 비용은 줄여 지급하는 것! 그것이 바로 그들의 합리성이며, 그것이 신고전학파 주류 경제학 교과서에서 말하는 '비용 극소화원리'인 것이죠.

모모린 : 사실 저는 법정 스님이 말씀하신 '무소유의 삶'에 반대하는 입장입니다. 그분의 말씀이 틀렸다는 것이 아니라 현실에서 너무 비껴간 듯하고 형이상학적으로 두루뭉술한 관념이라, 당장 교통요금을 지불하고 출근해야 하는 제 입장에선 그리 피부에 직접 와 닿지 않습니다. 그리고 저도 얼마 전 차 의원님의 발언을 보고 정말 어이가 없었습니다. 그리곤 프랑스 혁명 당시 비운의 왕비 마리 앙투와네뜨가 했다고 전해지는 말이 떠올랐습니다. "빵이 없어? 그렇다면 과자를 먹으면 되지." 너무나 모릅니다. 몰라요. 그들은……

↳ pretty mind : 어디서 읽었는지 잘 기억나지 않습니다만 법정 스님의 '무소유의 삶'은 아무것도 갖지 않는 삶이 아니라 '가질 수 있는데도 불구하고 갖지 않는 삶'이라고 들었습니다. 그분은 어떤 지위나 힘을 가질 수 있는 자리에 오를 수 있었는데도 불구하고 어느 것 하나 가지지 않았다고 합니다.

사고뭉치 : 행복의 상대성을 가지고 교묘하게 말장난하는 건 참 비열한 행동이죠. '만족하는 삶이 행복하다'며 주인이 노예에게 '지금 생활에 만족하라'고 말하면 그게 진리는 아니잖아요. 파랑새는 우리 안에 있지만, 우리 안의 파랑새를 지킬 수 있는 최소한의 조건이라는 게 있는데 말이죠.

↳ 한성안 : 폐쇄된 교조주의와 맹목적 절대주의가 인간의 사고를 황폐하게 만들고, 인간의 생활을 파괴하기 때문에 열린 상대주의가 필요합니다. 그런데 이런 모리배들은 열린 상대주의로 자신의 부도덕성을 정당화하는 데 악용하며, 국민들을 헷갈리게 만들어 노예상태에 머무르게 하죠.

안철수 교수의 편지,

상식이 그리운 시대

1776년은 세계사적으로 의미 있는 해다. 식민지였던 미국이 영국으로부터 독립국가임을 선포했으며, 동시에 애덤 스미스가 그 유명한《국부론》을 저술한 해이기 때문이다. 이 사실은 아마 많은 이들이 알고 있을 것이다. 개인적으로 1776년이 세계사적으로 의미 있다고 생각하는 이유는 토머스 페인(Thomas Paine)이《상식》이라는 소책자를 발간했기 때문이다. 그는 미국의 독립을 위해 투쟁한 학자이자 혁명가였지만, 그의 사상은 단지 미국의 독립에만 국한되지 않았다.

당시 영국의 헌정질서가 얼마나 상식에 어긋나 있는지를 보여주는 사례는 사뭇 흥미롭다. 그는 프랑스에서 국회의원 수는 납세자 수에 비례해 할당된 데 비해 영국은 그렇지 않다고 지적했다. 예컨대, 올드 세럼 지방에는 주민이 거의 살지 않았지만 2명의 의원이 선출되는 희한한 일이 벌어지는 반면, 주민 수가 6만 명 이상이던 맨체스터에는 단 한 명의 의원도 선출되지 않았던 것이다.

또, 루트랜드와 같이 아주 작은 선거구와 인구가 훨씬 많은 요크셔 선거구가 똑같이 2석을 갖고 있는 등, 도저히 상식적으로 납득하기 어려운 일들이 오랜 세월 버젓이 자행되고 있었던 것이다. 페인은 "이러한 실상에 어떠한 원칙이 있습니까?"라고 물었고, 그에 대한 대답은 "아니오"였다. 그가 보기에 영국의 선거제도는 누군가에 의해 자의적으로 만들어진 반칙일 뿐 상식과는 거리가 먼 것이었다.

그는 다시 "아이가 이제껏 젖을 먹고 자랐으니 앞으로도 절대로 고기를 먹어서는 안 되는가?"라는 상식적 질문으로 영국과 아메리카의 식민지 관계를 유지시키려는 자들의 주장을 반박하였다. 이처럼 그가 보기에 아메리카 대륙이 공화정에 따라 인권국가로 독립하는 것은 그 어떤 반칙과 요설로 가릴 수 없는 '상식'과 같은 것이었다. 그는 미국의 독립을 상식에 따라 판단할 것을 촉구한 것이다.

《상식》이 발간되자마자 당시 대영독립전투에서 위기에 처해 있던 조지 워싱턴은 밸리포지의 모든 군인들에게 그것을 읽으라고 명하였다. 그 후 독립전쟁에서 승리한 미국은, 이 소책자에 기초하여 '독립선언'을 작성하였다. 결국, 미국의 독립이라는 거대한 역사적 사건은 고매한 도덕이나 과학적 원리가 아니라 그야말로 상식에 따라 완성된 것이다.

상식이란 무엇인가? 상식(common sense)은 말 그대로 인간의 '보통 감각' 혹은 '모두가 공유하는 판단력'이다. 독일어 사전은 이를 '인간의 건전한 판단력(der gesunde Menschenverstand)'으로 설명하고 있다.

도덕이 요구하는 수준은 너무나 높아 보통 사람들은 실행하기도 어렵고, 이해하기도 쉽지 않다. 그래서 도덕을 지키지 못했다고 대놓고 비난하지 못한다.

법은 어떤가? '도덕의 최소한'이라는 법마저도 준수하기가 쉽지 않다. 최소한의 요구인데도 잘 안 지키니 국가에서 벌을 내리는 것이다. 그렇다면 상식은? 너무나 자명하고 간단해서 별달리 설명할 필요도 없다. 보통 사람이라면 누구나 지킬 수 있어, 다른 형벌이 필요치 않다. 어쩌면 이해하는 데 가장 적은 지적 에너지를 소모하며, 실천하기 위해 가장 적은 의지만 있어도 되는 규범이다.

그런데, 그것이 지켜지지 않으면 사회는 중심이 무너지게 된다. 너무나 자명한 합의사항을 지키지 않으니 구성원들은 어리둥절할 뿐이다. 그러한 위반에 대해 제재할 수단도 마련해놓지 않았기 때문이다.

요즘, 정치 뉴스를 보고 있으면 정말 가관을 넘어서고 있다는 생각이 든다. 한마디로 '개판'이다. 도무지 상식이 지켜지지 않기 때문이다. 밀어붙이기 입법, 입에 침도 바르지 않는 거짓말과 반복된 회개, 고위공직자의 병역기피, 탈세, 위장전입, 뻔뻔스런 외모 지상주의, 유전무죄판결, 정치시녀 검찰, 마구잡이 경찰 등……

민주인가 반민주인가를 떠나 도무지 상식이 통하지 않는다. 안철수 교수가 정치에 관심을 가진 이유는 바로 '상식'이란다. 상식이 그리운 것은 비단 안교수만이 아니다. 안교수의 생각은 바로 이 시대 대한민국의 보통 사람들이 공유하는 생각이다.

21세기에도 상식을 그리워해야 하는 우리가 슬프다. 이제 건전한 상식의 사회로 돌아가자. 그리하여 좀 더 우아해지자. 이 땅의 보수 세력이여, 지금의 상황이 부끄럽지도 않은가. 그들에게 토머스 페인의 《상식》을 일독할 것을 권한다. 보통의 시민들이 상식을 바로 세울 때다.

댓글토론

이그니마 : 상식이 있는 사람들이 품고 있는 답답함을 잘 정리해주셨네요. 상식과 예상을 깨는 방법으로 사람들을 웃기는 게 개그죠. 언제부턴가 정치가 개그보다 더 웃깁니다.

↳ 한성안 : 상식을 희구하는 사람들의 주장을 빨갱이로 몰아가는 이 비상식적인 보수세력과 조중동 신문에 속아 넘어가는 국민들이 먼저 상식으로 돌아와야겠죠. 국민들이 상식으로 돌아오면 그들이 설 자리가 없을 것입니다. 그래야 그놈의 개그도 종영되겠죠.

설련 : 판단력을 상실한 이들이 너무 많습니다. 특별한 존재가 되고 싶은 욕망이 개그판을 만들고 있군요.

↳ 한성안 : 특별한 존재가 되고 싶은 욕망, 곧 '과시욕망' 이 비상식을 유발한다! 음, 재밌고도 설득력 있는 생각입니다.

뷜트젤 : '정의' 라는 화두가 서점을 강타했다는 건 무한경쟁으로 무시되었던 '상식' 에 대한 그리움을 모두가 갖고 있다는 것을 말해주죠. 안철수 원장이나 한교수님 같은 분들이 각기 처한 자리에서 하시는 노력들이 우리에게 희

망이 되죠. 그 희망이 이루어진다는 믿음도 갖게 되고요. '믿음'도 좋은 상식입니다.

↳ 한성안 : 적어도 상식에 대한 '믿음'마저 존재하지 않는다면 그 사회는 광란의 도가니에 빠지겠죠. 상식도 믿지 못하게 되면, 정말 황당해질 것입니다.

스케빈저 : 보통 사람들이 공유하지도 않는 자신만의 기준을 상식이라 우기고 밀어붙일 때 오히려 나 자신을 의심하기도 합니다. 나는 보통 사람의 상식도 갖지 못한 엉뚱한 사람에 불과한가?

↳ 한성안 : 그들의 잘못은 상식을 뒤흔들어 뒤죽박죽으로 만드는 것입니다. 그렇게 해서 자신의 개인적 목적을 달성하죠. 그들의 야만성을 경계해야 하는 이유입니다.

북한 김정은과 남한 재벌,
세습과 상속

A. 세습

몸의 일부가 분리되면 많은 고통을 치러야 되듯이 오랫동안 하나의 문화를 공유하고 있던 민족이 분단되면 고통이 크다. 우리의 경우, 민족이 분단되어서 많은 실향민들이 이별의 고통을 겪고 있다. 분단으로 인해 그들은 가족으로부터 얻을 수 있었던 위무(慰撫)와 유대의 행복을 잃어버렸다.

분단되어 있으니 군사비용도 너무 많이 지출된다. 탱크나 전투기를 만드는 돈을 저소득층의 교육과 복지에 쓰고, 배고픈 문학가와 예술가들에게 후원했더라면 우리 사회는 얼마나 평화롭고도 아름다워졌을까?

특히, 북한의 존재는 우리나라에서 보수세력이 집권하는 데 결정적인 기여를 했다. 예컨대, 그들은 사회에 대한 합리적 성찰과 비판을

'친북'과 '빨갱이'라는 딱지놀이로 간단히 제압해버릴 수 있었다. 덕분에 한국 사회는 찬란한 이성과 학문, 문명을 잃어버리고, 대신 '완장'과 '색깔'만 난무했다.

지금까지도 배웠다하는 사람들 중에 진보와 비판적 성찰을 이상한 것으로 보는 참으로 이상한 시각을 가진 사람들이 많다. 이것은 개인에게도 부끄러운 일이지만 인류지성사의 큰 손실이라고 할 수 있다. 우리 현대사를 돌이켜볼 때 분단이 야기하는 비용은 이렇게 크다.

경제학자의 사유습관이 발동했는지 몰라도 이런 비용 때문에 한반도의 분단을 아쉬워하며 북한에 대해 관심을 두고 있다. 우리의 역사에서 한반도는 오랜 세월 문화를 공유하고 있었다. 그 때문에 북한에 대해 문화적 동질성과 연민을 느끼기도 한다.

이처럼 경제학적 비용과 문화적 동질성 때문에 북한에 대해 관심을 가지고 연민을 느끼지만 그들의 행동방식을 모두 이해하기는 어렵다. 특히, 지도자가 3대째 세습되는 현실은 답답하기만 하다. 20대의 김정은이 최고 권력자가 된다? 과연 저들이 문명사회의 구성원인가? 아무리 봐도 시대착오적이며 정신 나간 집단임에 틀림없다.

세습은 독립적 개인이 삶의 주체인 근대사회의 정신과 양립할 수 없다. 베블런식으로 말하면 세습은 전근대사회의 시대착오적 '습관'일 뿐이다. 그것은 개인주의에 입각하는 자본주의 정신과도 어긋난다. 자본주의 정신과는 별도로 '근대적 인간'으로서 나는 세습제도에 반대한다. 그래서 북한 김일성가의 미친 3대 세습은 물론, 근대적 정신을 배반하는 남한 자본주의 사회의 재벌과 학벌의 '합법적' 세습도 비판받아 마땅하다는 생각이다.

B. 상속

대기업의 경영권 상속 문제는 우리 사회의 핫이슈다. 몇 년 전 구학서 신세계 사장이 '증여세 1조 원 부담' 방침을 선언하면서 재벌총수의 상속세 납부를 둘러싼 논란이 벌어진 적이 있다. 당시 재벌들은 전국경제인연합회와 거대 언론들을 내세워 상속세제의 부당성을 연일 성토하고 나섰다. 이 이슈는 가업승계 중소기업에 대한 상속논쟁으로 발전되었다. 이번에도 상속세는 이들에 의해 증오와 질투의 보복세 , 탈세를 부추기는 악법 등으로 두들겨 맞고 있다.

높은 상속세 때문에 자신이 피땀 흘려 모은 재산과 공들여 일으켜 놓은 기업, 그리고 그 경영권을 피붙이에게 넘겨주기가 어렵다는 것이다. 그들은 '내 재산을 내 자식에게 넘겨주고, 내 기업의 경영권을 내 후손에게 넘겨주는 게 뭐가 잘못이란 말인가?' 라고 주장한다.

경제학의 아버지인 애덤 스미스에게 이 질문을 던져보자. 그는 《국부론》에서 핀 공장의 사례를 들어 한 나라의 부는 분업에 따라 증대한다고 하였다. 핀 제조공정을 여러 단계로 나누어 각자가 자신의 분야에만 종사하게 되면 10명이 하루에 4만 8천 개의 핀을 만들 수 있으나, 한 사람이 모든 공정을 혼자서 수행하면 20개도 못 만든다. 작업방식을 새롭게 조직하기만 해도 생산성은 2천 4백 배 이상 증가하는 것이다.

그런데, 이러한 엄청난 수의 핀은 어디서 온 것일까? 분명 땅에서 솟

아났거나 하늘에서 떨어지지는 않았을 것이다. 당시에는 특별한 기계도 없었으니·결국 사람이 만든 것이다. 그렇다면 어떤 사람이 만들었을까? 물론, 흩어져 있던 사람들을 한곳에 모아 분업체제로 조직한 사람, 곧 기업가가 이에 공헌했다고도 볼 수 있다.

그러나, 속을 들여다보면 기업가만이 이 거대한 생산성 향상에 기여한 것이 아니다. 먼저, 분업은 노동자의 숙련도를 높일 뿐 아니라 시간 손실을 줄여서 노동 강도를 높인다. 그로 인해 노동자들은 이전에 비해 더 빠른 속도로 더 많은 일을 하게 되었다. 수많은 노동자들의 땀과 노고가 없었더라면 어떤 경제적 가치도 형성되지 않을 것이다.

전문분야에만 종사하는 노동자들은 자신이 맡은 일을 더 잘 이해할 수 있게 된다. 그 결과, 이들은 더 나은 생산도구를 고안할 수 있게 된다. 작업방식의 개선이라는 형식으로 이른바 '점진적 혁신'이 성실하고 사려 깊은 현장노동자에 의해 일어났던 것이다.

하지만, 기계의 발전이 모두 현장노동자에 의해서만 이루어지지는 않는다. 과학이론을 현장노동자의 점진적 혁신과 결합시켜 '급진적 혁신' 곧, 새로운 생산방식과 신제품을 개발하는 사람들이 있으니 바로 학자나 지식노동자가 그들이다. 이들의 지혜와 지식활동은 그 기업의 생산성을 엄청난 규모로 향상시켰다.

결국, 상속세에 대해 경제학의 아버지가 내린 답변은 이렇다. 생산성 향상은 모든 참여자가 힘과 지혜를 다해 일했기 때문이다. 즉, '노동의 산물'인 것이다. 단지 분업을 기획한 기업가만이 아니라 분업에 참여한 또 다른 사람들이 함께 이루어낸 결과다. 곧, 모든 구성원들이 이룩한 '협력의 산물'이라는 것이다.

이제, 그러한 '결합노동'의 결과는 각자의 기여도나 권력관계에 따라 분배되고, 그 나머지는 '법인'의 공동자산으로 유보된다. 그러니, 이 자산은 기업가 개인의 전유물이 될 수 없다. 내 것이 아니니 이에 기여한 적이 없는 내 자식의 것이 아님은 물론이다. 때문에, 내 자식이 경영까지 해야 할 근거는 더더욱 없다.

또, 이 자산은 구성원의 생존조건인 일자리와 직접적인 관계를 갖고 있다. 그러니 내 자식이라고 해서 능력을 검증받지 못한 사람에게 경영을 맡기는 것은 모두에게 위험천만한 일이다.

상속세는 이처럼 노동에 참여하지 않은 자가 아무런 수고 없이 그 결과를 취하는 무임승차행위에 제재를 가한다. 그러한 제재는 열심히 노력하는 이 땅의 대다수 젊은이들을 절망하지 않게 해준다. 나아가 상속세는 능력이 검증되지 않는 피붙이의 무모한 불장난을 미연에 방지해서 힘써 노력한 자들의 삶터를 지켜준다. 팍팍한 삶에 희망과 안전만이라도 제공한다면 그것만으로도 상속세는 정의로우리라.

부시 대통령의 상속세 폐지안을 강력히 반대하며 자손들에게 1천만 달러만 남기고 모든 재산을 사회에 기부한 빌 게이츠, 자녀에게 한 푼도 남기지 않고 42조 원에 달하는 전 재산을 사회에 기부한 세계 제2의 부자 워런 버핏에 비하면 우리 재벌들은 참으로 천민적이다.

선진국이라서 그럴까? 꼭 그렇지만은 않은 것 같다. 유한양행의 설립자 고 유일한 박사는 1971년 타계하면서 모든 주식을 사회에 환원하고 친인척을 경영진에서 철저히 배제시켰다. 기업의 재산은 모든 구성원이 이룩한 협력의 산물이며, 일한 자만이 그 결과에 참여할 수 있다는 그의 굳은 신념 때문이었으리라. 그가 떠난 지 한 세대가 훌쩍 지났다. 그런데도, 한국 사회의 재벌과 그 나팔수들은 여전히 그 비약한 천민적 논리로 국민을 호도하고 있다.

탈법적 상속과 세습에 익숙한 우리 재벌들에게 유일한 박사의 말을 전하고 싶다. "유한양행의 소유주는 사회이며, 기업을 하는 개인은 이를 관리하고 있을 뿐이다."

북한의 김씨 일가도 상식과 이성을 가지고 있는 근대인이라면 이 말이 자신들의 촌스런 행위에 대해 주는 의미를 어렵지 않게 알아차릴 것이다.

댓글토론

사고뭉치 : 이성적 능력을 갖춘 사람이라면, 북한 체제의 비효율성이나 기타 문제점에 대해 부정적일 수밖에 없을 것입니다. 당연한 사실인데도, 요즘 저는 북한에 대한 부정적 입장을 '공개적으로 표명해야 하는 강요'를 은근히 받을 때가 적지 않습니다. 현 정권이나 과거 권위주의 정부에 비판적이면 친북이라는 오해를 사기 때문이죠. 당연한 상식마저 의무적으로 밝혀야 하다니……. 남북대립의 이분법이 고착된 이 구조, 기형적인 한반도 의식구조가 원인인 듯하네요.

↳ **한성안** : 우리 사회가 그 정도로 무식하다는 증거죠.

소달구지 : 무엇이 됐든 불법이 이뤄지지 않는다면 세습이 과연 가능할까 하는 생각이 드네요!

↳ **한성안** : 정말 좋은 지적이십니다. 전근대적 악습의 도움 없이는 아무것도 마음대로 소유할 수 없습니다. 학술적으로 굉장히 중요한 논점입니다.

안녕하세요 : 논점을 흐리려는 것은 아니지만, '세습의 경계'는 대체 어디까지 일까요? 경제학과 교수의 아들이 경제학과 교수가 되고, 의사의 아들이 의사가 되고, 판사의 아들이 판사가 되는 것에 대해 누군가 '애비 잘 만나서'라고 한마디 던졌다면, 그 비난은 정당할까요? 대기업 주주 등 어려운 이야기에서 조금 벗어나서 일반적인 삶의 층위에서 선망받는 직업군들을 예로 들어보았습니다.

↳ **한성안** : 천만에요. 논점을 흐리거나 조롱하는 질문이 아닙니다. 이렇게 훌륭한 발상을 주시니 감사할 따름입니다. 함께 생각해야 할 중요한 주제군요. 물질의 세습과 지식의 세습 중 어떤 것이 더 정당한가? 전자만 비난받아야 할 타당한 이유는 존재하는가? 정신의 세습은 가능한가? 정신의 세습도 일종의 세습이라면, 이에 대해 상속세를 부과할 수 있는가? 이렇게 훌륭한 주제들이 파생되지 않겠습니까? 훌륭한 문제를 훌륭한 방식으로 제기해주시니, 감사합니다.

JUNO : 이번 북한의 세습제도와 재벌의 세습제를 찬성하는 자들은(대놓고 찬성하지는 못하더라도) 권력승계의 '안정성'을 장점으로 꼽더군요. 그리고 모두 그 체제가 특수한 상황에 놓여 있기 때문에 안정성이 중요하다는 깃이었습니다. 가령 북의 경우 미국과의 전시상황에서 어쩔 수 없다는 얘기고, 재벌의 경우는 총수 일가가 힘을 갖지 못하면 외국 자본들의 적대적 M&A를 당해낼

수 없다는 식입니다. 저로서는 동의하기 힘든 얘기들인데, 교수님의 의견은
어떠신지 궁금합니다.

↳ **한성안** : '안정과 변화 중 어떤 것을 택할 것인가'의 문제로 요약될 수도 있
겠지만, 이때 적용될 선택 기준은 가치가 아닐까 생각됩니다. 민주주의, 공
존, 정의와 같은 보편적 가치와 양심이 이에 해당되겠죠. 매우 어려운 질문
이라 명확한 답을 드리기가 어렵습니다. 그래서 이 공간이 존재하는 것 같
아요. 좋은 의견들이 제출되어 모두가 함께 학습할 수 있기를 바랍니다.

하의실종 패션
사회적 소비론

인간은 사회적 동물이다. 수십 번도 더 들은 말이지만 여기에는 매우 중대한 학술적, 실천적 의미가 내포되어 있다. 이 때문에 경제학의 학파가 서로 갈라져서 다투고 경제정책이 달라진다.

사회적이란 말은 개인적이라는 단어와 대립된다. 사회적 동물이기 때문에 인간은 개인으로 고립되어 존재하지 않고 타인과 관계를 맺으며 살아간다. 이렇게 관계를 맺는 이유는 인간은 혼자서는 생존할 수 없기 때문이다.

인간은 왜 혼자서는 살 수 없는가? 사람이 혼자 할 수 있는 일은 그리 많지 않다. 집에서 약간만 무거운 것을 옮길 때에도 타인의 도움이 필요하다. 혼자서 북치고 장구칠 수 없다. 오케스트리에서 바이올리니스트가 첼로와 클라리넷을 함께 연주할 수 없는 것과 같다. 서로 나누어 함께하면 할 수 없는 것도 해낼 수 있으며, 할 수 있었던 일은 더 쉽게 할 수 있다. 경제학은 이를 '분업'과 '협업'이라고 근사하게 요약한다.

그런데, 인간이 경제저 생존과 합리적 이유만으로 관계를 맺지는 않는다. 인간이 충분히 생존할 수 있음에도 불구하고, 합리적 이유와 아무런 관계가 없어도 타인과 관계를 맺는다.

자연과 외적 위협에 대항하기 위해 인간은 사회적 존재로 진화해왔다. 곧, 인간은 본질적으로 사회적 존재라고 할 수 있다. 마르크스는 인간을 '유적 존재(類的存在 : Gattungswesen)', 즉 끼리끼리 어울려 사는 존재라고 했다.

인간은 본질적으로 사회적 존재이기 때문에 고독을 이겨내지 못한다. 돈이 많아 경제적 도움이 필요 없는 사람도 고독을 이기기 위해 사람을 찾는다. 몇 년 전 〈아줌마〉라는 TV드라마에서 장진구가 절대 고독을 입에 달고 다닌 데는 이유가 있다. 아! 근원적 고독이여, 불면의 밤이여!!

사회적 관계 속에 살기 위해 사람을 찾아 함께 먹고, 마시고, 대화하고, 스킨십을 하기도 하지만 그리 쉽지 않다. 서로가 만났지만 지속적인 관계를 설정하는 데 실패하기도 하고, 함께 생활하면서 부딪치는 일도 많기 때문이다. 실패의 눈물과 공생의 갈등은 사람 관계를 두렵게 한다.

그러니 다른 방법을 찾게 된다. 적당할 정도로 소원한 관계를 유지하면서 외로움을 달래는 방법이다. 바로 남들의 이목을 끄는 것이다. 남들의 이목을 끌기 위해 어린이들은 울거나 기이한 행동을 한다. 그러나 어른들은 그럴 수 없다. 관심 있는 사람의 주목을 끌기 위해 큰 소리로 얘기하거나 사랑의 세레나데를 불러야 한다. 그런데, 시끄럽단다. 소리를 통한 방법이 부적합다고 생각하자 시각을 이용하다

그래서 패션이 등장한다. 휘황찬란한 색깔을 동원해보았다. 좀 먹혔지만 다른 사람들이 금방 따라한다. 비싼 명품을 걸쳐본다. 하지만 이 표준제정자(standard setter)에 대해 정체성을 과시하거나 배제에 대한 공포 때문에 적지 않은 사람들이 죽을힘을 다해 따라 한다. 그러니 자신이 돋보이지 않게 된다. 제도 경제학자 베블런은 이를 '과시소비'와 '모방소비'로 지칭하였다. 베블런은 소비행위를 경제적으로 이해하지 않고 이처럼 사회적으로 이해한다. '사회적 소비이론'이다. 대단한 통찰력이다. 그래서 필자는 개인적으로 베블런을 좋아한다.

남들의 주목을 받아서 고독을 이겨내고자 하는 인간의 욕망은 처절하다. 그래서 결국, 벗기 시작한다. 남성의 경우 벗기에 실패했다. 그런데, 수요자가 많아서인지 여성은 성공했다. 드디어 주목받게 된 것이다. 민소매, 미니스커트, 배꼽티, 핫팬츠가 성공사례에 해당한다(페미니스트들께서는 오해하시지 말기를 바란다).

하지만, 성공을 맛본 여성들이 거기서 멈출 리가 없다. 짧아지다보니 '하의실종' 패션까지 등장했다. 옷을 입지 않았을지도 모른다는 상상을 하게 함으로써 주목을 끄는 전략이다. 이 전략이 성공해서 적절한 사회적 관계를 유지시켜주고 인간의 근원적 고독을 극복했는지는 아직 알 수 없다.

이 전략이 다시 성공하면 여성들은 또 어떤 새로운 전략을 구사할

까? 더 커진 자신감으로 노출 패션을 더 발전시킬지도 모르겠다! 상상해보면 아찔하다.

남성들로서는 죽을 맛이다. 눈은 가는데 눈을 줄 수 없는 이 무슨은 정말 괴롭다. 특히, 우리 같은 교수들이나 성직자들은 아예 허공을 쳐다봐야 한다. 지하철에선 고개가 40분 동안 하늘로 향하니 목이 뻐근해진다. 이러다 목 디스크에 걸리거나 사시가 될지도 모르겠다. 나아가 경제학적으로 볼 때도 지나치게 비실용적이다. 너무 짧아 노동을 제대로 할 수 없기 때문이다.

나는 여성들이 무슨 패션을 뽐내든 그걸 도덕적으로 판단하지 않는다. 그건 미학적 판단의 대상이기 때문이다. 실제로 아름답기도 하다. 나아가, 미를 경제적 시각만으로 판단하는 것이 적절하지 않을 수도 있다. 그리고 스스로 상대주의자라고 생각하기 때문에 미에 대해 절대적 기준을 들이대고 싶지는 않다.

무엇보다도 그 전략은 사회적 관계에 대한 근원적 갈망, 그 때문에 밀려오는 근원적 고독에서 시작되었을 수도 있다. 무시당하지 않고 주목받으면 존재감을 잃지 않는다. 존재감을 얻으면 안정감 속에서 건강한 삶을 살 수 있다. 그래서 극단적이지 않다면 하의실종 패션도 좋다. 하지만 뭐든 지나치면 문제가 발생한다. 과유불급(過猶不及)! 어떤 경제학자들은 그것을 '한계생산성 체감의 법칙'이라고 명명하기도 한다.

또한, 꼭 이런 방법만으로 주목을 끌 수 있는 것은 아니다. 창의적 방법으로도, 실용적인 방법으로도 주목을 끌 수 있다. 예컨대, 내면의 세계를 발전시켜 품성이 고매하게 되고 지식이 풍성해지면 사람들이 주목하게 된다. 그것이 풍기는 지적 향기와 따뜻한 교양, 여기에서 뿜어나오는 '아우라(Aura)'도 벗는 것 못지않게 사람들의 이목을 끌 수 있다. 우리는 이를 매력, 곧 끄는 힘이라고 한다.

자꾸 벗으면 결국 남는 게 없게 되지만, 열심히 읽고 공부하면 실력이 쌓이게 된다. 이 얼마나 경제적이며 실용적인가!

댓글토론

엘피 : 이래서 경제학은 재미있는 학문인가 봐요. 사회적 현상이 모두 얽히고 설켜 있는 유기체인 건가요?

↳ 한성안 : 경제학은 인간의 '일상적 삶'에 관한 학문입니다. 일상적 삶은 경제는 물론 기술, 정치, 사회, 문화와 복잡하게 얽혀 있습니다. 그런데도 주류 경제학은 경제분석을 할 때 비경제적 요인을 축출해버립니다. 그 결과, 경제는 인간의 일상적 삶에서 유리되어버렸죠. 그러니 경제학이 재미없는 학문이 될 수밖에 없습니다.

박성훈 : 하의실종 패션을 하고 다니는 여성들을 보는 남성들의 눈은 즐겁겠죠? 대부분의 남성들은 그런 여성들이 지나갈 때마다 눈을 돌릴 것입니다. 하지만 그 여성이 정말 예뻐서 그럴까요? 그런 것은 아닙니다. 단지 패션 때문에 눈이 돌아가는 것일 뿐이죠. 지적수준이 높으며, 자기 목표가 뚜렷한 분들의 눈에선 빛이 나더군요. 다른 사람들의 시선을 끌기 위해 나이든 할머니가

하의실종 패션을 고집할 수 있을까요? 그런 전략은 십중팔구 실패하고 말 겁니다. 그러니 교수님의 말처럼 외모를 꾸미는 것보다 지적수준을 향상시키는 것이 경제적이고 실용적인 전략이라고 봅니다

↳ 한성안 : 아름다워서가 아니라 '유별난' 패션 때문에 관심이 쏠린다는 가설! 대단히 흥미롭군요. 어떤 재화를 실용성 때문에 구매하지 않고 '비싸기' 때문에 구매한다는 베블런의 통찰력과 흡사하군요.

마시마로 : 사람의 행동은 주체적으로 결정되는 것입니다. 다른 사람의 반응을 고려하면서 행동하지는 않는다고 봅니다. 제 개인적인 생각으론 말이죠.

↳ 한성안 : 좋은 지적입니다. 타인의 주목을 꾀하기보다 주체적 판단에 따라 패션을 결정할 수도 있습니다. 주목과 자기만족 중 어떤 것이 결정적인 역할을 하는지는 더 연구해봐야겠죠. 이 글은 저의 개인적 생각일 뿐입니다.

프리레빗 : 학생들 사이에서 하의실종 패션이 유행하고 있습니다. 반바지, 원피스 또는 치마를 입을 때 짧게 입고 다닙니다. 하지만 그 또한 자신의 매력을 뽐내거나 자신감을 표출하는 당당한 행동이 아닐까 생각합니다. 하의실종 패션을 너무 나쁘게만 생각하지 않으셨으면 합니다.

↳ 한성안 : 나쁘다고 생각하지 않습니다. 단지 지나침을 경계할 뿐입니다. 외모에 집착함으로써 정신을 가꾸는 일을 소홀히 하는 현상을 지적했죠. 그런 옷도 예뻐요.

이재성 : 고독을 이기기 위해 하의실종 패션 전략을 선택한 사람들은 빠른 속도로 사람들을 만나고 관계를 맺을 수 있을지언정 깊은 관계를 맺을 수는 없을 것입니다. 심심할 때 커피나 마시며 적당히 시간 때울 사람을 많이 사귀더라도 그에 따르는 고독은 여전히 남아 있을 테니까요. 속을 털어놓을 정도로

깊은 관계의 사람이 없다는 것을 인지하게 되는 순간, 또다시 고독이 몰려올 것이라고 생각합니다. 시간을 가지고 사람들과 공감대를 형성하면서 본질적인 자신을 공유하고 관계를 맺고 유지해나간다면 고독을 이겨낼 수 있겠죠?

↳ 한성안 : 외모를 통한 사회적 관계는 일회성이어서 고독을 벗어날 수 없다! 내면의 세계를 가꾸는 동시에 자신의 본질을 타인과 공유할 때 비로소 고독을 이겨낼 수 있다! 매우 훌륭한 관점입니다.

문화와 경제의 관계!
지겨운 스토커

나는 누가 뭐래도 경제학자다. 경제학 지식에 관해서 뭔가 부족한 면들이 자주 발견되긴 하지만 스포츠와 예술은 물론 정치학, 문학, 철학, 종교에 관해서는 상대적으로 더 어눌한 단어들을 사용하면서 글을 쓰는 걸 보고 쉽게 알 수 있을 것이다.

그런데 스스로 경제학자라고 우기면서도 종교, 정치는 물론 문화, 곧 '비경제적 소재' 들의 글을 쓰고 있다. 경제학자라고 주장하면서 비경제적 소재들을 선택하는 행동이 언뜻 이해가 가지 않을지도 모른다.

그런데 속살을 뒤집어보면 그러한 역설은 이해될 만하다. 먼저, 경제학은 다른 사회과학에 비해 어렵다. 그래서인지 경제를 소재로 삼아 글을 시작하면 독자들이 읽기를 거부한다. '나만 좋으면 됐지' 라고 위안하면서 오리지널 경제학으로 밀고나가도 상관없지만 글을 공개적으로 쓰는 이유가 소통에 있는 한, 소통되지 않는 글은 쓸 필요가 없다. 그래서 경제의 본질을 설명하기 위해 가능한 경제를 소재로 선택하지 않게 되었다. 독자와 야합(?)하기 위해, 즉 불가피하게 그런 방법을 선택한 것이다.

그런데 이런 글쓰기가 꼭 전략적으로 선택된 것만은 아니다. 이런 글쓰기 방식, 곧 '경제'를 이해하기 위해 '비경제적 요인(noneconomic factor)'을 도입하는 방식은 나의 경제학 연구방법론에 기인한다.

나는 경제현상이 경제적 요인만으로 유발되지 않고 정치, 사회, 문화 등 비경제적 요인과 상호작용하면서 일어난다고 믿고 있는데, 이런 방법론에 기초하고 있는 경제학을 '케인즈 경제학'이나 '진화 경제학'이라고 부른다.

예컨대, 사회의 지배엘리트(사회지도층)들은 부와 소득(경제)만을 추구하지 않는다. 그들이 궁극적으로 추구하는 것은 '지배(정치)'와 '과시(사회)'다. 부(富)는 그것을 위한 수단이다.

그런데 부가 없이는 지배할 수도 없고 과시할 수도 없다. 그러니 힘(공적 폭력)을 동원해서라도 이를 쟁취하려고 한다. 그러니 경제분석에서 '정치'를 도입할 수밖에 없다. 그런데 요즘 세상에 '힘'은 별로 아름답게 여겨지지 않는다. 그건 깡패들이나 하는 짓이기 때문이다(한화그룹 김승연 회장은 아들을 복수해주기 위해 힘을 이용했으니 이 말도 정확하다고 볼 수 없다).

정치적 힘(권력)을 무자비하게 행사하면 국민들의 저항이 거세질 것이 뻔하다. 자신들의 특권과 재산을 보호하는 수단으로 정치가 한계가 있으니 다른 수단이 필요할 것이다. 그래서 '문화(culture)'가 동원된다. 문화(文化)에 '문(文)' 자가 들어 있으니 혹자는 그것을 매우 멋있게 볼 수도 있다. 곧 문화는 우아하고 보편적 진리와 같다고 생각하는 것이다.

정말 그럴까? 천만에. 그렇지 않다. 문화는 역사적으로 전승된 습관인 동시에 특정 시대와 특정 공간의 소통코드이며, 특정 지배세력들이 의도적으로 구축한 세뇌 프로그램에 지나지 않는다(물론, 인류의 보편적 가치를 담고 있는 훌륭한 문화도 존재한다).

지배세력은 이런 문화의 기능을 이용하여 자신의 특권을 유지하고자 한다. 교육이나 경험을 통해 국민들의 머리에 이미 내재되어 있는 문화를 이용하여 '자발적 동의'를 이끌어낸다. 곧, 우아한 방식으로 자신들의 특권을 보호하고 지키려는 것이다. 이처럼 문화는 정치 못지않게 보수주의자들에게 중요한 수단이다. 경제를 설명하면서 끝없이 문화를 소재로 들이대는 이유가 바로 여기에 있다. 그렇다면 나처럼 '편향적 사고'를 가진 사람들만이 문화를 이처럼 중시할까?

그렇지 않다. 보수주의자들은 더 편향되게 문화를 중시한다. 문화에 대한 그들의 애정행각은 지극하여 스토킹에 가깝다. 미디어법을 편법으로 통과시켰던 때를 상기해보자. KBS를 장악하기 위해 정연주 사장을 불법으로 쫓아냈던(그는 결국 대법원에서 무죄 판결을 받았다.) 그때는 어떻고, 그도 모자라 김정헌 문화예술진흥원장도 쫓겨났다. 그뿐인가? 김제동, 윤도현, 신경민 앵커, 김미화……. 이루 헤아릴 수 없다. 이게 다 문화를 장악하기 위해 가해진 백색테러다. 가히 스토커

수준이다.

그들의 문화에 대한 스토킹은 멈추지 않고 있다. PD수첩에 대한 스토킹은 정말 집요하다. MBC PD수첩이 기획한 '4대강 수심 6미터의 비밀'의 방영이 '정권 하수인' 김재철 MBC 사장과 정부에 의해 또 저지당했다. 정말 지겹다. 이게 다 그들의 부와 권력을 보호하고 과시적 명예를 보장하기 위해서 그런다는 것을 얼마나 많은 사람들이 알고 있을까?

댓글토론

체게바라워너비 : 안토니오 그람시(Antonio Gramsci)의 말처럼, 지배계급은 굳이 예전 전제군주 시절처럼 물리적 폭력을 사용하지 않고 다른 여러 가능한 방법을 동원해 자신들의 헤게모니를 지킬 수 있다는 사실을 너무도 잘 알고 있죠. 그중 가장 1차적이고 직접적인 방법이 법과 경제제도를 이용하는 방법이라면, 가장 은밀하고 지속적인 방법은 언론장악을 통해 그 사회의 문화와 의식 자체를 바꾸는 것일 테죠.

↳ **한성안** : 그렇죠. 그 방법은 너무나 문명적이고 은밀하여 대다수 국민들은 알 수가 없습니다. 시민들이 이들의 문화 장악 시도에 맞서야 하는데, 그 심각성을 알지 못하고 있어 안타깝군요.

개츠비 : 이상한 세계에 살고 있는 건, 분명한 것 같습니다. 그런데 우리 모두가 그 세계를 만드는 데 일조한 것 같아 안타깝네요. 교수님이 말씀하신 상식이

통하는 시대가 멀지 않았다고 생각해요. PD수첩 불방은 저들의 자살골 같습니다.

↳ **한성안** : 시민들이 상식으로 복귀하여 진실을 갈망하게 되는 날 그 '자살골'의 효과는 가시화되겠죠. 저들은 자신들이 무엇을 행하는지 모르는 것 같아요.

'촛불 회개'를 회개하는,
회개의 달인

나는 기독교에 대해 대체로 비판적이다. 이 글도 예외가 아니다. 그래서 이 글을 읽어야 할 기독교인들에게 죄송한 마음이 든다. 보수적 목회자들에 의해 매주 훈육되고 있는 대다수 기독교인들과 달리 이 땅의 진보와 평등, 그리고 정의에 가장 헌신적이었던 분들 중 대다수가 기독교에서 나왔으니 죄송스러움은 더욱 크다.

기독교에 대한 이런 애증은 아마 나의 개인사에도 그 원인이 있겠지만 사회적 경험도 무시하지 못할 것이다. 나는 3대가 기독교를 믿는 집안에서 자랐다. 부모님께서는 매일 아침 6시에 일어나 가족예배를 10분간 드렸으니 아마 기독교 문화가 나의 성격형성에 많은 영향을 미쳤을 것이다. 개척교회였지만 영향력 있던 장로님과 권사님의 지제이니 교회 일에 대한 무상봉사는 기본이었다. 그래서인지 깊이도 없고 얄팍하지만 성서에 관해 얻어 들은 지식은 경제학 지식 못지않다.

여러 가지 비합리적인 이유 때문에 기독교에서 멀어져 명절 때마다 가족들로부터 탕자로 불리고 있지만, 성서적 가르침이 지니고 있는 보편적 가치를 경멸해본 적은 없다. 다른 모든 종교들처럼 기독교도 많은 위대함을 내포하고 있다고 생각한다. 만민에 대한 사랑과 평등은 물론 신의 공의, 곧 정의에 관한 정신은 매 순간 곱씹어도 지나치지 않을 것이다.

그런데도 타종교에 대한 편협함과 배타성을 참지 못하겠으며, 파렴치한 죄인들의 뻔뻔함을 용서하는 논리구조를 미워한다. 아무리 죄를 지어도 회개하면 신은 그 죄인을 용서해주신다. 그러니 사악한 무리들은 죄의식에 대해 강한 면역성을 갖게 된다. 결국, 정의를 조롱하게 되는 것이다. 죄사함을 받고 그의 모든 것이 변하여 새사람이 되면 좋겠지만 반칙과 불의의 생산성(!)을 맛본 자들은 신의 그 거룩한 뜻을 악용하고 있다. '회개의 달인'이 수없이 등장할 수밖에 없는 구조다.

그런데, 달인이면 모두 달인인가? 달인도 평범하면 진정한 달인으로 인정받지 못한다. 달성하지 못하는 일에 대해 변명으로 일관하거나 시험도구로 탓을 돌린다면 진정한 달인이 아니다. 그렇다면 '진정한' 회개의 달인은 어떤 사람인가. '회개를 회개하는 자'야말로 진정한 회개의 달인일 것이다.

이명박 '장로님.' 탈세, 위장전입, BBK, 도곡동 땅 등 대통령 당선 이전에 행했던 그 많은 범법에 대해서도 회개하면 그만이다(물론 중요한 것들에 대해서는 회개조차 안 했지만). 그 많은 선거공약의 불이행도 회개 한마디로 돌려버린다. 세종시에 대해서도 회개 한방으로 끝내버렸다. 그리고 주님께 영광만 돌리면 그만이다. 이 정도로도 충분히 달인의 자격을 갖추었다고 하겠지만, 그것만으로 그를 달인이라 부른다면 그건 진정한 달인에 대한 모독이다.

몇 년 전 그는 거대한 촛불의 너울 앞에서 '모두 저의 탓'이며 '뼈저린 반성'을 하고 있다고 회개하였다. 하지만 시간이 흐른 지금, 그는 그 회개를 회개하고 있다. 회개를 회개하는 그야말로 진정한 달인인 것이다. 그것도 모자라 적반하장격이니 달인의 최고 경지에 올랐다고 해도 그릇되지 않으리라.

여호와의 뜻이 정녕 이러하지는 않았을진대 오늘 이 땅에서 그러한 회개와 범죄의 반복 상황이 아무런 죄의식 없이 일어나고 있다. 그리고 국민과 교회는 이를 묵인하는 것을 넘어 공모하며 열광하고 있다. 나는 그를 보며 기독교가 개인의 도덕성을 함양하는 데 아무런 역할을 하지 못하며, 정의가 메마른 이 땅에는 기독교가 더 이상 필요 없다는 느낌을 갖게 되었다(이 말을 하면서 이 땅의 진보와 평등, 그리고 정의에 헌신한 기독교인들께 다시금 죄송스럽게 생각한다).

이 최고의 경지에 이른 회개의 달인이 건설하고자 하는 대한민국, 그리고 그 경제체제와 경제행위는 도대체 무엇일까? 그것이 정의롭지 못해야 성공할 수 있는 경제라면, 그리고 회개의 달인들로 들끓는 경제라면 이 땅의 미래는 절망적이다. 변방 연구실에 칩거하고 있는 '탕자' 경제학자의 역할이 청와대 집무실에서 회개하고 있는 '장로' 대통령의 역할보다 더 무겁게 느껴진다.

달맞이 : 저 또한 온 가족이 교회를 다니는 기독교인이지만 교수님의 글에 오히려 깊이 공감합니다. 오늘날의 교회는 목사님들의 철저한 기업정신으로 운영되고 있습니다. 그리고 성경의 올바른 가치를 감추고 믿음을 단지 사후세계에 대한 천국 티켓 정도로만 바라보게 하며, 세속에 대한 무관심을 조장하고 있습니다. 나아가 믿음을 단지 신과 개인적인 문제로만 국한시키기 때문에 세상에서 저지른 자신의 악행은 신 앞에서만 회개하면 끝난다고 생각하는 것이지요. 그러니 교인은 세상보다는 교회에 대한 무료봉사와 교회의 부와 세를 불리기 위한 작업자로 전락되고 있습니다.

↳ **한성안** : 그들에게 교회는 신앙이나 도덕을 얻기 위한 곳이 아니라 돈과 권력에 눈먼 그들만의 사교와 친목의 놀이터죠.

이에스 : 회개를 해야 하는 당사자들보다, 그의 허물을 감싸는 이들에게 더 큰 잘못이 있다고 생각합니다. 주위 사람을 통해서 비로소 본인의 허물을 볼 수 있을 텐데 말이죠.

↳ **한성안** : 그런 것 같군요. 뻔뻔한 자들의 반복적인 회개가 통하는 구조, 느슨한 법망, 유독 강자들에게만 관대한 '신민(臣民)'들, 이 모든 것들이 이러한 달인들을 만들고 있는지도 모르겠군요.

오드리와샹드 : 신은 인간에게서 '고통과 악'을 차단시켜주기 위해 존재하는 것은 아니라고 생각합니다. 하지만 인간은 좋음/나쁨, 고통/안락, 옳음/그름이 발생할 수밖에 없는 이유를 성찰하지 않고 모든 고통, 그름, 악 등을 자신들

의 생활 밖으로 내몰기 위한 도구로 '신'을 이해하고 있습니다. 그는 이러한 '종교'를 알고 있지도, 종교생활을 하고 있지도 않습니다.

↳ 하설아 : 옳고 그름을 성찰하게 해주는 주체로서의 신! 하지만 MB와 같은 무리들은 불편함과 자기희생을 몰아내주는 '주술적 수단'으로 신을 도구화한다! 아주 좋은 말씀입니다. MB의 무리들이 이 말을 새겨듣고 진정한 기독교인으로 중생할 수 있기를 바랍니다.

쇳물에 산화한 노동자를 위한
기억해야 할 조사

나의 블로그는 발 빠르게 움직이며 최신 정보를 공급하는 '신문 (newspaper)'이 아니다. 오히려 '구문(old paper)'에 가깝다. 그건 내 스스로가 원래 빠르지 못하기 때문이기도 하지만 중요한 사건들에 대한 기억을 연장시키려는 목적 때문이다.

어떤 사건이 일어나면 관심을 갖고 분노하기도 하지만 대다수 사람들은 금방 잊어버린다. 그저 작은 관심거리일 뿐이지 내 일처럼 굳이 해결해야 할 일이 아니라고 생각하기 때문이다. 그런데 슬프고 아픈 사건들 중 망각되면 안 되는 것들이 수없이 많다. 슬프고 억울한 사건들을 이웃과 사회가 망각해버리면 당한 자들의 통곡은 그치지 않을 것이며, 해결책도 마련되지 않아 결국 그런 사건은 반복될 것이다. 그래서 함께 울어주고 추억해줄 필요가 있는 것이다. 그 때문에 진화 경제학자들은 경제학 연구에서 역사를 매우 중시한다. 역사를 교과과정에서 지워버리려는 신고전학파 주류 경제학과 다른 점이다.

2010년 9월 충남 당진 제철소에서 29세 젊은 청년이 1,600도의 뜨거운 용광로로 추락하여 쇳물에 녹아 산화하였다. 그리고 눈물의 입관식이 조촐하게 거행되었다. 〈한겨레신문〉은 다음과 같이 전했다.

"지난 한 해 동안 일터에서 사고성 재해로 목숨을 잃은 이는 1천 401명이다. 이들 중에서 30세 미만은 113명에 달한다. 아까운 청춘이 스러져간 현장에는 온종일 차가운 비가 내렸다."

경제신문(한경, 매경)과 보수신문들의 외면 속에서도 그 슬픈 사연은 온라인을 온통 눈물로 적셨다. 검색해보니 중앙일간지 중 〈한겨레신문〉과 〈경향신문〉 정도가 이 사건을 알리고자 노력했을 뿐이다. 〈중앙일보〉는 단신으로 처리했고, 〈조선일보〉가 작게나마 기사로 처리해준 것에 대해 고맙게 생각한다. 이 사고 소식을 듣고 다음(Daum)에 아이디 alfalfdlfkl를 쓰는 네티즌이 인터넷에 올린 슬픈 조사(弔辭)를 소개한다.

그 쇳물 쓰지 마라

광온(狂溫)에 청년이 사그라졌다.
그 쇳물은 쓰지 마라.

자동차를 만들지도 말 것이며
철근도 만들지 말 것이며

가로등도 만들지 말 것이며

못을 만들지도 말 것이며

바늘도 만들지 마라.

모두 한이고 눈물인데 어떻게 쓰나?

그 쇳물 쓰지 말고

맘씨 좋은 조각가 불러

살았을 적 얼굴 흙으로 빚고

쇳물 부어 빗물에 식거든

정성으로 다듬어

정문 앞에 세워 주게.

가끔 엄마 찾아와

내 새끼 얼굴 한번 만져보자. 하게.

10만 원짜리 펜스 하나만 설치했어도 참사를 막을 수 있었다고 한다. 국민소득 2만 달러에 육박하는 경제대국에서 사람의 생명이 10만 원보다 못하게 취급된다면 그 성장은 도대체 무엇을 위한 성장이며, 누구를 위한 성장인지 궁금하다. 아마 한국의 보수세력은 '나눠줄 정도로 파이가 충분히 크지 않다'고 끝까지 엄살을 떨 것이다. 입에 발린 그 엄살, 스스로 유치하다고 생각할 때도 됐을 텐데 말이다.

유럽 사회는 1만 달러 소득수준에도 사회복지와 적극적 분배정책을 시작했다. 많이 축적되어 있다고 나눔이 가능한 것은 아니다. 그리고 나누었다고 해서 망하지도 않았다. 이 글을 읽으시는 분들은 이 가슴 미어터지는 소식을 영원히 추억해주면 좋겠다.

댓글토론

솔개 : 조각도 좋지만, 대종(大鐘)을 만들어 국회 앞에 걸었으면 좋겠군요. 삼가 고인의 명복을 빕니다.

↳ 한성안 : 대종을 국회 앞에 걸어놓으면, 또 '명박산성'을 쌓겠죠.

soul : 그 뉴스를 보고 저도 안타까움을 금치 못했는데 잊혀지지 않도록 상기시켜주셨네요. 자식을 키우는 어미로서, 이 시가 더욱 가슴에 와 닿습니다. 작은 것을 아껴 생명을 잃는 일은 제발 없어져야 할 텐데요.

↳ 한성안 : 우리 사회에는 황금만능주의와 물질주의만 가득합니다. 그러니 생명을 천하게 여길 수밖에 없습니다. 현 정부는 정책과 교육, 언론을 통해 이런 이념을 더 강화시키고 있고요. '휴머니즘'을 복원하는 것이야말로 우리들에게 맡겨진 시대적 과제일 것 같군요.

한걸음 : 우리나라 사람들이 어떠한 사건 앞에서 불같이 타올랐다가 언제 그랬냐는 듯 금방 식는 걸 보고 난 그러지 말아야겠다고 다짐했습니다. 그런데 이 사건도 어느새 잊고 있었네요.

↳ 한성안 : '기억'이 정의가 되는 경우는 역사 속에서 많이 발견됩니다. 독일 시민은 공식교육을 통해 자신들의 나치범죄를 지속적으로 기억시킵니다.

그 결과, 그들은 반성할 수 있었습니다. 반면, 일본은 그 기억을 지우고자 합니다. 이를 따라 한국의 보수세력도 친일반민족 행위를 역사교과서에서 기억하지 않으려 합니다. 그 때문에 우리 사회는 정의가 메말라버렸고, 청소년들도 법이나 도덕을 지키는 것을 바보스럽게 생각하죠.

아, 도가니!
정의가 강물처럼

먹고살자면 뭔가를 만들어야 한다. 경제학은 그 행위를 근사하게 '생산활동'이라고 부른다. 외딴 무인도에 홀로 사는 로빈슨 크루소도 먹고살기 위해 생산하지만, 그의 생산활동은 자신을 향한다. 그곳엔 자기 말고는 아무도 없기 때문이다.

무인도란 참 황당한 곳이지만 신고전학파 주류 경제학의 경제행위자는 바로 로빈슨 크루소와 같다. 그래서 필자는 이런 보수주의적 신고전학파 주류 경제학을 정말 황당무계한 경제학이라고 생각한다(소설의 주인공도 난파 후 표류하다 도착한 이 섬에 '절망도'라는 이름을 붙여주었다!).

절망의 섬에 사는 로빈슨 크루소가 아니라면 시장의 모든 생산자는 자신을 위해 생산하지 않고 타인의 욕구를 염두에 두면서 생산한다. 타인의 욕구를 충족시켜주는 재화와 서비스여야 상품으로 팔리기 때문이며, 상품으로 팔려야 돈을 벌 수 있기 때문이다.

우리는 생활하면서 많은 재화와 서비스가 필요한데, 이 모든 것을 스스로 생산할 수 없으니 타인에게서 구매해야 된다. 구매를 위해선 돈이 필요하다. 결국 돈을 벌어야 먹고살 수 있는데, 돈을 벌기 위해선 타인이 요구하는 것을 제공해야 한다.

돈을 버는 방법은 가지가지다. 나처럼 지식을 팔면서 먹고사는 사람이 있고, 자동차나 TV를 만들어 먹고사는 사람도 있다. 어떤 이는 붕어빵이나 치킨을 팔아서 먹고살지만, 다른 이는 그 결과물인 똥을 치우면서 먹고산다. 이 모든 것이 이 세상에 꼭 필요한 것이어서 모든 사람들이 기꺼이 돈을 지불하고자 한다. 똥 치우는 사람이 없으면 이 세상은 똥범벅이 되어 도저히 살 수 없을 것이다.

그것만 있을까? 우리의 블로그 이웃인 반만디젤님은 운동을 팔아서 먹고살고, 찬님의 따님은 성악기술을 팔아서 먹고산다. 적지 않은 사람들이 이런 예체능에 대해 돈을 지불한다. 의료행위를 팔고 계시는 우리 이웃 동춘반점님도 언급하자. 이분들 없으면 우린 다 죽는다.

개그맨들은 사람을 웃기면서 먹고살고, 복싱선수들은 직업상 두들겨 맞으면서 먹고산다. 그래도 이런 직업들이 사람들의 스트레스를 해소해주니 유익한 면이 있기도 하다(그래도 코피 흘리며 눈두덩이 찢어지는 복싱선수들을 보고 있으면 정말 안타깝다).

이처럼 사람들은 정말 다양한 방법으로 재화나 서비스를 제공하면서 먹고산다. 이들이 공급하는 것들은 사회를 지혜롭고 풍요롭게, 청결하고 건강하게, 아름답고 유쾌하게 만든다. 적어도 이 사람들은 세상을 해롭게 만들지 않고 정의를 훼손하지 않으면서 먹고산다.

이와 달리 돈이면 뭐든지 공급하는 사람들도 있다. 해로워도 좋고 정의롭지 못해도 상관없이 선량한 사람들을 해치면서 먹고사는 이가 있다. 조폭이나 직업소개소를 가장한 인신매매상이 그렇다.

폭력의 시장 공급자인 용역도 그 점에서 둘째가라면 서러울 것이다. 시장의 공급자는 수요자의 요구에 충실해야 한다. 그래서 그들은 수요자의 요구에 대해 선악의 가치를 판단할 필요가 없다고 생각한다. 수요자가 무자비한 폭력과 살상을 요구하면 그러한 서비스를 판매하면 그만이다. 이들에겐 연민과 같은 감정이 완전히 결여되어 있다. 무지한 사이코패스들이다. 마르크스가 봤다면 분명 '룸펜프롤레타리아트'라고 꾸짖었을 것이다.

이들이 제공하는 재화와 서비스의 특징은 폭력, 사기, 무정(無情), 그리고 야만이다. 그래서 그들이 '공공의 적'이라는 사실에 모든 사람들이 동의한다.

그런데, 이보다 더한 방식으로 먹고사는 이도 있다. 거짓을 진실로 둔갑시키면서 돈을 버는 사람들이다. 그것도 백주대낮에 국가권력을 앞에 두고 말이다. 거짓을 진실로 둔갑시키기 위해 동원하는 그들의 문명을 보라! 폭력 대신에 학문과 문학, 예술이 동원된다. 목 놓아 부르짖으며 법과 정의에 호소하기까지 한다! 얼굴색 하나 변하지 않고, 눈 하나 깜빡하지 않는다. 이들의 아름다운 수사를 듣고 있으면 무엇이 문명이고, 무엇이 야만인지 헷갈린다. 그들은 용역처럼 추레하게 폭력서비스를 제공하지 않고 스마트하게 '지식서비스'를 제공한다.

하지만 그들에게 양심은 없다. 21세기 지식기반경제를 대표하는 직종일지 모르나 필자가 보기에 이 세상에서 가장 지독한 사이코패스들이다. 인간이기를 포기하지 않는 한 그런 짓을 할 수 없다 용역보다 더하다. 이젠 누가 공공의 적이며 누가 '공공의 수호자'인지 판단도 서지 않는다.

이들은 누구인가? 바로 변호사들이다. 그런 이들이 모여 있는 곳이 바로 로펌(law firm)이다. 가치판단을 배제하는 신고전학파 주류 경제학은 이들의 가장 강력한 우군이다. 이런 경제학에서 시장의 수요는 항상 정의롭다. 나아가 그것은 이윤을 낳은 모든 행위를 정의로 승화시킨다. 그리고 수단에 대해 묻지 않는다. 그 결과 최대의 화폐량을 차지하는 자들을 유능하다고 평가해준다. 이런 경제학의 세계관에서 보면 이 모든 행위들은 가치가 있는 것이다. 참으로 황당무계한 일이다.

영화 〈도가니〉에서 실제 사건을 변호했던 변호사는 그 천인공노할 죄인들에 대해 "변호할 가치가 있었다"고 자신을 변호한다. 공급자라면 수요자의 요구를 충족시켜주어야 했기 때문이란다.

먹고사는 방법도 가지가지다. 거짓 서비스를 공급하여 번 돈으로 먹는 밥이 목구멍으로 넘어가는지, 그 돈으로 지출한 자녀교육비가 어떤 인간을 만들지 한번쯤 생각해봤는지 궁금하다. 감히 묻겠다. 그 수려한 언변으로 생활을 이어나가고, 자녀를 교육시킬 때, 말 못하는 이들의 소리 없는 아우성이 정녕 눈앞에 어른거리지 않았으며, 그들의 탄식이 들리지 않았는지를…….

하기야 거짓을 진실로 바꾸면서 착하고 힘없는 자들을 감옥에 처넣어 눈물과 탄식을 주고, 추악하고 강한 자들에게 화평과 기쁨을 주는 변호사들이 이 땅에 그뿐이겠는가! 얼마나 많은 퇴직 판검사나 공직자들이 주류 경제학의 면죄부를 얻어 홀가분한 마음으로 대형 로펌에서 진실을 거짓으로 비트는 서비스를 제공했던가!

엊그제 로스쿨 입학을 준비하는 제자가 찾아왔다. 똑똑하고 바르게 사는 학생이다. 점수도 잘 받았으니 잘 될 것 같다. 뭘 할 건지 물으니 인권변호사가 되겠다고 한다. 아멘!

주여, 당신이 정녕 살아 계신다면 이 학생에게 길을 열어주소서. 이제 그 길었던 침묵을 거두시어 당신의 공의가 이 땅에 임하시기를 비나이다.

아! 정의가 강물처럼. 지은이, 파이팅!

댓글토론

Shineout92 : 돈이 없으면 당장 길거리에 나앉아야 할지도 모르는 지금 사람들의 욕심은 끝이 없습니다. 욕심을 채우기 위해 사람들은 돈이 필요합니다. 나만의 개성을 갖고 있지만 서 또한 사람들에게 유행에 눈감은 사람으로 보이고 싶지 않습니다. 그러니 자꾸 돈을 벌어야 합니다. 이처럼 돈이 없으면 살 수 없는 시대가 되어버린 만큼, 살기 위해 정의든 불의든 가리지 않고 돈을 벌기 위해 눈에 불을 켜고 있습니다. 안타깝지만 세상의 변화 속도에 비례하여 불의도 크게 증가하는 현실입니다.

↳ 한설아 : "세상의 빠른 변화 속도를 따라잡기 위해 돈이 필요하다. 돈을 벌기 위해 정의가 희생된다. 따라서, 변화의 속도에 비례하여 불의가 증가한다!" 아주 재밌는 가설이군요. 그렇다면 불의를 제거하기 위해서는 다음의 세 가지 방법이 제시될 수 있겠군요.

① 세상의 변화 속도를 느리게 한다(자본주의 경쟁의 완화).

② 변화 속도를 무시하고 주체적 삶을 산다(주체적이고 가치 지향적 소비).

③ 경제적 분배를 확대하여, 모두가 변화에 맞출 수 있게 한다(복지개선).

세 가지 모두 중요할 것 같습니다.

BOOK소리 : "주여, '모난 돌이 정 맞는다. 적당히 살아라.' 이렇게 말하는 부모가 되지 말고 '불의를 보면 참지 마라. 겁이 나도 용기를 가지고 꿋꿋이 살아라.' 이렇게 가르치는 부모가 되게 해주소서." 교수님, 글 잘 읽었습니다.

↳ 한성안 : 노무현 전 대통령의 연설이 다시 생각나는군요. 우리 사회는 이러한 삶을 끝없이 조롱하고 있습니다. 특히 신고전학과 주류 경제학은 이기주의적 삶과 공리주의적 삶을 찬양하고 있죠.

티케 : 전 이 세상에서 '영악한' 도둑이 제일 싫습니다. 생활고에 시달려 남의 재산을 탐하는 도둑도 물론 지탄받아야겠지만, 남의 선행을 자기 것으로 탈취하거나 자신의 지위를 이용해 남을 이용하는 그런 도둑은 세상을 성실히 살아가는 이들에게서 정의와 희망마저 빼앗는 도둑들입니다. 이런 도둑은 세상의 도덕, 규정, 법망을 곧잘 빠져나가죠. 그것도 마치 자신의 능력인양……. 인권변호사의 길을 택한 어린 친구의 앞날에 그 뜻이 이루어지도록 주위의

도움이 함께하길 기원합니다.

↳ 한성안 : '지적 도둑놈' 들이 문제죠. 이들은 지식기반사회에서 부자들에게 봉사하면서 가장 큰 돈을 버는 사람들입니다. 이런 자들 때문에 지식기반사회는 새로운 제도를 마련해야겠군요.

망또소년 : 이윤 추구는 정의롭지 않지만, 저는 그 이윤으로 월급을 받습니다. 나이가 들면서 타협이 무엇인지 세상의 시스템이 얼마나 잔인한지 자주 느끼네요. 돈 벌자고 태어난 건 아닌데 말이죠.

↳ 한성안 : 현실의 자본주의 세계에 살고 있는 한, 그리고 적지 않은 사람들에게 있어 '이윤' 은 행위동기이며 물질적 변화의 원동력이라는 사실을 인정할 때, 이윤 추구 그 자체를 불의로 단죄하기는 힘들 것입니다. 다만, 규모와 방법이 문제가 될 수 있겠죠.

군면제 3인방,
슬픈 '트리오'

우리는 아라비아 숫자를 사용하고 있지만 '수'란 참 재밌는 부호다. 무엇보다 그것은 환상적일 정도로 편리하다.

예컨대, 우리나라는 외국에 신발, 옷, 자동차, 컴퓨터는 물론 초코파이도 수출한다. 이 엄청난 규모의 수출활동을 일반 국민에게 어떻게 보여줄 수 있을까? 총수출 규모를 1천억 달러와 같은 숫자로 표시하면 우리는 그 규모를 쉽게 짐작할 수 있게 된다. 이처럼 숫자는 구체적 사건들을 추상화해서 인간의 사유활동을 경제적으로 만들어준다.

하지만, 이런 환상적인 숫자는 수많은 진실을 은폐하기도 한다. 1천억 달러라는 숫자에는 이러한 실용적 상품만 포함되어 있지 않다. 거기에는 탱크와 전투기, 지뢰 등 인명 살상용 무기도 포함되어 있다. 그럼에도 불구하고 숫자는 그러한 진실을 말해주지 않는다.

아무튼 숫자의 이런 추상화 기능에만 유의한다면 숫자는 인간이 발명한 최고의 제도에 해당할 것이다. 모든 제도는 경제적 기능뿐 아니라 문화적 기능도 수행한다. 숫자가 제도인 이상, 그것도 문화적 기능을 수행한다.

서양에서 7은 행운의 숫자다. 우리나라에서 4는 혐오의 대상이다. 그런데, 야구에서 4번 타자에게 가장 큰 기대를 걸고 있는 걸 보면 4가 반드시 불행과 관련되어 있는 것 같지는 않다. 유대인들에겐 뭔가 나쁘지 않은 의미를 지니고 있는지 모르겠으나 성경에서 40이란 숫자가 자주 등장한다. 예수의 40일간 금식기도, 노아의 40일간 방주생활, 이스라엘 백성의 40년간 광야생활 등이 그렇다.

문화란 어차피 어떤 합리적 과정을 통해 형성된 것이 아니라 역사적 과정을 통해 우연히 진화한 것이니 숫자의 이런 문화적 기능을 합리론으로 설명하고자 하면 낭패를 당하게 된다.

지극히 문화적 의미만 갖는 4, 7, 40 등의 숫자와 달리 3이란 숫자는 흥미롭게도 합리성을 지니고 있는 듯하다. 순전히 나만의 개인적인 생각에 불과하지만 3은 견제와 균형을 상징해주는 숫자인 것 같다.

친구가 셋이면 의견이나 힘이 한쪽으로 쏠리지 않으려고 서로 좀더 조심하고 배려한다. 그래서, 권력기관도 조선시대 3사(사헌부 · 사간원 · 홍문관), 현재의 3부(입법, 행정, 사법), 3군(육군, 해군, 공군)으로 나눠진 것 같다.

3에서 어떤 완전함을 느끼는지는 몰라도 음악은 멜로디, 리듬, 화성의 3요소로 이루어진다고 하고, 미인대회에서도 세 사람의 진선미를 뽑는다. 그뿐 아니다. 우리는 시간을 과거, 현재, 미래로 나누며 기독교인들은 삼위일체(성부, 성자, 성령)를 믿는다.

이런 외경심 외에도 3은 공평성을 상징하기도 한다. 경기에서 한 번으로 승부를 가리기에는 너무 싱겁거나 야박하고, 5판은 사람을 너무 지치게 만드니 적어도 3판은 겨루어보도록 한 삼판양승제도 나름 합리적 이유를 갖고 있다. 가위, 바위, 보 놀이는 순서를 정할 때 우리가 가장 신뢰하는 놀이규칙이다. 재판에서 3심 제도는 정의를 바로 세우고자 하는 제도적 장치에 해당한다.

강남 갔던 제비가 돌아온다는 삼월삼짇날은 봄의 명절이다. 그날을 축하하기 위해 우리 선조들은 화전을 만들어 나누어 먹었다. 이때 3은 희망과 축제를 의미하는 것 같다. 그러고 보니 3은 견제와 균형, 완전성, 공평성, 정의, 희망, 축제를 담고 있는 우아한 숫자다.

이런 이유들과 반드시 관련된다고 할 수는 없겠지만 우리 민족은 3을 유난히 좋아하는 것 같다. 그래서인지 우리나라 사람들은 잘된 작품이나 일들에 대해 '삼박자'를 고루 갖추었다고 한다.

나는 오케스트라나 현악 4중주도 좋아하지만 피아노 · 바이올린 · 첼로로 이루어진 피아노 트리오를 아주 좋아한다. 보자르 트리오(Beaux Arts Trio)에 의해 연주되는 피아노 3중주 곡들은 가장 즐겨 듣는 곡이기도 하다.

그런데, 몇 년 전 국군의 날인 10월 1일에 이런 트리오의 우아함과는 거리가 먼 일이 발생했다. 김황식 전 감사원장이 국무총리로 임명되면서 집권여당의 안상수 전 대표, 이명박 대통령이 '군면제 코리안 트리오'를 결성했기 때문이다.

군면제야 위장전입과 부동산투기만큼 한국의 보수세력에게 필수과목이지만 당 대표, 대통령, 국무총리가 한꺼번에 면제될 확률은 극히 희박한데, 그런 일이 일어났으니 놀라울 뿐이다.

정상적인 모집단이라면 이런 확률이 원래부터 지극히 낮아 실제 상황으로 구체화되지 않는다. 그런데도, 이렇게 희귀한 사건이 실제로 일어나니 놀라움을 넘어 슬프다.

이 슬픈 트리오는 우리 국민이 최고의 상징성을 부여하던 숫자를 더럽혀서 견제와 균형, 완전성, 공평성, 정의, 희망, 축제에 관한 우리의 문화를 앗아가버렸다.

이렇게 우아한 숫자, 전 국민의 사랑을 받는 숫자 3이 수모를 당한 국군의 날 10월 1일은 문화적으로도 수치스런 날이 되어버렸다.

댓글토론

현이둘 : 아, 군대 갔다 온 사람은 다 병신이구나.

↳ 한성안 : 온전한 사람들이 병신 취급 당하지 않는 사회로 만들어야겠죠. 현이둘님과 같은 깨어 있는 시민만이 그렇게 할 수 있습니다.

유리알 : 북한의 3대 세습과 남한의 군면제 트리오! 우열이 어떻게 되는지…….

↳ 한성안 : 북한의 '김트리오'와 남한의 '군면제 트리오'의 후안무치함은 막하막하일 것 같습니다.

흙장난 : 예로부터 우리 민족은 3을 좋아합니다. 어릴 때 이규태 코너에서 마르

고 닳도록 세세한 이유들을 읽었는데 하나도 기억이 나지 않네요. 그런데 저런 3의 조합이라면 기억나지 않는 게 더 행복합니다. 3을 좋아하던 조상들을 욕보이는 짓입니다.

↳ 한성안 : 아름다운 우리의 문화를 야만인들이 더럽혀놓았군요. 무슨 낯으로 조상님들을 대하려는지 모르겠습니다. 그러면서 국격(國格)을 논하고 있군요.

산업정책과
그리스의 경제위기

15세기 초 영국은 양모를 수출하는 가난한 나라였으며, 이탈리아 은행의 무거운 부채로 시달리는 처지였다. 당시 영국 왕 헨리 7세는 어린 시절에 부유한 부르고뉴 지방에서 망명생활을 하고 있었는데, 그곳에서 그가 목격한 부르고뉴의 번영은 후에 직면하게 된 영국의 빈곤과 뚜렷이 대조를 이루는 것이었다.

부르고뉴의 번영과 영국의 빈곤, 말하자면 그 당시의 극심한 국가 간의 불균등 발전에 대해 고민을 거듭한 헨리 7세는 부르고뉴의 번영이 바로 양모와 백토 등의 원료를 영국에서 수입하여 제조함으로써 달성되었다는 사실을 알게 되었다. 헨리 7세의 판단에 따르면, 한 나라가 부유해지기 위해서는 자원 채취 입종보다 제조업에 득화하여 이를 발전시켜야 한다는 것이었다.

헨리 7세는 1485년에 등극하자마자 부르고뉴에서 관찰했던 양모제조 활동을 적극적으로 장려하였다. 이러한 전략으로 영국의 모직물 제조업과 국민소득은 크게 향상되었다. 이후 200여 년 동안의 성공적인 경험과 이에 대한 확신으로 찰스 왕은 1721년 3권의 책을 출판했는데, 이 책들이 전달하고자 하는 메시지는 간단하다.

무역에는 공산품을 판매하는 '유익한' 무역과 이를 수입하는 대신 농산품을 수출하는 '해로운' 무역이 있다는 것이다. 또한 산업에는 성장산업과 비성장산업이 있는데, 한 나라나 지역이 발전하기 위해서는 의심할 여지없이 돈이 되는 성장산업에 특화해야 한다는 것이다. 그가 보기에 농업은 해로운 산업이었으나 제조업은 유익한 산업이었다. 이러한 관점에 따른 정책으로 영국은 비교적 단기간에 유럽의 빈곤한 주변부에서 세계의 공장으로 급부상했다.

19세기에 이르러 영국은 돈 되는 유익한 산업, 곧 제조업을 모두 장악하고, 독일과 같은 후진국에 돈 안 되는 해로운 산업, 농업을 특화할 것을 권유한다. 이러한 권유는 학문의 옷을 입고 등장했는데, 그것이 바로 데이비드 리카도(David Ricardo)의 비교우위론이다.

비교우위론에 따르면, 영국과 독일이 모두 곡물과 기계를 생산하고 있을 때 무역이 일어나면 두 나라는 한 가지 상품에 주력하는 것이 좋다. 이를 '특화(specialization)'라고 부른다. 그러면 누가 어디에 특화하면 좋을까? 영국이 곡물과 기계를 독일보다 모두 싸게 생산할 수 있다고 생각해보자. 이때 독일은 아무것도 생산하지 않고 영국으로부터 모든 것을 수입하는 선택을 할까? 리카도에 의하면 그렇지 않다는 것이다.

독일은 두 가지 제품에서 모두 생산성이 낮지만 그중에서 생산성이 덜 낮은 곳에 특화하는 반면, 두 가지가 모두 높은 영국은 두 제품 중 생산성이 더 높은 곳에 특화한다는 것이다. 예컨대, 영국은 기계생산에 특화하고 독일은 곡물생산에 특화하면 되는 것이다. 그리고 이 원리에 따라 무역을 하면 두 나라는 모두 이익을 볼 수 있다는 주장이다.

그러나 당시 독일 경제학자들의 눈에 제조업은 '보수체증'이 일반적인 돈이 되는 유익한 산업이지만 농업 등 비제조업은 '보수체감' 때문에 돈이 안 되는 해로운 산업이란 점은 분명해 보였다. 당연히 독일은 영국의 이러한 권유를 따르지 않았다. 대신 독일 역사학파 경제학자 프리드리히 리스트(Friedrich List)의 '유치산업보호론'에 따라 제조업을 육성했다. 그 결과 독일은 경제대국으로 성장할 수 있었다.

1993년 유럽 12개국이 마스트리히트 조약(Maastricht Treaty)을 체결한 후 EU(European Union: 유럽연합)라는 경제공동체를 출범하였다. 경제공동체의 주요 목적은 각종 무역장벽을 제거하여 경제활동을 자유롭게 하자는 것이다. 그와 함께 경제활동에 대한 국민국가의 개입을 막는 것을 의도한다. 경제활동이 자유로워지면 각국이 비교우위산업에 특화할 수 있어 경제성장이 촉진될 뿐 아니라 경제공동체 내 경제성장도 균등하게 분포될 것이라고 전망됐다. 신고전학파 주류 경제학의 '자유무역론'과 '경제통합론'에 근거하고 있음은 두말할 필요도 없다.

그리스는 1981년 EU의 전신인 EC에 가입한 후 2001년 유럽통화연

맹(European Monetary Union)에도 가입했다. 1993년 EU출범 당시 독일의 65.6퍼센트에 불과하던 그리스의 1인당 GDP가 2008년에는 81.6퍼센트로 뛰어올라 격차가 줄어들었다.

그러나 그리스는 제조업의 비중이 지나치게 낮은 반면, 경기변동에 대단히 민감한 관광산업과 같은 서비스산업의 비중이 높았다. 2006년도 GDP 대비 산업별 구성 비율을 보면 농업 5.1퍼센트, 공업 20.6퍼센트, 서비스업 74.4퍼센트로 제조업이 매우 낙후되어 있다. 그런데 일반적으로 서비스산업에는 혁신의 기회가 많지 않으며, 그 때문에 외부충격을 극복하기가 쉽지 않다. 관광산업은 그리스의 특화산업으로 적합하다. 하지만 이러한 '불요불급재화'는 경기가 하강하면 소비가 무자비하게 줄어든다. 그러니 그러한 산업에 특화한 나라들의 경제는 작은 변화에도 대단히 민감하게 반응한다. 오늘날처럼 경제적 국경이 개방된 세계화 시대에 그리스가 위기에 쉽게 빠질 수밖에 없는 이유다.

제조업을 지나치게 소홀하게 취급하는 특화정책은 한 나라 경제를 위험에 빠뜨린다. 뿌리가 얕은 나무가 바람에 쉽게 흔들리는 것과 같다. 그리스의 경제위기는 여러 가지 측면으로부터 지적될 수 있다. 산업구조의 취약성도 거기에 한몫했을 것이라는 것이 내 생각이다. 유익한 산업에 기초하지 않는 경제성장은 언제든지 물거품으로 사라질 수 있으며 뿌리가 얕은 성장은 외부충격에 쉽게 뽑혀나갈 수 있다.

나라의 GDP만 높아진다고 좋은 것은 아니다. 한 나라가 어떤 산업구조를 갖는지가 더 중요하다. 그리스 경제위기가 섹스를 판매하는 성산업(새누리당 의원들의 표현이다.), 도박을 상품으로 파는 카지노산업, 실물경제에 기생하여 피를 빨아먹고 사는 금융산업을 육성하려는 사람들에게 경고가 되었으면 좋겠다.

댓글토론

체게바라워너비 : 조중동 등의 언론에서는 여전히 현재 남유럽 국가들의 재정/금융위기가 좌파 정권의 퍼주기식 복지 포퓰리즘의 결과라고 떠들어대고 있으니, 조선일보 애독자들은 이런 깊은 생각을 알 턱이 없지요.

↳ **한성안** : 공동체와 연대, 평등, 정의에 대해 증오로 가득 차 있으니 이런 말은 들리지도 않을 겁니다. 편견에 가득 찬 저들이 진보주의자들을 오히려 독단주의자라고 비난하고 있죠.

므찐궁디 : 산업정책만으로 그리스 위기를 다 설명할 수는 없겠지만, 굉장히 흥미롭게 잘 읽었습니다. GDP라는 것에 우리가 너무나도 치중하고 있는 게 문제라고 생각됩니다. 국가 욕심의 근원이 아닐까요? GDP라는 것이 경제의 기준이 되는 이상 국가들의 경제적 팽창에 대한 기대는 쉽게 줄어들지 않을 것 같습니다.

↳ **한성안** : GDP는 어떤 성장인지, 어떤 가치를 지향하는지에 대해 무관심합니다. 그래서 그 내용이 군수신업인지, 카지노인지, 섹스인지에 대해 관심이 없습니다. '가치판단'을 외면하는 대표적인 지표입니다.

인문학과 실용주의
경희대와 중앙대

인간의 욕망은 여러 가지다. 그것은 단지 화폐와 권력에 국한되지 않는다. 우리에게 낯설지도 모르지만 본질적인 욕망 중 하나가 '앎', 곧 지식에 대한 욕망이다. 베블런은 이를 인간의 본능으로 생각했다.

어떤 이는 실용적인 목적 때문에 지식을 갈망하고, 또 다른 이는 자신을 돌이켜보기 위해 지식을 갈구한다. 지식의 절대성과 상대성에 관한 두 사람의 서로 다른 견해만큼 잘 알려지진 않았지만, 고대 서양 사회에서 프로타고라스가 변론능력을 높일 목적으로 학습을 권장했다면 소크라테스는 자신에 대한 성찰의 필요성 때문에 공부를 권장했던 것 같다. 토론이 왕성했던 아테네에서 말 잘하는 사람이 존경받고 높은 공직에 오를 수 있었으니, 프로타고라스의 교육 목적은 요샛말로 표현하면 취업일 것이다.

이렇게 쓰고 보니 공부하는 목적이 실용적 목적, 곧 취업과 자아성찰, 곧 사람됨에 있다는 우리의 생각은 이 두 사람으로부터 출발했는 지도 모르겠다. 아무튼, 지식에 대한 욕망은 한 가지로 환원시킬 정도로 간단하지는 않은 것 같다. 두 가지 목적 중 하나도 소홀히 취급할 수는 없다.

때문에 오로지 자아성찰만 하느라 고담준론(高談峻論)으로 날밤을 새고 있다면 그건 큰 문제일 것이다. 그러니 지식은 인간이 먹고사는 일에 관심을 기울여야 한다. 그래서 나는 '프래그머티즘'으로 지칭되고 있는 존 듀이(John Dewey)나 찰스 샌더스 퍼스(Charles S. Peirce)의 실용주의 철학(Pragmatism)을 대단히 높이 산다. 나아가 지식이 실용성을 지향했다는 점은 인간의 물질적 조건을 연구하는 경제학자인 나로서는 쾌재를 부를 만한 사실이다. 사실 나는 문학가의 몽상이나 정치학자들의 '구라(?)', 곧 비실용적인 논리적 유희에 여러 번 지친 경험을 갖고 있기 때문이다.

하지만 실용주의가 지나치게 강력해지면 그것 또한 문제다. 그로 인해 인간은 남을 불쌍하게 여기지 않게 된다(惻隱之心). 잘못에 대해 부끄러워할 줄 모르게 된다(羞惡之心). 사양할 줄 모르게 된다(辭讓之心). 그리고 선악을 판단할 줄도 모르게 된다(是非之心). 다른 문제들도 많겠지만 맹자가 주창한 '4단설'만으로도 큰일났다고 생각할 만하다. 4단이 거세된 상태는 필경 기계와 짐승의 세상일 것이기 때문이다. 짐승이 기계를 움직이는 사회! 생각만 해도 끔찍하지 않은가.

근대사회로 접어들면서 지식이 신학적이거나 형이상학적 논쟁에 머무르지 않고 실생활에 적용되기 시작했다. 경제학자의 입장에서 볼 때 참 반가운 일이다. 자연과학이나 공학의 발전으로 인간이 고역(苦役)에서 해방되었을 뿐 아니라 무서운 질병에서 벗어나게 되었기 때문이다. 직업병(?)의 발로인지 몰라도 그로 인해 무엇보다도 자원의 낭비가 줄어들고, 인간이 공유할 재화의 종류와 양이 늘어났다는 사실도 중요하다.

하지만 18, 19세기 이후 자본주의가 들어서면서 상황은 예기치 못한 방향으로 흘렀다. 실용주의는 '물신주의'로 진화했을 뿐 아니라 인간의 복지에 기여하고자했던 프래그머티즘은 자본의 실용주의로 오독되었다. 실용의 과잉과 실용의 오독과정에서 자아성찰을 말하는 것은 매우 어색하게 들리게 되었다. 물질과 실용에 대한 비판적 성찰 능력도 거세되었다. 더 중요한 것은 창조와 실용의 샘물이었던 신화와 상상력도 그와 더불어 증발해버렸다는 사실이다.

두산그룹이 중앙대학교를 인수하면서 지식의 목적이 실용주의로 급속히 선회하고 있으며, 프래그머티스트들의 실용주의 역시 오독되고 있다. 중앙대는 회계학을 공통필수과목으로 선정했다고 한다. 이 과정에서 소크라테스가 추구했던 지식의 목적도 능멸되고 있어 안타깝다. 그래서인지 인문학은 경멸되는 것을 넘어 박해를 받고 있는 것 같다. 그것은 우리 사회를 기계와 짐승의 사회로 바꾸어버릴 수 있는 위험한 일이다.

반면 경희대는 최근 신입생들에게 인문학 강좌를 필수적으로 이수하도록 하는 '인문학 강화 교양수업'을 추진하기로 했다고 한다. 이런 흐름에 맞서는 경희대학교의 시도는 참 신선하다. 이러한 시도에 대해 어떤 이들은 몽상가들의 위험한 비현실적 발상이라고 생각할지 모른다. 그러나 나는 이들의 실험이 자아성찰은 물론 실용성이라는 또 하나의 목적도 달성시킬 것이라고 확신한다.

자신에 대한 성찰이 없는 사람은 기계와 짐승을 넘어설 수 없으며 새로워질 수도 없다. 그리고 새로운 제품과 아이디어는 신화와 인문학적 상상력에서 출발한다. 이제껏 살아오면서 회계학이 창의성과 상상력, 그리고 신화를 만들어냈다는 소리는 한 번도 들어본 적이 없다. 중앙대의 실용교육은 성찰은커녕 자본의 이익에도 봉사하지 못할 것 같다. 자본에게도 그건 실패한 전략이다.

마지막으로 애플의 스티브 잡스가 아이패드를 발표하는 자리에서 했던 말을 참고하자.

"우리가 아이패드를 만든 것은 애플이 항상 기술과 인문학의 갈림길에서 고민해왔기 때문입니다."

댓글토론

오드리와 상드 : 몇 달 전 라디오에서 들었던 얘기입니다. 소규모 지역단위로 노숙인들을 대상으로 여러 강좌를 열었는데, 인문학을 들었던 노숙인들의 자립도가 가장 우수했다고 합니다. 왜 그럴까요? 그것은 실용적인 기술을 익히는 것도 중요하지만 기본적으로 인간으로서 자부심이나 의지 등은 실용만으로 채워지지 않는 더 심오한 단계의 자극이 필요하며, 그것을 인문학이 채워주

었기 때문이라 생각됩니다. 대학에서 고급 기술인력을 양성하는 것은 당연하다고 생각합니다. 하지만 모든 것이 인간사회를 위한 것이고, 모두가 인간의 행복을 공동목표로 설정하고 있는 한, 인문학 교육도 같은 수준으로 병행되지 않으면 안 된다고 봅니다. 전공이 과학인 관계로 어렸을 적 인문학을 소홀히 한 혹독한 대가를 치루고 있는 저로서는 대학이 좀 더 심오하게 인문학 정책을 세워 추진해야 한다고 믿습니다.

jamie : 사회학도로서 취업할 때가 되면서 경영학이나 경제학에 비해서 사회학이 참 비실용적이라는 걸 느낍니다. 그러나 대학 4년 동안 수많은 사회학자들의 논쟁을 공부하면서 자신에 대한 가치와 세계관을 배웠습니다. 인문학이라는 것은 사람이 어떤 삶을 살아야 하는지 알려주는 일종의 나침반 같다는 생각이 듭니다. 뭐든지 빠르고 급하게 돌아가는 한국 사회에서 깊고 넓게 사고하도록 해주는 인문학이 꽃필 수 있기를 희망합니다.

↳ 한성안 : 제가 보기에 경영학은 인간에게 그 어떤 성찰능력도 주지 않습니다. (경영학도에게는 미안하지만) 사회학의 깊이와는 비교조차 할 수 없습니다. 경영학을 안 배워도 기업활동을 잘하고 있지 않습니까? 오히려 인문학과 사회학을 배운 사람들이 더 훌륭한 경영을 할 수도 있습니다.

불통정부,
그들만의 FTA

헨리 7세가 부르고뉴에서 얻은 교훈은 성장을 이루기 위해서는 제조업이 중요하다는 것에 그치지 않았다. 그는 선진국과 달리 후진국은 자유무역보다 보호무역을 채택해야 한다는 것도 절감하였다. 그는 1485년에 등극하자마자, 양모를 수출하는 대신 수입 대체 전략을 채택하였으며 1489년에는 의류에 대한 관세를 인상하였다. 이러한 보호무역 전략으로 영국의 모직물 제조업은 크게 발전되었고 국민소득도 크게 향상되었다. 그 후 영국은 이러한 제조업 중심의 보호주의 전략을 채택하였는데, 예컨대 1699년부터 아일랜드에서 번성하고 있던 양모산업을 금지시켰으며, 1814년경에는 인도의 면직물산업을 파괴하였다. 또, 1774년 이후 1843년까지 기계 수출을 금지하였다.

　제조업 중심의 보호무역주의를 통해 빈곤한 주변부로부터 세계의 공장으로 급부상하자마자, 영국은 애덤 스미스를 내세워 후진국인 독일에게 해로운 산업인 농업을 특화하라고 권하는 동시에 온 세계국가들이 자유무역을 채택할 것을 권유하였다.

그러나 리스트를 위시한 당시 독일 역사학파 경제학자들이 생각은 달랐다. 인간은 처음부터 육체적으로 강하며, 이성적으로 생각할 만큼 성숙한 존재로 태어나지 않았다. 인간의 모습은 단계에 따라 달라진다. 인간이 유아기, 성장기, 성숙기, 쇠퇴기와 같은 단계를 거쳐 생애를 보내듯이 한 국가도 다섯 가지의 단계를 경유하면서 발전한다. 첫 단계가 원시사회이고 그 후 목축 단계, 농업 단계, 농·공 단계, 농·공·상 단계로 발전된다고 보았다. 그리고 각 단계로 전환할 수 있게 하는 것은 국가 주도의 보호무역이었다.

따라서 이미 농·공·상 단계에 도달한 영국과 같은 선진국에서는 스미스식 자유무역이 타당하지만, 그렇지 않은 발전단계에 처해 있는 독일에서는 '불완전 경쟁'과 '보호무역'이 타당하다고 보았다.

결국, 독일 역사학파 경제학자들에 따르면 모든 시대, 모든 국민에 적용될 수 있는 보편타당한 경제이론이나 경제정책이 존재하는 것이 아니라, 국가마다 구체적 발전단계에 따라 경제이론과 경제정책이 다르게 적용되어야 한다는 것이다. 이러한 불완전 경쟁과 보호무역정책에 힘입어 이후 독일은 경제대국으로 성장할 수 있었다.

스미스식 자유무역 이론은 일본에서도 비판되었다. 일본에서는 메이지 유신 이래 적어도 1945년까지는 독일모델을 선호하는 독일학파가 사회 형성에 가장 큰 영향력을 미쳤다. 일본은 근본적으로 자유무역을 불신하며 경제발전에 대해 '산업 특수적' 입장을 취하는 독일 역사학파 경제학자의 경제정책을 채택하였다.

수세기에 걸쳐 추격 전략에 성공한 나라들이 갖는 공통점은 유익한 경제활동으로 인식된 분야에서 확실한 기반을 마련하기 전까지는 완전 경쟁과 자유무역을 신뢰하지 않았다는 점이다.

현재 선진국이 된 국가들의 추격 전략으로부터 에릭 라이너트(Erik S. Reinert)라는 경제학자는 두 가지 결론을 이끌어냈다. 현재 가장 선진화된 국가들은 수세기에 걸쳐 두 가지의 상이한 단계를 거쳤다. 첫 번째 '리스트와 스미스 병용단계(List-cum-Smith stage)'에서는 나라 안의 올바른 산업 기반을 마련하기 위해 자유무역에 반대하는 동시에 불완전 경쟁과 보호무역 중심의 강력한 국가개입정책을 추진하였다. 두 번째 '스미스 단계(Smithian stage)'에서는 완전 경쟁과 자유무역을 강조하였다.

순서에 따르면 15세기 이후 영국은 보호무역으로 안정된 산업발전의 단계에 진입한 후, 다시 자유무역을 통해 더 높은 복지수준을 누리게 된 첫 번째 국가였다. 독일, 미국, 일본이 리스트와 스미스 병용전략을 거친 후 뒤이어 스미스 단계에 도달하였다. 이러한 과정을 지나 한참 후에야 선진국 클럽 내부에서 비로소 완전 경쟁과 자유무역 제도가 정착하게 되었던 것이다.

신고전학파 주류 경제학은 모든 선진국은 자유무역을 통해 발전했으므로 후진국도 그러한 경제정책을 받아들여야 발전할 수 있다고 주장한다. 하지만 역사적 경험은 정반대가 진실임을 보여준다. 곧, 모든 국가는 서로 다른 조건과 다른 발전단계에 처해 있다. 따라서 어떤 경제이론의 설명과 경제정책의 적용 가능성은 보편타당하다기보다 오히려 시간적으로 제약을 받는 '특수적'일 뿐이라는 역사학파 경제학의 견해가 더욱 설득력을 지니는 것이다. 한 국가가 처한 발전단계의 특수성으로 인해, 적용되어야 할 무역정책도 달라야 한다.

요즘 한국은 한미 FTA, 한-EU FTA, 한-칠레 FTA 등, 가히 자유무역협정(Free Trade Agreement)의 시대를 맞았다고 해도 지나치지 않을 것이다. 한미 FTA를 둘러싸고 치열한 공방이 일고 있다. 개방의 정당성과 부당성을 둘러싸고 수많은 예측통계도 제시된다. 그런데, 그러한 예측값들은 사실 믿을 수 없다. 모두 자기 세력의 입장을 대변하기 위해 조작된 자료일 가능성이 크기 때문이다. 따라서, 객관적 산출방식이 마련되지 않는 한 예상이익이나 예상손실이 자유무역협정의 결정을 위한 판단자료로 활용될 수는 없다.

그렇다면 무엇이 판단기준이 되어야 하는가? 앞에서 요약된 선진국들의 경험적 사실을 참고할 필요가 있다. 오래전부터 미국은 리스트와 스미스 전략에서 스미스 전략으로 넘어갔다. 그후 그들은 후진국에 대해 스미스 전략, 즉 자유무역을 지속적으로 강요해오고 있다. 처음부터 자신들도 이렇게 발전했다고 호도(糊塗)하면서 우리에게 자유무역을 강요하는 그들의 주장(신고전학파 주류 경제학)은 분명히 비도덕적이다.

우리의 처지는 어떠한가? 이것은 세계경제에서 차지하는 한국의 경제적 위상과 선진국에 대한 대한민국의 상대적 지위로 측정될 수 있다. 선진국 집단인 OECD 국가 중 한국은 대략 22위(2010년도 1인당

GDP)를 차지하고 있다. 따라서 개방을 마냥 거부할 수 없는 처지다. 하지만, 현재 FTA 당사국인 미국과 약 1.6배의 격차를 보이고 있다. 국민적 평균기술력도 상대적으로 낮다. 곧, 실력의 격차가 작지 않다는 것이다. 따라서 자유무역협정을 체결하고자 할 때는 좀 더 신중해야 한다. 국내 기술력을 더 강화할 필요가 있다는 것이다.

뿐만 아니라 자유무역은 국내 시장에 무한경쟁을 몰고 온다. 경쟁력이 없는 수많은 중소기업과 자영업자들, 농민들의 삶이 뿌리 채 흔들리게 된다. 곧, 사회적 문제가 대두될 것이라는 사실이다.

이것이 전부가 아니다. 자유무역협정은 단순히 경제적 시장을 개방하는 것으로 끝나지 않는다. 외국기업에게 경제활동의 자유를 주기 위해 수많은 국민적 공공정책을 철폐해야 한다. 그러한 공공정책에는 사회정책, 문화정책, 환경정책은 물론 인간의 기본권에 관한 정책도 포함된다. 특히, 한미 FTA협정문에는 이와 관련된 내용들이 다수 포함되어 있다. 이대로 협정이 체결되면 국가의 손발은 묶이게 된다. 마르크스주의자들이 주장하듯이 국가는 단순한 지배계급의 도구가 아니다. 민주적 국가는 국민의 삶을 보듬어주는 마지막 보루다. 국가가 무력화된 제도적 진공상태에서 탐욕적 자본의 착취와 수탈, 사기, 그리고 이들과 공모한 정치세력의 억압은 강화된다. 자유무역은 국가를 무력화시킨다.

그렇다면 이러한 사회적 희생을 치러서 성장만이라도 확보될 수 있을까? 자유무역이 성장에 기여하기 위해서는 국제시장이 '완전 경쟁시장'의 조건을 갖추어야 한다. 하지만 완전 경쟁시장은 이 세상에 존재하지 않는다. 오히려 불완전 경쟁시장이 더 일반적이며 시장에 권력관계가 더 깊숙이 개입되어 있다. 이런 왜곡된 시장에서 자유로운 경쟁은 불균등 발전을 강화한다. 따라서 이론적으로만 볼 때도 자유무역이 경제성장을 크게 촉진한다는 주장은 잘못되었다.

1989년 데이비드 에번스(David H. Evans)의 연구에 의하면 외부지향성 국가(자유무역)와 내부지향성 국가(보호무역) 사이에 일어난 경제성장의 과정을 추적하였다. 하지만 두 집단 사이에 의미 있는 차이는 발견되지 않았다. 수많은 계량 경제학 연구의 결과는 기껏해야 0.5퍼센트의 성장률이 무역 이익으로 기대될 수 있다고 결론을 내린다. 개방후 일어난 경제성장도 반드시 자유무역의 결과라고 단정할 수 없다. 높아진 성장률은 자유무역 때문이라기보다 자유무역으로 측정될 수 없는 국내 제도의 요인과 내부적 역량과 노력에 기인하는 수가 많다.

자유무역을 하고자 할 때 이처럼 미미한 성장효과와 불명확한 원인을 뒤로 하고 엄청난 사회적 문제를 감수해야 할지 주류 경제학자와 보수세력은 깊이 생각해봐야 한다. 그리고 국민들은 공공정책의 훼손과 국가의 무력화가 야기하는 '악인들의 사회'를 예상할 수 있어야 한다. 무엇보다도 투자자─국가소송제(ISD) 등 명백히 불평등한 조건을 떠안을 뿐 아니라 엉터리 조문과 번역문 그대로 협정을 체결한다는 것은 너무 비상식적이지 않은가?

현 집권여당이 이처럼 불분명한 경제적 효과와 비상식적인 협약서를 그대로 두고 FTA체결에 혈안이 되었던 이유는 무엇일까? 소수 대기업과 지배계층의 성장, 곧 축적욕망에 눈이 멀어 다수의 한숨과 눈물이 보이지 않기 때문이다. 소수 대기업은 우리의 시장을 내주는 대신 미국시장을 얻어 축적의 욕망을 채울 것이다. 그들이 얻은 자유로 인해 너무 많은 사람들의 자유가 훼손되는 것은 문제가 아닐 수 없다. 많은 것을 좀 더 신중하게 검토해야 한다.

댓글토론

최영묵 : 사실 가장 시급하고 부족한 문제는 한미뿐만 아니라 다른 국가와의 자유무역협정에 대한 완전하고 공정한 분석과 정보가 일반인들에게 제대로 알려지지 않았다는 점입니다. 한미 FTA가 그렇게 문제가 많다면 다른 국가와의 협정은 아무 문제가 없겠는가? 이전 협정체결 때 여야 국회의원들은 모두 거수기였는가? 민감한 협정내용에 대한 우리의 득실과 찬반이 객관적으로 토론되고 알려졌는가? 지금까지 우리가 견지해온 개도국 입장이 앞으로 어느 정도 수용될 수 있는가? 현재 우리 경제의 국제적 위상에 어느 정도의 협상력이 있는가? 여러 가지 것들이 아직은 자세하게 손에 잡히지 않는 느낌입니다.

↳ **한성안** : 중요한 문제들을 명확하게 요약해주셨군요. 이 문제들을 해결하기 위해서는 투명한 정보와 민주적인 토론이 이루어져야겠죠. 그런데, 정부는 이런 문제를 너무 무시하고 있습니다.

라리 : FTA가 정당 간 주도권 싸움, 당내 기득권 싸움에 이용되지 않고, 정말 국회의원들이 국민을 대표하는 사람들로서 현실을 보고, 미래를 생각해서 결정해주었으면 좋겠습니다.

↳ **한성안** : 정당은 자신만의 이익을 위해 싸우지 않습니다. 그들은 자신들을 지지하는 세력들의 이익을 위해 싸우죠. 그래서 그들의 다툼은 정당성을 지니고 있습니다. 어느 세력의 이익이 공동체의 선을 대표하는지가 중요하겠죠. 한 세력의 이익만이 절대적이지 않다면, 타협을 이끌어내는 지혜가 필요할 것입니다.

깊은 산 : 'ISD 폐기 우선'이라는 야당의 주장에 대해 미국은 FTA체결 후에 검토하겠다고 했었는데, 미국은 자국의 이익을 위해 그만큼 한미 FTA에 목을 맸었습니다. 상거래에서 한쪽의 이익이 분명히 보일 정도라면 다른 쪽은 손해가 있기 마련이겠죠? ISD를 나중에라도 폐기할 생각이라면 아예 처음부터 깨끗이 없애는 것이 옳지 않을까요? 한국에서 이렇게 시끄럽게 싸움판이 벌어지고 있는데, 미국이 그 말을 믿으려고 할까요? 우리나라 정치인들이 자존심 지킬 줄 아는 좀 더 똑똑한 사람들이었으면 좋겠습니다.

↳ **한성안** : 현 정부는 합리적 의견을 모두 괴담으로 몰아세우고 있습니다. 그들과 다른 관점에서 무역을 해석하며, 실증연구를 하고 있는 세계의 저명한 학자들과 학술지의 논문들도 괴담생산자가 되는 것입니다. 이런 비상식적인 나라가 OECD 국가 안에 있을까요? 부끄러운 일입니다.

가치 지향적이며 인간적인
'좋은' 인플레이션

인플레이션이란 멕시코 소장수들이 소에 물을 잔뜩 먹여 부풀린 후 (inflate), 무게를 많이 나가게 하여 팔아먹던 방법을 이르는 말이다. 실제로는 100만 원밖에 나가지 않는 소에 물을 먹이니 커 보이기도 하고 무게도 많이 나가 150만 원짜리 소로 보인다. 속사정을 모르는 사람들은 겉만 보고 150만 원의 값을 치른 뒤 이 소를 구매한다. 나중에 먼 길을 몰고온 후 오줌을 누이고 저울에 달아보니 100만 원짜리 소의 무게밖에 나가지 않았다. 소를 산 사람은 50만 원을 손해를 본 것이다. 대신 소장수는 가만히 앉아서 50만 원을 덤으로 벌게 되었다.

이것이 인플레이션의 결과다. 이 과정에서 부의 이동이 일어났으며, 그러한 부의 '재분배과정'이 폭력이 아닌 '시장가격'을 통해 이루어 진다는 것이 인플레이션의 특징이다. 이처럼 인플레이션은 비윤리적이며 전혀 '가치'를 염두에 두지 않는다.

요즘 인플레이션에 대해 말이 많은데, 이미 인플레이션은 우리 사회의 공공의 적이 되었다. 인플레이션은 이처럼 멀쩡한 소득을 다른 사람의 호주머니로 이동시키는데, 보유자산의 유형에 따라 부가 이동되기도 한다. 예컨대, 제품을 생산하는 기업가나 부동산 소유자와 같은 실물자산의 소유자는 인플레이션을 통해 이익을 얻게 되지만, 임금으로 생활하는 화폐자산의 소유자는 손해를 볼 수밖에 없다.

인플레이션으로 인해 임금은 똑같지만 그 돈으로 살 수 있는 양과 종류는 크게 줄어들게 된다. 실질소득이 반 토막이 나버렸기 때문이다. 물가상승 전후의 장바구니를 비교해보면 인플레이션의 뜻과 영향을 금방 알게 된다.

동일한 생필품과 주택을 구입하기 위해서 저소득층은 이전에 비해 한층 더 많이 일하고, 더 많은 내핍생활을 감당해야 된다. 임금이 오르지 않는 한 저소득층의 삶은 한층 힘겨워진다.

반 토막난 나머지 소득은 어디로 사라졌는가? 불에 타거나 땅에 묻히지 않았으니 누군가의 호주머니로 흘러들어갔을 것이다. 물건을 만들어 파는 기업이나 부동산과 같은 실물자산의 소유자가 가격기구를 통해 재분배해간 것이다. 속임수도 없었지만 주류 경제학자들이 그토록 신성시하는 가격기구 때문에 꼼짝없이 당하는 것이다. 실로 인플레이션은 합법적인 약탈방식이요, 칼 안 든 강도짓이다.

한번 등장한 인플레이션은 일단 등장하고 나면 거기서 멈추지 않는다. 그 독성은 다음 단계에서 본격적으로 드러나게 되는데, 불균등하게 재분배된 소득으로 인해 계층이 분화된다. 이에 따라 계층별 소비

패턴도 달라진다. 과잉소득을 보유하게 된 고소득층은 한편으로 과시수요와 낭비수요를 하게 된다. 사회의 가용자원이 그러한 재화의 생산활동에 편중되니 저소득층의 생필품생산에 필요한 자원의 가격은 뛰어오른다.

다른 한편 그들은 과잉소득을 이용하여 주택과 같은 저소득층의 생필품산업에 '투자(!)'한다. 그 때문에 생필품은 물론 큰 집, 작은 집 할 것 없이 집값이 오르고 전셋값마저 폭등하는 것이다. 인플레이션이 인플레이션을 낳아 결국 인플레이션이 증폭되는 것이다. 이른 바 '하이퍼인플레이션(hyperinflation)'이다. 비바람을 막아주는 최후의 안식처를 앗아갈 정도이니 인플레이션은 참으로 비인간적이다. 그로 인해 부익부 빈익빈은 심화되고 사회는 분열과 갈등의 질병을 앓게 된다. 이렇듯 인플레이션은 반사회적이다. 이런 점 때문에 인플레이션은 치유되어야 한다.

그런데, 인플레이션은 증오의 대상일 수밖에 없는 것인가? 인플레이션은 공급부족이 원인일 수도 있고 초과수요에 기인할 수도 있다. 그 원인이 무엇이든 인플레이션이 마냥 못된 놈만은 아니다. 성장에 도움이 되는 인플레이션의 규모에 관해서는 경제학자들 사이에 차이가 있지만, 적당한 인플레이션은 경제 활성화에 도움이 되기 때문이다.

예컨대, 경제가 불황이나 불완전 고용에 처해 있을 때 인플레이션은 성장을 자극한다. 즉, 정부의 지출이 증대하면 물가가 상승해 생산자는 생산의 동기를 얻게 된다. 그 결과 고용이 늘어나 내수시장이 활성화되기 때문이다. 이 경우 인플레이션은 공공의 적이 아니라 진정한 정의의 사도가 된다. 실제로 많은 나라들이 인플레이션과 공존하면서 경제성장을 이루어냈다. 그래서 케인즈 경제학자들은 인플레이션을 항상 공공의 적으로 매도하지는 않는다.

이렇게 보니 인플레이션이 언제나 나쁘지는 않다. 지나치지만 않는다면 적어도 필요악의 기능을 수행하는 것이다. 나아가 올바른 방법으로 활용하면 진보적 발전을 이루는 데 기여할 수도 있다. 그것은 질병을 치료하기 위해 마약이 필요하고, 사회진보를 위해 권력과 권위가 필요한 것과 같다.

실로 인플레이션은 양날의 칼이다. 지나치지만 않다면 어떻게 관리하느냐에 따라 결과가 달라진다. 지나치지 않고, 관리만 잘하면 나쁘지 않다. 나쁘지 않은 인플레이션은 어떤 것인가? 그로 인한 성장의 결과가 모든 국민에게 평등하게 분배되는 인플레이션이다. 나아가 반가치적 인플레이션이 아니라 가치 지향적 인플레이션이다. 그리고 최소한 비바람을 막아줄 집이나 생필품은 투기의 대상이 되지 않는 인플레이션이다.

이제 우리는 공공의 적으로 지탄받는 '분배 왜곡적'이며 '몰가치론적'이다 못해 비인간적이기도 한 나쁜 인플레이션을 지양하고 '분배 지향적'이고 '가치 지향적'이며 인간적인 인플레이션을 모색할 필요가 있다. 우리의 통제 범위 밖에 있는 환율이나 효과도 불분명할 뿐 아니라 중소기업과 저소득층의 금융부담만 가중시키는 이자율 인상보다 가치 지향적이며 인간적인 인플레이션, 곧 좋은 인플레이션을 구상해보면 어떨까?

댓글토론

낙민 aka Carolus : 좋은 글 감사합니다. 전 세계적으로도 그렇지만, 특히 우리 나라는 학계는 물론 사회 전반에 걸쳐 마치 광신도가 해당 교리를 섬기듯 오 직 하나만을 진리라 여기고 있습니다. 게다가 이분법적 선악구도도 너무나 뚜렷하지요. 교수님 말씀처럼 좋은 인플레이션도 있을 수 있고, 국가 기능의 확대, 국유화 등이 순기능을 할 때도 있는데 말이죠. 앞으로 교수님과 같은 생각을 가지신 분들께서 하실 일이 참 많을 것 같습니다.

↳ 한성안 : 경제학은 신학적 명제가 아니라 과학적 명제를 제안해야 하는데, 대부분의 학자들이 자신의 경제학을 신학으로 믿고 있어 안타깝습니다. 그들은 대학을 교회나 사찰로 착각하고, 자신을 목사나 스님으로 여기며, 학생을 신도로 오해하고 있습니다. 과학적 명제는 '불완전하여 비판에 직 면해 있는 명제' 를 말합니다.

이지고수 : 교수님, 궁금한 게 있습니다. "정부의 지출이 증가하면 물가가 상승 해 생산자는 생산의 동기를 얻게 된다"라고 말씀하셨는데 물가가 상승하면 가진 자는 상관없겠지만, 고정 수입의 노동자와 일반 서민들은 높아진 물가 에 지갑을 닫아 소비력이 낮아지지 않나요? 그리하여 동력(일반 소비자)을 잃 은 기업들은 오히려 위축되는 게 아닌가요? 물가 상승으로 인한 생산자의 동 기부여에 따른 예를 자세히 들어주시면 고맙겠습니다. 부족한 저에게 가르침

을 주시길…….

↳ 한성안 : 물가가 상승하면 봉급생활자의 실질소득은 틀림없이 감소합니다. 반대로, 실짐가치보다 높은 가격으로 판매하니 공급자는 이익을 낚기겠죠. 곧, 이윤이 더 커집니다. 이윤이 커지니 생산규모를 확장할 것입니다. 그 결과 고용도 늘어나겠죠. 단, 조건이 있습니다. 노동자(봉급생활자)가 '화폐 환상'을 벗어나지 못하거나, 교섭력이 약해 실질임금의 감소를 막지 못해야 합니다. 여기까진 이해가 잘될 겁니다. 하지만 노동자가 손해를 보지 않았습니까! 그것이 핵심입니다. 그런데 노동자가 실질임금의 손실을 보면서 고용은 늘어났습니다. 고용의 이익을 봤죠. 그럼에도 불구하고 실질임금은 여전히 낮아졌습니다. 결국, 양보하면서 타협한 것이죠. 실질임금과 고용 중 하나를 선택해야 하는데, 노동자가 자본가에게 이윤을 좀 양보하고 안정성을 선택한 것이죠.

이지고수 : 아, 그렇군요. 그런데 현실은 비정규직 증가, 자세히 가르쳐주셔서 고맙습니당.

↳ 한성안 : 비정규직 증가! 좋은 지적입니다. 그래서 케인즈 경제학이 새로운 기술체계(IT) 아래서 고용의 문제를 해결하는 데 무력감을 보이고 있죠. 제가 연구하고 있는 '진화 경제학'이 이 문제를 얼마나 효과적으로 풀어줄지 기대해봅시다.

비상 : 적절한 인플레이션이 경제에 적절하다는 건 맞지만 지금 인플레이션은 분배 기능은커녕 오히려 양극화를 부추기는 것 같아 안타깝습니다. '월급 빼고 다 오른다'는 말이 괜히 나온 게 아니죠.

↳ 한성안 : 좋은 인플레이션의 양적 기준과 관련된 문제를 제기해주셨군요. 좋

은 인플레이션론(?)은 인플레이션을 통해 성장이 촉진되어 고용이 늘어날 것이라는 가정 위에 서 있죠. 곧 '성장은 고용을 증가시킨다' 는 '오쿤의 법칙(Okun's Law)' 이 배후에 있습니다. 하지만, 인플레이션이 고용 없는 성장을 유발하거나, 인내하기 어려울 정도로 실질소득을 감소시킨다면, 그건 나쁜 인플레이션이 될 것입니다. '고용유발적 인플레이션+인내할 수 있을 정도의 실질소득 유지' 가 좋은 인플레이션의 범위(기준)가 될 수 있겠군요. 좋은 문제를 제기해주셔서 감사합니다.

비상 : 인플레이션 정도가 심해도 좋은 인플레이션이 될 수 있나요? 경제에 대해 아는 게 없어서 한번 물어봅니다.

↳ 한성안 : 그럴 수는 없겠죠. 인플레이션은 본질적으로는 비윤리적이라고 할 수 있습니다. 따라서, 좋은 인플레이션이란 조어는 성립할 수 없는 형용모순입니다. 하지만 약간의 강도질을 허용하면서 고용을 늘리면 그 정도는 봐주겠다는 겁니다. 하이퍼인플레이션처럼 지나치게 강력할 땐, 강도질이 패악질을 넘어 살상수준으로 진화하는 것을 의미하니 그걸 허용할 수는 없을 것입니다. 좋은 인플레이션이란 형용모순이 등장함과 동시에 그 범위와 한계를 설정해야 하는 과제도 짊어지게 되었지만, 합의를 이루어내기가 쉽지 않겠죠. 세상일이 다 그러니까요. 많은 이들이 말하듯이 경제학은 논리의 학문이 아니라 이처럼 대충 땜빵질로 일관해야 하는 실천 학문입니다.

공짜 등록금,
무상 교육의 경제학

인간은 사색과 관찰활동을 통해 과학, 예술, 문학을 창조해낸다. 이 과정에서 인간은 진화과정에서 획득한 자신의 '한가한 호기심 본능'을 이용한다. 시턴의 《동물기》와 파브르의 《곤충기》, 그리고 정약전의 《자산어보》는 자신들의 관찰활동을 기록으로 남긴 결과다.

자연의 산물들을 사냥하거나 채취하면서 생활하는 동물과 달리 인간은 자연을 가공하여 새로운 재화를 생산해낸다. 이 과정에서 인간은 경험을 통해 새로운 도구와 기술을 만들어낸다.

18세기 후반 달랑베르, 디드로 등은 실습과 구전으로만 전수되던 유익한 지식들을 조직화되고 체계화된 형태로 정리해서 모든 사람들이 학습할 수 있도록 만들었다. 이 결과를 우리는 백과사전(encyclo-pedia)이라고 부른다. 그리고 이들을 '백과전서학파'라고 부른다.

인간의 이런 경험과 사유의 산물들은 이처럼 수많은 학자들의 노력에 힘입어 활자로 정리되었다. 그래서 우리 주위에는 활자화된 지식이 넘친다. 암묵적으로 존재하던 지식이 부호로 처리되지 않았더라면 학습은 무척 어려웠을 뿐 아니라 사적으로만 이루어졌을 것이다. '암묵지식'의 형식화는 인류 역사에서 획기적 전환점을 이루었는데, 이러한 전환의 결과 만민이 지식을 학습할 수 있게 된 것이다. 이로써 지식으로부터 배제되어왔던 수많은 민초들이 인류의 위대한 자산에 좀 더 가까이 다가갈 수 있게 되었다.

이와 같이 활자화된 지식들은 우리에게 도덕적 지침을 제시해서 더 가치 있는 삶을 살 수 있게 해준다. 그 위대한 인문학적 성찰이 없었더라면 이 사회는 탐욕과 폭력, 적자생존 원리만 판을 치는 정글로 변했을 터이니 상상만 해도 끔찍하다.

지식은 먹고살 방도를 마련해준다. 자연과학과 응용과학처럼 부호로 처리된 지식이 없었더라면 인간은 자연의 맹목성에 끝없이 시달려야 하며, 자연에 얽매여 더 가치 있는 삶을 추구하는 것은 물론 소박한 유희마저 즐길 겨를도 없었을 것이다.

'앎'은 기쁨을 가져다준다. 알면 더 새롭거나 나은 것을 창조할 수 있다. 지식은 창조에 대해 확실하고 튼튼한 기반도 제시해준다. 창조는 그 자체로 즐거움을 줄 뿐 아니라 인간사회를 풍요롭게 해준다. 이처럼 인류가 지금껏 축적해온 지식자산은 성찰, 의식주, 창조를 위해 없어서는 안 되는 것이다.

그런데 이 귀중한 지식을 내 것으로 만드는 것이 그리 쉽지는 않다. 수업을 땡땡이 치고, 강의시간에 딴 생각만 한 사람들은 잘 모를 수 있겠지만 독학을 시도해본 사람들은 이 말이 무엇을 의미하는지를 잘 알 것이다. 암묵지식의 형식화로 인해 지식을 더 쉽게 접하게 되었지만, 그것만으로 충분하지 않기 때문이다.

나아가 허접한 강의만 들어본 사람들은 강의의 중요성을 이해하지 못하겠지만, 훌륭한 강의를 들어본 사람들은 독학보다 배움이 얼마나 더 효과적인지를 실감할 수 있을 것이다. 특히, 지식의 수준이 높아질수록 독학은 거의 불가능하다. 그래서 지식을 효과적으로 배우기 위해 공식교육기관의 체계적 학습과정이 필요한 것이다. 성찰, 의식주, 창조를 위해 이처럼 학교교육이 중요하고 효과적이라는 말이다.

그런데, 이런 학교교육을 받기가 쉽지 않다. 세계에서 두 번째로 높은 대학등록금 때문이다. 소득수준으로 따지면 세계에서 가장 높은 축에 속한다. 최선진국 국민들도 내기 어려운 금액을 1인당 GDP 22위인 우리가 감당하고 있다.

필자처럼 변두리 지방대 교수와 달리 수도권의 유수한 대학에 계신 교수들은 잘 모를 것이다. 교육성과는 부모의 소득에 크게 좌우된다는 사실을! 많은 학생들이 등록금을 벌기 위해 편의점, 마트, 식당에서 최저임금을 받고 매일 아르바이트를 하고 있다. 힘든 노동을 하고 있으니 공부에 집중할 수 없다. 공부 열심히 하라고 나무라지도 못한다. 영어 학원, 자격증 학원 등을 다니는 건 엄두도 못낸다. 나도 잘 몰랐던 사실을 일류들이 어떻게 이해할까?

그래서 학과장으로 있으면서 학과예산 중 일부를 의지가 강한 학생들의 학원비로 보조해주어 몇몇 학생은 그 고된 아르바이트의 족쇄에서 해방되었다! 학생들이 그렇게 좋아할 수가 없다. 눈물겨운 광경이다.

우리 국민은 4대 권리와 4대 의무를 가진다고 배운 것 같다. 4대 의무에는 교육의 의무, 납세의 의무, 국방의 의무, 근로의 의무가 포함되고, 4대 권리는 교육의 권리, 근로의 권리, 선거의 권리, 공무담임의 권리가 포함되는 것 같다. 두 곳 다 교육이 포함되어 있다. 즉, 교육은 권리일 뿐 아니라 의무라는 것이다.

지식기반사회는 더 높은 수준의 지식을 요구한다. 학생들은 이 권리를 누리고 싶어 하며, 이 의무를 기꺼이 지고자 한다. 그리하여 사람답게 성찰도 하고, 먹고살 방도도 배우고, 창조의 기쁨도 만끽하고 싶어 한다. 하지만, 그 장벽은 너무나 높다. 인류의 지성들이 각고의 노력을 기울여 만민이 접근하기 쉽도록 지식을 활자화시켜놓았는데도 말이다.

국가가 지원하고 대학재단이 사적으로 축적해온 재산만 되돌려주어도 배움에 대한 아름다운 열정을 뒷받침해줄 수 있다고 생각한다. 나는 독일에서 공부할 때 공짜로 박사학위까지 받았다. 독일의 경우 모든 대학이 국립이며, 등록금은 거의 공짜(당시 1학기 1만 5,000원 정도였다)나 다름없었기 때문에 가능한 일이었다.

인류의 공유자산을 만민에게 허용하고자 한 그들의 위대한 철학에 힘입어 힘든 환경에서 자란 금쪽같은 학생들에게 내가 받은 그 은혜를 기쁘게 갚아주고 있다. 그리고 그들은 크게 변하고 있다. 교육에 대한 투자가 이루어낸 경제적 효과는 실로 크다. 그러므로 교육은 공짜여야 한다.

솔개 : 교육마저 경제논리를 들이대는 세상이니 참 기가 막힙니다.

↳ 한성안 : 보수정당에 이론을 제공하는 신고전학파 주류 경제학은 모든 재화를 시장에서 상품으로 교환하기를 열망하고 있습니다. 사랑도, 우정도, 명예도, 교육도, 집도 모두 상품이 되어야 한다는 것이죠. 상품으로 되면 돈 있는 자만 그것을 구매할 수 있게 되죠.

Outsider : 우리나라가 학비 걱정 없이 대학에 다니는 나라로 되는 길은 요원하지만, 일단 학교 자체에서라도 변화가 일어났으면 좋겠습니다. 자신의 배만 불리고 주머니를 채우기보다 학생들을 잘 교육시켜 인재발굴과 육성이라는 대학의 기본 목표를 달성했으면 좋겠습니다.

↳ 한성안 : 이런 관행을 고치고자 한때 '사립학교법'을 강화시켰지만, 정권이 바뀐 후 다시 도루묵이 되어버렸습니다. 이것이 보수정당의 본질입니다. 이제부터 사립대학은 학생들의 등록금을 더 쉽게 전용할 수 있게 되었습니다.

DATYLIGHT : 저도 기회는 평등해야 한다고 생각합니다. 돈 때문에 공부하고 싶어도 할 수 없다면 개인에게도 큰 문제가 되겠지만, 훗날 우리나라도 좋은 인재를 놓치는 셈이니까요. 그러나 날이 갈수록 비싸지는 등록금 때문에 대학 새내기임에도 불구하고 아르바이트를 합니다. 주변에 아르바이트하는 친구들이 하나둘 늘어가는 것을 보니 안쓰럽기도 합니다. 하루빨리 등록금 문제가 해결되어 마음 편하게, 그리고 공부에 좀 더 열중할 수 있는 사회가 되었으면 좋겠습니다.

너울가지 : 서울에 있는 대학에 수학 중입니다. 3년 만에 복학했는데 휴학 전보다 학생들의 양극화 현상이 더 심해진 것 같아요. 편의점이나 가장 싼 학교식당에서 한 끼 식사를 하는 이도 있고, 차 타고 학교 밖까지 나가서 밥을 먹는학생도 있습니다. 저 같은 경우 학자금 원리금만 통장에서 꼬박꼬박 나가고있습니다.

프랑지파니 : 더불어 한국장학재단의 대출 금리도 높아지는 바람에 학자금대출조차 손을 덜덜 떨면서 받았던 기억이 있습니다. 취업 후 상환제도라 지금 당장 상환의 압박은 없지만 이자는 매달 계속 쌓이고 있습니다. 취업 후 제 첫월급을 온전하게 만져볼 틈도 없이 원금과 이자를 야금야금 앗아갈 이 제도가 벌써부터 공포로 다가섭니다.

공주님 : 고등학교 때 학원비, 인터넷강의비, 문제집 값이 만만치가 않았는데,또다시 대학에서 책값과 등록금, 밥값, 토익 학원 등에 치이고 살아야 하는삶이 서글퍼졌습니다. 정말 언제쯤 진짜배기 '한가한 호기심' 을 느끼고, 제스스로 궁금해하는 분야를 파고드는 그런 날이 올까요. 사실 그런 호기심을느낄 여유라도 주어졌으면 하는 바람입니다.

shinkwho1 : 죄송한 말씀이지만 저는 대학등록금을 내고 단 한 번도 등록금의가치를 못 느꼈습니다. 고등학교 때처럼 수업 듣고 집에 가고, 수업 듣고 집에 가고. 비싼 대학등록금을 내는 만큼 대우 좀 받았으면 좋겠습니다.

RED : 등록금 문제가 언제 해결될 수 있을지, 너무 속상하네요. 저는 국가가그렇게 정했으니까 어쩔 수 없다고 생각했는데……. 이 글을 읽고 다시 생각이 많아지네요. 제 친구도 등록금 때문에 휴학하고 있습니다. 집안의 장녀라 자기 힘으로 해결해야 된다고 등록금 대출까지 받으면서 겨우 대학에 들어왔는데, 등록금 때문에 투잡하는 것을 보면서 맘이 많이 아팠어요. 국가가 국민들에게 출산을 권장하면서 등록금은 내릴 생각을 안 하니, 도대체 아이를 낳으면 어떻게 키우라는 건지……. 지금은 대학생이지만 가끔씩 결혼이나 미래의 자식을 상상합니다. 사실 결혼은 할 수 있겠지만 자식에 대해 생각하면 한숨밖에 안 나오더군요. 저를 가장 답답하게 만드는 건 교육입니다. 등록금은 점점 비싸지니 누가 감히 아기를 마음놓고 낳을 수 있을까요?

4대강 파괴,
창세기 유감

인간은 자연에서 나와 궁극적으로 자연으로 돌아간다. 곧 자연은 인간의 출발점이자 종착점인 것이다. 어떤 경우에도 인간은 자연과 떨어져 존재할 수 없다. 인간은 낳아주고 다시 거두어주는 자연에 대해 감사해야 한다.

자연이 인간에게 베푸는 은혜는 여기서 그치지 않는다. 다시 거두어들일 때까지 자연은 인간에게 대지로부터 먹을 것을 제공한다. 이런 과정은 규칙적으로 반복되는데, 이런 자연의 법칙에 따라 살면 큰 무리가 없다. 실로 자연은 삶의 터전이자 인간의 동반자다. 이처럼 자연에 감사하며 공존해야 한다는 사실을 알고 난 인간은 급기야 '자연법'을 모든 법의 기준으로 삼았다.

자연에 대한 인간의 존경심이 얼마나 대단한지는 경제학에서도 발견할 수 있다. 경제학의 아버지 애덤 스미스는 물리학에 대한 인상이 대단했던지 당시 물리학을 "일찍이 인간이 해온 가장 위대한 발견"이라고 말했다. 존 스튜어트 밀(John S. Mill)은 "부의 생산에 관한 법칙과 조건이 물리학적 진실의 성격을 공유하고 있다"고 주장함으로써 경제 사회를 자연세계와 동일하게 취급하였다.

그 후 신고전학파 주류 경제학은 물론, 마르크스 경제학, 나아가 최근에 새로이 등장하고 있는 진화 경제학도 모두 자연과학에 그 기반을 두고 있다. 이를테면, 신고전학파 주류 경제학, 마르크스 경제학, 진화 경제학은 각각 '뉴턴의 고전물리학', '사회물리학의 법칙'과 '다윈의 진화생물학'에서 경제와 사회를 이해한다. 급기야 자연은 경제학의 출발점이자 종착역이 될 뿐 아니라 경제학의 규범으로까지 승격되었던 것이다.

그런데 자연에 대한 인간의 이런 짝사랑과 달리 자연은 인간에게 항상 자애롭지만은 않다. 자연은 아무런 이유 없이 인간을 괴롭히기도 한다. 그것도 예기치 않게 말이다. 자연은 가뭄, 한파, 홍수, 태풍은 물론 지진과 같은 대재앙으로 돌연 인간을 공격한다. 자연의 규칙에 감사하며 무한히 신뢰를 보내던 인간은 자연의 배신에 분노한다. 결국, 동반자적 관계를 유지하기 위해서 자연은 인간에 의해 어느 정도 관리될 필요가 있었다. 그럼에도 불구하고 인간은 여전히 자연에 감사하며 그 법칙을 존중했기 때문에 변함없이 인간의 동반자로 남아 있었다.

하지만 기독교가 인간의 의식을 지배하기 시작하면서 사정은 달라진다. 성서에 의하면 신은 자연과 인간을 엿새 만에 창조하였다. 창조자가 창조물의 소유자가 되는 것은 당연하다. 그리고 소유자는 자신의 소유물에 대해 처분권을 행사할 수 있다. 나아가 자신의 대리인에게 소유물에 대한 처분권을 위임할 수도 있다.

"생육하고 번성하여 땅에 충만하라. 땅을 정복하라. 바다의 고기와 공중의 새와 땅에 움직이는 모든 생물을 다스리라(창세기 1장 28절)." 이로써 인간은 자연을 정복하고 다스릴 권리를 공식적으로 얻게 된 것이다. '자연통치권 신수설(神授說)'이라고나 할까.

신으로부터 자연을 통치할 권리를 부여받자마자 인간은 이 공권력을 무제한적으로 행사하기 시작하였다. 특히 그 신이 유일신인 하나님일 경우 이 권력은 최고의 정당성을 갖게 된다. 이때부터 자연은 인간의 동반자에서 지배대상으로 전락해버렸다.

그래서 인간은 일치 단합하여 자연이라는 공공의 적을 정복하고 본격적으로 착취하기 시작한다. 그러한 정복전쟁에는 항상 신의 가호가 따르니 결코 두렵지 않았다. 이러한 '성전'은 서양에서 자본주의와 산업화가 시작되었을 때 가장 치열하게 전개되었다.

캘빈주의 교리에 힘입어 자본주의적 탐욕이 정당화되고 새로운 생산기술이 도입되자 인간은 자연의 존재가치와 존재이유를 고려하지 않고 무자비하게 수탈하기 시작하였다. 자원 채취 과정에서 자연은 훼손되고 파괴되었다. 죽은 물질에 대한 가공기술이 생명체에게마저 적용되면서 리버풀과 맨체스터는 검은 연기로 뒤덮였고, 라인강은 쓰레기와 썩은 물로 흘러넘쳤다. '자연에 대한 인간의 착취'는 '인간에 대한 인간의 착취'에 못지않았다. 기계와 탐욕 앞에서 자연은 죽어갔고 생명은 모욕당했다. 그리고 그것은 인간세계의 지속 가능성마저 위협하였다.

'4대강 살리기' 프로젝트가 현 정부에 의해 착착 실행되고 있다. 나도 물론 강이 죽어가고 있거나 인간에 의해 어느 정도 관리될 필요가 있다고 생각한다. 그런데 진행과정을 보고 있노라면, 자연을 복원하고 생명을 살리겠다는 방안이 미흡하기 짝이 없다. 그나마 강의 건강성을 유지시켜주던 모래톱과 자갈, 바위는 물론 퇴적침전물마저 깨끗이 척결하고 그 자리에 콘크리트바닥으로 만들어버릴 모양이다. 비전문가가 봐도 이건 강을 살리거나 관리하는 것과 한참 거리가 멀다. 오로지 토목기술을 동원한 강에 대한 정복의지만 하늘을 찌를 뿐이다. '4대강 살리기'를 통해 역설적으로 강은 죽어가고 있으며 생명은 모욕당하고 있다.

그런데도 자연에 대한 '장로님'의 정복욕망은 그칠 줄 모른다. 그와 그의 사람들에게는 도무지 동반자에 대한 윤리와 예의가 없다. 후안무치(厚顔無恥)하다. 신의 가호를 받음인지 몰라도 장로님의 의지는 최근 더 결연해졌다. 마치 십자군원정을 준비하는 사람 같다.

이 결연한 원정을 통해 얻을 수 있는 것은 무엇인가? 자신의 성장배경이 된 토건업체의 이익이 증가할 것이다. 4대강 사업으로 주식시장에서 건설주가 인기를 끌고 있다니 정말 그런가 보다. 그리고 일용직들의 일자리가 단기적으로 늘어갈 것이다. 그리고 이 탐욕스럽고도 무심한 자들의 표에 힘입어 보수세력의 권력은 연장될 것이다.

한 줌 보수세력의 재산과 MB의 권력을 지켜주기 위해 우리는 너무나 큰 손실을 치러야 한다. 우리의 삶의 터전이자 영원한 동반자를 훼손하면서. 그것도 돌이킬 수 없는 방식으로 말이다. 창세기의 말씀이 이 후안무치한 행동에 '능력을 주셨다면' 참으로 유감이다.

댓글토론

후추상사 : 자연과 인간의 조화로운 삶이야말로 예수님이 설파하는 가치 중 하나가 아닐까 생각합니다. 자연에 대한 군림을 통해 행복할 수 있는 인간은 극소수에 불과할 겁니다.

↳ 한성안 : 맞습니다. MB는 그러한 극단적인 부류에 속합니다. 그런데, 그런 극단적 사고방식을 가진 사람들의 수가 언젠가부터 크게 증가했다는 것이 문제입니다. 저는 (창세기 혹은) 그 독특한 해석방식, 18세기 자본주의체제, 그 탐욕의 도구인 환경파괴적 산업 및 토목기술로부터 그러한 문제의 원인을 진단해보고자 했습니다. 진화 경제학 방법론에 따라 문화(종교), 제도(자본주의), 기술 세 가지 요인들이 상호작용한 결과라고 본 것입니다. 그 가운데에서도 종교가 근본적인 철학적 기반을 제공한 것으로 보았구요. MB를 이러한 요인들이 상호작용한 결과의 '화신'으로 본 것입니다.

이소 : 기독교의 사상이 지구 위의 모든 생물체 위에 군림하는 인간 중심인 것은 맞지만 그들이 창세기를 통해 인간 제일주의를 배운 것은 절대 아닐 거라고 생각되네요.

↳ 한성안 : 아! 좋은 주제를 생각해주셨군요. 인본주의(humanism)는 본래 중세

시대의 신본주의를 비판하면서 나온 사상입니다. 르네상스가 이에 해당하겠죠. 이로부터 근대사상이 시작되었죠. 그런 점에서 근대적 인본주의는 중세적 기독교정신과 대립됩니다. 그렇게 보면 '환경을 파괴하는 지금의 인간 제일주의'는 근대적 인본주의에서 진화되었다고 볼 수도 있습니다. 그런데 저는 인간 제일주의가 역설적으로 기독교사상과 맞닿아 있다고 보았습니다. 신이 인간에게 자연에 대한 통치권을 부여한 동시에 '생기'를 불어넣어줌으로써 통치행위에 대한 인지적 정당성을 부여했기 때문이라고 보았죠. '신에 의해 정당화된' 인간 제일주의는 자본주의시대를 겪으면서 강화됩니다. 캘빈주의사상이 이윤동기를 정당화시켜주면서…….

자연에 무자비한 인간 제일주의의 기원이 무엇인가? 이제 쟁점은 더 분명해졌습니다. 저는 이것이 기독교사상 혹은 그 극단적 해석방식(문화)과 자본주의의 이윤동기(제도), 그리고 환경에 무자비한 산업기술 및 토목기술의 상호작용과정에서 형성되었으며, 창세기의 창조론이 역설적으로 이에 대한 철학적 기반을 제공했다고 보았습니다.

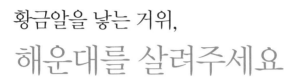

황금알을 낳는 거위,
해운대를 살려주세요

한 농부에게 신기한 거위 한 마리가 있었다. 그것은 바로 황금알을 낳는 거위였다. 황금알 덕분에 농부의 가족도 다른 사람들보다 풍요롭게 살 수 있었다. 그래서 농부는 그 귀한 거위를 소중하게 보살피며 정성스레 키웠다.

그런데, 거위가 알을 하나밖에 낳지 못하니 감질났던 모양이다. 저렇게 알을 매일 낳으니 배 안에 황금알이 가득하지 않을까? 욕심이 생긴 농부는 결국 거위의 배를 갈랐다.

그러나 그 안엔 황금알은커녕 아무런 알도 없었다. 거위가 죽었으니 그때부터 황금알을 얻을 수 없었다. 매일 빠짐없이 선물되던 황금알이 없어졌으니 그의 유복한 생활도 끝이 났다. 나중에서야 농부는 자신의 욕심이 얼마나 큰 화를 불러일으켰는지 비로소 깨달았지만 돌이킬 수 없었다.

남해의 작은 섬에서 태어나 이농 가족으로 부산에 왔지만 부산은 나에게 고향이나 마찬가지다. 누구는 서울을 동경하며 '서울의 찬가'를 부르고 있지만 나는 부산을 참 좋아한다.

부산의 날씨는 겨울엔 따뜻하고 여름엔 시원하다. 그리고 산은 물론 탁 트인 해안과 어우러져 있으니 아름다울 뿐 아니라 놀기에도 좋다. 인간은 일하는 존재인 동시에 유희하는 존재다. 놀기 좋은 도시, 그것도 자연과 함께 노는 도시이니 우리 고장을 좋아한다고 해서 편협한 지역주의자로 오해받지 않으리라.

부산 근교에는 해수욕장이 즐비하다. 많은 이들이 해운대, 광안리, 송정, 다대포 정도만 알고 있겠지만 근교 동해안의 작은 해수욕장들은 더 쾌적하고 아름답다. 그중 해운대가 가장 유명하긴 하지만 나는 여름의 피서철에는 그곳에 가지 않는다. 원래 자기 고장의 명승지엔 주로 외래 관광객들이 방문하지 그 고장 사람들은 잘 가지 않는 일반적 속성 때문이라고 할 수 있지만, 사실 외래 관광객이 너무 많아서 부산 사람들은 다른 해수욕장을 방문하게 된다.

그렇다고 부산 사람들이 해운대를 싫어한다는 것은 아니다. 해운대는 부산의 관광 수입원이요, 자연이 선사한 아름다운 명승지로서 사실 자랑스럽다. 세계에서 몇 안 되는 도심지에 위치하고 있는 해수욕장이라 비수기에는 쉽게 움직여서 바닷바람을 쐴 수 있다. 이런 경제적이고 지리적 이점 때문에만 부산 사람들이 해운대를 아끼고 자랑스러워한다고 생각하면 좀 섭섭하다.

해운대는 부산 사람 각자의 아름답거나 슬픈 추억을 담고 있는 삶의 공간이다. 조선비치호텔 앞의 바위 밑은 중학교 친구 상준이와 함께 작살로 고기를 잡던 곳이다. 부산 지역 시민단체가 투쟁을 통해 겨우 살려낸 송림공원은 대학 시절 동아리 회원들과 같이 자전거를 타던 곳이다. 그리고 그 앞에 펼쳐진 백사장은 아내와의 첫 데이트가 어렵게 성사된 곳이다. 지금은 아파트와 주점으로 빼곡히 채워진 달맞이언덕은 서울에서 대학 다니던 친구들이 내려오면 밤새 술에 취해 거닐던 곳이다.

그렇다고 해운대가 부산 사람들만의 추억의 공간일까? 연간 수백만 명의 타 지역 사람들이 다녀가니 해운대는 실로 대한민국 국민들의 추억을 담고 있는 공간이리라. 여기서 열매를 맺은 사랑과 흘린 눈물은 얼마나 될 것이며, 아이와 보낸 따뜻한 추억은 또 얼마나 많을까?

모든 게 집중된 대한민국 '서울공화국(?)'에서 부산의 해운대가 영화의 소재로 선택됐을 때 부산 사람들의 어깨가 으쓱해졌다는 사실은 부인하기 어렵다. 이처럼 부산 시민의 자랑일 뿐 아니라 대한민국 국민들의 사랑을 받는 해운대가 요즘 위기에 처해 있다.

'해운대가 죽어가고 있다!'

부산시가 108층짜리 초고층 관광리조트를 백사장 코앞에 세운다고 한다. 무려 65만여 제곱미터(19만 8856평)의 넓이와 478미터 높이의 초대형 건물이다. 이미 해운대는 수많은 초고층 빌딩과 아파트, 해안 옹벽 등으로 인해 모래가 유실되어 매년 수억 원씩 모래를 사들여 채워 넣어야 간신히 해수욕장의 외모를 유지할 수 있다. 무늬만 해수욕장이다.

토건업자와 횟집, 호텔업자들의 삽질로 거의 죽어버린 해수욕장이 인공호흡기에 의해 간신히 연명되고 있지만 그 생명이 지속되는 것이 쉽지 않다. 그 유명했던 부산의 송도와 다대포 해수욕장은 물론, 지금도 유명한 광안리 해수욕장은 이미 해수욕장의 기능을 잃은 지 오래다. 30여 년 전 30~40미터에 달하던 광안리 해수욕장의 백사장은 이제 10미터도 채 안 된다. 수많은 건물과 매립지로 모래 흐름이 차단되었기 때문이다. 해운대가 그리 될 위기에 처한 것이다.

부자들과 토건업자들의 욕심이야 이미 신물나게 들어왔지만 공공 살림을 책임지고 있는 부산시장의 그 '기업 프렌들리 정신'은 눈물겹다. 삶에 대한 철학은 물론 '해운대 죽이기' 프로젝트의 승인과정을 들여다보면 공적 살림의 수장으로서 자격이 의심스럽다. '4대강 죽이기'에 몰두하고 있는 정부의 수장과 어쩜 그렇게 판박이인지 모르겠다. 보수정당의 경제 철학은 속일 수 없나보다.

해운대는 지역토건업자들과 부산시에 의해 이미 수차례 난자당해 왔다. 그래서 그 아름답던 스카이라인과 해변, 그리고 달맞이언덕은 더 이상 볼 수 없다. 이 죽임의 경제에 지금까지 부산 지역의 시민단체가 외롭게 투쟁해왔다. 그 결과, 해운대 송림도 겨우 살려놓았다. 그런데 이번에는 아무래도 역부족인 것 같다.

이 죽임의 경제에 안타까워하는 SBS 기자인 후배가 이러한 심각한 상황을 메일로 보내왔다. 서울 양재천에서 이런 일이 일어났다면 중앙언론이 대한민국의 문제로 승격시켜주었겠지만 지방은 '대한민국'이 아니니 그렇지 못하다. 그러니 온 국민이 관심을 가질 수 있도록 이 내용을 널리 알려달라고!

해운대를 사랑하는 대한민국 국민 여러분! 여러분들이 힘을 보태주셔야 될 것 같습니다! 저 죽임의 저승사자들이 황금알을 낳는 거위의 배를 가르지 못하도록 말입니다. 우리 모두의 재산, 황금알을 낳는 거위, 해운대를 구해주세요!

해운대! 그곳은 우리 모두의 추억이 담긴 공간이며 우리의 자손들이 앞으로도 사랑과 눈물을 나눌 공간이기도 합니다. 몇몇 부자들의 앞마당이 아닙니다.

댓글토론

HIAOAIH : 해수욕장 뒤쪽에 방파제나 도로, 건물 등이 들어서서 모래 유입이 차단됨으로써 해변의 면적이 점차 줄어들었으며, 그 때문에 관광 수입 역시 줄어들었다는 동남아 해변 소식을 접한 적이 있습니다. 자칫 잘못하다가는 해운대의 모래사장 역시 영영 볼 수 없게 되고, 또 해운대 주변의 주민들이 삶의 터전을 잃을까봐 두렵습니다.

↳ 한성안 : 그렇죠. 황금알을 낳는 거위의 배를 갈랐으니, 거위가 알을 더 이상 낳지 않았겠죠. 시장경제는 이처럼 어리석습니다.

song : 인간의 욕심은 끝이 없는 것 같습니다. 눈앞의 이익만을 추구하려는 그런 못된 마음들이 늘 아름다운 자연을 하나둘씩 없애버린다는 생각을 하게 되었습니다. 자연은 쉽게 파괴될 수 있지만 쉽게 돌아올 수 없다는 것을 분명하게 인지하고 무분별한 개발을 멈춰야 한다는 생각이 듭니다. 더 이상의 훼손을 중단하고 자연의 아름다움을 있는 그대로 보존하려는 시민들의 관심이 쏟아졌으면 좋겠습니다. 해운대는 정말 아름다운 명소인데 안타깝습니다.

↳ 한성안 : 환경이 재생 불가능한 자원이라는 사실을 무시하죠. 그들은 환경재화의 그러한 특성을 이해하지 못하고 있습니다. 그들의 눈에는 자동차나 환경이나 모든 재화가 동질적으로 보이는 모양입니다. 그것은 모든 재화를 동질적으로 바라보는 신고전학파 주류 경제학의 교리 때문입니다.

공주님 : 얼마나 더 파괴하고 건설하는 만행을 저질러야 저들은 반성할까요? 정말 저들은 후손에게 물려줄 자원 따위에는 관심이 없는 것일까요? 자연이 낳은 아름다운 경관을 왜 108층에서 즐겨야 할까요?

↳ 한성안 : 모든 시민이 누려야 할 공적공간이 108층 꼭대기에 놀러오는 사람들의 사적공간으로 바뀌고 있습니다. 자본은 공공영역을 지속적으로 사유화하려고 합니다.

대안을
찾아서

경제생활을 시민의 관점에서 이해해본 결과, 다양한 생각들이 머리에서 맴돈다. 말도 안 되는 일들이 백주 대낮에 버젓이 자행되고 있다. 해결해야 할 과제도 너무 많다. 그런데도 신고전학파 주류 경제학은 기업과 시장이 모든 문제를 해결해줄 것이니 그냥 조용히 기다리라고 훈계하고 교육한다. 침묵은 금이요, 행동은 경망스럽단다.

하지만 다른 시각으로 바라보니 이러한 문제가 새롭게 이해된다. 경제문제는 경제요인의 조작으로만 해결되지 않는다. 자유시장은 인간이 당면한 경제문제는 물론 인류가 오랫동안 고민해온 '가치 있는' 삶을 해결해줄 수 없다. 경제활동과 경제정책을 기업과 정부에게 맡겨서만은 안 된다.

무엇을 할 것인가? 시민들의 참여가 먼저 필요하다. 참여하고자 하나 정당의 행태가 영 마음에 안 든다. 그리고 시민이 지향해야 할 사회는 어떠해야 할까? 인류에게 비전을 제시할 경제학은 어떤 모습일까? 이런 우리의 생각을 정리하여 함께 생각하면서 갈 길을 모색해보자.

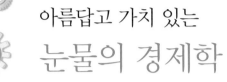

아름답고 가치 있는
눈물의 경제학

(중략)

나는 눈물이 없는 사람을 사랑하지 않는다

나는 눈물을 사랑하지 않는 사람을 사랑하지 않는다

나는 한 방울 눈물이 된 사람을 사랑한다

기쁨도 눈물이 없으면 기쁨이 아니다

사랑도 눈물 없는 사랑이 어디 있는가

나무 그늘에 앉아

다른 사람의 눈물을 닦아주는 사람의 모습은

그 얼마나 고요한 아름다움인가

　　　　　　　　　　　　　　　－ 정호승의 〈내가 사랑하는 사람〉 중에서 －

인간은 참으로 신비로운 존재다. 정신적인 작용만 보더라도 그렇다. 정신적 작용의 결과 과학, 기술, 문학, 그리고 위대한 예술이 탄생하였으니 거의 신적인 존재에 비견될 만하지 않겠는가.

그런데 중세와 종교, 그리고 근대 윤리가 그토록 저주하고 폄하했던 육체마저도 자세히 관찰해보면 참으로 신비하고 아름답다. 인간의 육체는 다양한 종류의 액체를 외부로 배출한다. 먼저, 인간의 몸은 소변을 배출함으로써 내부를 정화한다. 음식을 먹을 때 침이 분비되지 않으면, 음식물이 제대로 소화되지 못해서 인간은 영양실조로 아사할지도 모른다. 기온이 높아 더우면 인간의 몸은 땀을 분비해서 체온을 조절한다. 이처럼 신비롭기도 하거니와 모두 살아있음을 느끼게 하는 사랑스런 생명의 움직임들이다.

하지만 이 모든 액체들은 생물학적 반응이나 목적을 수행하기 위해 배출될 뿐 아니라, 모두 '나 자신'의 요구로부터 분비된다. '눈물'이 배출되는 원인은 이와 다르다. 슬플 때도 눈물이 나고, 기쁠 때도 눈물이 흐른다. 상반된 원인이 동일한 결과를 낳으니 참으로 기이하다. 그리고 감동할 때, 위로를 받을 때도 눈물이 흐른다. 눈물 젖은 빵을 먹어보지 않고는 인생을 이해할 수 없다. 더 재밌는 사실은 '타인'의 아픔을 목격했을 때도 소리 없이 눈물이 흐른다는 것이다. 앞에서 거론한 생물학적 분비현상과 판이하게 다른 점이다. 이 눈물은 공감의 눈물이며, 연민의 눈물이다. 공감의 눈물이니 서로 닦아준다. 이거야말로 육체의 참다운 모습이리라. 그래서 인간이 흘리는 눈물은 아름답고 가치 있는 것이다.

눈물을 흘릴 줄 아는 사람은 사랑스럽다. 그래서 내가 눈물 없는 사람을 사랑하지 못하는 것은 당연하다. 실로, 인간의 정신은 위대하나 그 육신은 신비하고도 아름답다. 나는 신화를 상상하고, 생명을 사랑하며, 눈물을 흘리고 닦아줄 줄 아는 인간을 사랑한다. 그래서 눈물이 증발해버린 학문, 눈물이 메마른 경제학, 인간이 철저히 배제된 신고전학파 주류 경제학을 사랑하지 않는다.

"나무 그늘에 앉아 다른 사람의 눈물을 닦아주는 경제학은 그 얼마나 고요한 아름다움인가."

댓글토론

소피아 : 가슴에 와 닿는 글이군요. 저 또한 눈물이 메마른 사회학을 좋아하지 않습니다. 요즘은 타인의 논문이나 기타 글을 읽으면 그 메마름의 정도를 직감할 수 있겠더군요.

ㄴ 한성안 : 그 척박함과 메마름을 순도 높은 학문으로 취급하고 있으니, 학문이 무엇을 위해 존재하는지 도무지 알 수가 없죠.

매이너드 : '차가운 머리'만 있었지 '따뜻한 가슴'을 잃은 오늘날의 사이비 정치인들과 경제학자들을 보면서 천국의 마샬은 무슨 생각을 할까요?

ㄴ 한성안 : 자신의 '따뜻한 마음'을 철부지로 조롱하는 신고전학파 주류 경제학자들을 보고 크게 걱정하고 있을 겁니다.

반만디젤 : 우리나라는 아직 먼 것 같습니다. 한진중공업 사태와 그 외의 보도들을 보며 직장을 잃은 사람들이 얼마나 억울할지 분노가 치밀어 오르더군

요. 피도 눈물도 없는 사람들이 나라의 경제를 쥐고 있으니, 서민들은 정말 어디에 몸을 기대야 할지, 그 암담함 때문에 눈물을 흘리지 않을 수가 없네요. 전 서러워서 자주 눈물이 납니다. 이 현실이 어서 달라지길 바라는데, 바뀔 생각이 없는 것 같습니다. 서민들을 위해 눈물을 흘릴 수 있는 대통령과 정치인, 경제인들이 많이 생겨나길 바랍니다. 저도 요즘 직장을 잃고 좀 힘드네요……. 교수님 글에서 힘을 얻고 가니 열심히 써주세요.

↳ 한성안 : 아, 그러시군요. 제가 해드릴 게 별로 없어서 안타깝습니다. 실업의 문제는 정권이 바뀌어야만 조금씩이나마 해결될 수 있거든요. 신고전학파 주류 경제학을 신봉하는 현 집권여당은 실업자를 자발적 실업자(스스로 놀고 싶어 노는 사람)로 보지만, 마르크스, 케인즈, 진화 경제학을 따르는 진보정당들은 실업자를 비자발적 실업자(놀고 싶지 않지만 어쩔 수 없이 노는 사람)로 이해하기 때문에 실업정책이 다를 수밖에 없습니다. 그때까지 진보 경제학을 확산시켜 진보정당을 선택하는 유권자들이 많아지도록 노력하겠습니다. 동시에 반만디젤님도 '자신의 위대함'을 망각하지 말고 열심히 준비해야겠죠. 세상에 직설적으로 맞서지 말고, 영리하게(전략적으로!) 맞서도록 합시다. 희망은 이미 존재하는 것이 아니라 만들어가는 것입니다.

막돼먹은 산새 : 저도 정호승 씨의 시를 읽은 적이 있는데 교수님은 이런 생각을 하셨군요. 나를 위해 흘리는 생리적인 분비물, 남을 위해 흘리는 공감과 연민의 눈물, 그래서 눈물은 다르다는 것……. 그런데 걱정입니다. 눈물마저 쉽게 보일 수 없는 남자들, 그리고 이 세상의 힘든 가장들은 어디서 카타르시스와 치유를 얻어야 될까요?

↳ 한성안 : 맞습니다. 저도 그렇습니다. 남 몰래 흘리는 눈물!

낙민 aka Carolus : 모든 학문의 목표가 인간에 대한 이해일 텐데 오늘날의 학문을 보면 인간이 사라진 학문처럼 보여서 아쉬울 때가 많습니다. 특히 계량경제학과 신자유주의가 경제학의 주류가 된 이후로 경제학에서 인간에 대한 이해는 사라지고 오직 수와 도표, 그리고 자본에 대한 믿음만 남은 것 같습니다. 우리나라 학계에도 교수님과 같은 분들이 많아져서 따뜻한 사회과학을 접할 날이 하루빨리 오기를 바랍니다.

↳ 한성안 : 낙민님도 그런 책무를 지고 있죠. 훌륭한 인재가 되시기를 바랍니다.

후추상사 : 우리의 상처에 대해 거짓 눈물이 아니라 진짜 눈물을 흘리는 따뜻한 가슴의 대통령과 고위공무원을 만나고 싶습니다. 지금의 정치인들은 우리들의 아픈 상처에 소금을 뿌리는 것 같네요……

↳ 한성안 : 화폐와 권력의 뜨거운 욕망은 눈물샘을 메마르게 합니다. 이로부터 자유롭고, 이것들을 통제할 수 있는 정치인을 알아보는 임무는 국민에게 있겠죠.

임지 : 아, 저도 지난 학기에 정호승의 〈내가 사랑하는 사람〉을 시험 범위로 공부한 적이 있는데, 다시 읽어보니 참신하네요. 다른 사람의 눈물을 닦아주는 경제학! 요즘 저는 제 또래 학생들이 공부하면서 진정한 학문을 배우고 자신이 모르는 것을 알아가며 재미있게 생각해야 하는데 눈물 없는 공부, 입시에 매달리며 맹목적인 경쟁을 하고 있는 것 같아서 회의를 느끼곤 하죠. 학문이 아니더라도 정치인들이나 경제인들을 보면서 진정한 눈물을 흘릴 줄 아는 사람들이 우리나라를 이끌었으면 하는 생각이 들었습니다. 우리나라에도 교수님과 같은 분이 더 많아지기를 기원합니다. 항상 행복하세요.

↳ **한성안** : 눈물이 촉촉한 삶, 그러한 삶을 이해하고 설명하는 학문이 되어야
겠죠.

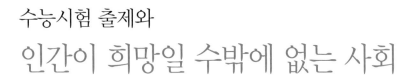

수능시험 출제와
인간이 희망일 수밖에 없는 사회

인간의 사회생활 구조와 원리를 연구대상으로 삼는 분야를 사회과학 (social science)이라고 부르며 경제학, 정치학, 법학, 사회학 등이 이에 포함된다. 사회과학 중에서도 경제학은 인간의 물질적 삶에 초점을 맞춘다.

물질적 삶은 양(quantity)으로 측정된다. 양으로 측정하기 위해 경제학자들은 토지, 노동, 자본 등 생산요소와 상품 수요량과 공급량이라는 개념을 도입했는데, 이 모든 것들은 눈으로 확인할 수 있어 양으로 계산될 수 있다. 예컨대, 토지는 1,000평, 노동은 10시간, 자본은 2억 원(혹은 기계 5대) 등으로 환산되고 신발 10켤레, 자동차 100대로 셀 수 있다.

모든 사물을 양으로 표현하다보니 세상에는 물질만 있고 사람은 없다. 사람이 없으니 사람의 관계보다 오로지 물질변수들의 수학적 함수관계만 난무하는 것이다. 그 결과 인간의 삶을 연구하기 위해 출발했던 학문이 인간을 추방해버리는 역설이 등장한다. 그러니 경제학은 무슨 문제가 발생하기만 하면 양을 늘리든지, 그것을 분배함으로써 이 문제들을 해결하려고 한다. 곧, 모든 희망을 물질에서 찾는 것이다. 사람을 죽이고서라도 말이다.

이와 달리 정치학이나 법학은 이런 문제들을 제도적 장치를 통해 해결하고자 한다. 공적 제도를 마련해 공적 폭력을 동원함으로써 나쁜 짓을 하는 자들을 처벌한다. 여기서는 제도와 법이 희망이다.

물질의 증대와 분배, 제도적 장치들이 인간에게 무용한 것은 결코 아니다. 경제학과 정치학, 법학의 인간적 고뇌는 충분히 존중되어야 한다. 그러나 물질이 아무리 풍요롭고, 제도적 장치가 완벽하더라도, 인간의 문제를 모두 해결해주지는 못한다. 예컨대, 재화와 명예, 권력에 대해 무한한 욕망을 가진 자 앞에서는 완벽한 제도도 무용지물이 될 수 있다. 마음만 먹으면 법과 제도를 얼마든지 우회할 수 있다. 수사가 범죄를 따라잡지 못한다는 말도 있지 않은가?

단지 더 많은 것을 보상하거나, 더 큰 처벌을 가함으로써 사회는 이런 자들의 욕망을 감당해낼 수 없다. 궁극적으로 우리는 그들의 마음에 남아 있는 선한 마음, 곧 이타적 삶, 공존의 의식, 정의와 양심에 기댈 수밖에 없다. 우리의 마지막 희망은 사람 안에서만 발견될 수 있는 것이다. 우리의 외부에 존재하는 물질과 제도 안에서는 그것을 찾을 수 없다.

얼마 전 정부로부터 작은 부탁을 받아 수행한 적이 있다. 대한민국

정부가 공무원을 선발하는데 시험문제를 출제해달라는 부탁이었다. 대한민국 국회가 내게 보낸 위촉장에는 출제내용과 관련된 사항을 누설하지 말 것을 명시해놓았다. 처벌조항도 없고 달랑 부탁 하나뿐이다. 참 허술하다고 생각해서 직원에게 "이렇게 허술해서 어떡하나요?"라고 물어봤는데, 그 직원 왈 "교수님의 양심에 맡길 수밖에 없지 않겠습니까?" 그렇다. 여기서는 어떤 제도도 무용지물이 된다.

공무원 시험에 매달려 머리를 싸매고 있는 젊은이들이 주위에 많이 있다. 가장 가깝게는 2명의 처조카가 여기에 청춘을 반납하고 밤잠을 설치면서 불안과 번뇌에 시달리고 있다. 만나면 그 말이 안 나올 거라고 보장할 수 없었다. 그래서 지난 설엔 그들을 만나지 않으려고 처가 방문시간을 바꾸어버렸다. 아무리 보아도 올바른 사회에 대한 희망은 내 안에서, 그리고 궁극적으로 인간 안에서 발견될 수 있다고 생각했기 때문이다.

얼마전 '응시하는 자녀가 없다'고 속인 후 수능출제 및 검토위원으로 참여한 사람들이 적발된 적이 있었다. 큰 문제는 없었다고 보도되었지만 알 수 없는 일이다. 자신 안에서 희망을 발견했기를 기대해보는 수밖에 없다. 그런데 물질과 화폐를 윤리기준으로 제시하며 인간을 추방하는 신고전학파 주류 경제학이 사회과학의 여왕으로 이 땅을 지배하고 있는 한, 희망은 그리 밝을 수만은 없다.

댓글토론

redsalt : 기업의 양심, 자본의 양심, 뭐 이런 말들이 성립 가능할까요!

↳ 한성안 : 참 어려운 문제군요. 전통적인 정치 경제학의 관점에서 출발하면, 기업과 자본은 물질과 이윤, 축적, 소유에 지배되는 행위자입니다. 마르크스에게 기업은 자본의 화신이어서 도저히 그런 희망을 발견할 수 없겠죠. 하지만 진화 경제학의 관점에서 출발하면, 가능성이 완전히 배제되지 않을 것입니다. 인간은 물질적 조건으로만 분류되지 않는 복잡한 존재, 곧 다중 본능과 문화적 존재이기 때문입니다. 유한양행의 설립자 고 유일한 박사, 악인이었다가 나중에 좋은 일을 하게 된 록펠러, 그리고 카네기, 빌 게이츠 등과 같은 대표적인 사례가 있지만 이름 없는 평범한 사람들 중에서도 그런 위인들이 있지 않습니까? 본질적인 문제이므로 좋은 토론이 일어나기를 바랍니다.

주얼 : 맞아요, 사람이 희망일 수밖에 없지요. 부조리가 있어도 어떻게든 바로잡아보겠다고 고뇌하고 애쓰는 주체가 사람이잖아요. 정치학, 경제학, 사회학, 법학 등의 영역은 공부할수록 씁쓸해지더군요. 이게 맞는 건데, 현실은 너무 썩었구나. '나 혼자 잘못됐다고 외친들 쉽게 바뀔까' 하는 생각에 시니컬해집니다. 그래도 장기적으로는 이 사회에 희망을 걸어봅니다.

↳ 한성안 : 개인의 노력에 관한 글이었지만, 개인의 선행만으로 되지 않는 게 현실입니다. 우리의 훌륭한 인간성이 선택될 수 있도록 제도를 바꾸는 노력도 게을리하지 않아야겠죠.

찬 : 결과가 어떤 것이든 허위 확인서를 제출했다는 것 자체가 문제인데 참으로 옹색한 변명이네요. 작은 것일지라도 결국 그런 일들이 하나둘씩 모여서 우리 사회의 희망을 무너뜨리는 원인이 될 겁니다. 또 그러기에 스스로 명예를 존중하는 Honoris causa와 솔선해서 모범을 보이고 책임질 줄 아는 노블레스 오블리주(Noblesse oblige)가 절대적으로 필요하겠지요.

↳ 한성안 : 거시적 차원의 제도와 물질에만 기대고, 미시적 성찰을 하지 않을 때 거시적 제도가 제대로 작동하기는 쉽지 않을 것입니다. 물질의 보상을 바라지 않는 명예와 제도적 폭력이 동원되지 않는 도덕적 의무는 절망한 우리들에게 희망을 줄 수 있겠군요. 과시와 이기적 본능뿐 아니라 명예와 의무에 관한 본능도 인간 안에 내재해 있다는 것이 베블런의 생각입니다.

〈모래시계〉를 기억하며
친구야, 파가니니를 듣자

한동안 만나지 못했던 학창 시절 친구들과 오랜만에 솔직한 소통의 카타르시스를 즐길 기회를 가졌는데, 우리 사회의 진보에 관한 주제가 도마에 올랐다. 이미 보수화되어 있는 사람들이 새삼 진보를 논하는 자체가 뭔가 어색하기도 했지만 그 시절 시장통 막걸리집의 낭만적 분위기가 재연된 것 같기도 하여 재미삼아 이야기를 나누게 된 것이다. 분위기 맞춘다며 내친김에 맥주와 고급안주(?)를 치우고 가까운 슈퍼에서 소주와 노가리도 반입하였다.

열띤 토론 중에 한 친구가 대뜸 유권해석(?)을 부탁하면서 내게 진보와 보수 중 어디에 속하느냐고 물었다. 그러나 두 가지를 나눌 수 있는 기준이 내게도 명확히 마련되어 있지 않았고, 마련되었다고 하더라도 시대에 따라 달라지니 딱히 할 말도 없었다.

그래서 내가 배운 경제학 상식에 기대어 성장과 분배, 시장과 정부

사이에 존재하는 긴장관계의 끈을 놓지 못하면서, 성장과 시장을 통해 분배문제가 자동적으로 해결되지 않는다고 생각하는 사람들이 좀더 진보 축에 속하는 반면, 성장과 시장을 더 중시하고 이들이 분배문제를 자동적으로 해결해준다고 믿는 사람들을 보수적이라고 볼 수 있을 것 같다고 대략 얼버무렸다.

특히 세계화가 빠르게 진행되는 현내사회에서 후자의 견해를 극단적으로 주장하는 사람들을 '신자유주의자'나 '자유지상주의자'라고 부를 수 있는데, 적어도 나는 이런 극단주의자가 아니란 점에서 아마 진보에 속할 것 같다고 했다.

과연 꽤 괜찮은 직장의 고위직답게, 두 사람은 농담을 섞어 직설적으로 말했다. 자네 나이가 몇 살인데 아직까지 진보 운운하느냐고. 그래서 지금까지 내가 이런 생각을 견지하는 이유는 우리 세대가 한 번씩은 고민해보았던 문제들이 여전히 풀리지 않았으며, 특히 신자유주의적 흐름 아래 불균등 분배문제의 해결 전망은 더욱 어두워지고 있기 때문이라고 말했다. 그러니 착각하지 말고 우리 사회의 진보를 다시 생각하라고 우스개로 응수했다.

세 사람 모두 학창 시절 대단한 투사라기보다 정의와 민주주의를 사랑하는 휴머니스트들에 불과했었고, 현재는 적어도 냉혹한 신자유주의자들의 진영에는 가담하기 싫기 때문이겠지만 무엇보다도 세 사람 사이에 켜켜이 쌓여온 우정 때문에 금방 이심전심이 되어 지난 시절 애기로 꽃을 피우다 헤어졌다.

그 일이 있고 두어 달이 지난 엊그저께 파가니니의 '바이올린과 기타를 위한 소나타 6번 E단조'를 듣게 되었다. 파가니니의 음악은 원래 나 같은 아마추어 음악애호가의 마음을 쉽게 사로잡을 정도로 아름답기도 하지만, 1995년에 방영되었던 드라마 〈모래시계〉를 생각나게 하는 음악이어서 그런지 내게 더욱 의미 있다.

〈모래시계〉는 우리 사회의 민주주의를 짓밟았던 박정희의 유신독재, 군사쿠데타와 5 · 18 광주학살로 집권한 전두환 정권에 항거하던 70, 80년대 세대의 열정과 갈등을 리얼하게 묘사했는데, 이 음악이 방영 내내 흘러나와 드라마를 한층 감동적으로 만들어주었던 것 같다. 그래서인지 나에게 파가니니는 항상 모래시계와 함께 독재, 불의, 인권탄압, 불평등에 맞서던 그 질곡의 시대에 대한 매개항이다. 이런 생각은 나뿐만 아니라 어쩌면 동시대를 살아왔던 모두에게 해당되는 것일지도 모르겠다.

〈모래시계〉가 종영된 지 오랜 시간이 흘렀다. 그 질곡의 역사가 드라마로 정리된 지 이렇게 많은 세월이 흘렀건만 우리가 고민했던 문제 중 많은 것들이 여전히 풀리지 않고 있다. 그 가운데서도 자유지상주의를 부르짖는 신자유주의적 광풍 아래 우리 사회의 불평등은 심화되고 있다. 그래서 21세기에는 양극화가 화두로 되었다.

그런데 이 양극화 문제는 성장과 시장만으로 해결될 것 같지 않다. 이미 우리 경제는 고실업이 일반화되는 선진국형으로 변모되고 있으며 작금의 지식기반경제는 고용 없는 성장을 가속화시킬 것이기 때문이다. 그뿐인가? 속도를 더해가고 있는 세계화는 변화에 유연한 20퍼센트의 지식형 인간과 그렇지 못한 80퍼센트의 보통형 인간으로 양극화시킬 가능성을 높이고 있다.

세계적인 정치철학자 존 롤스(John Rawls)는 《정의론》에서 "자유사회의 불평등은 최소 수혜자의 지위를 개선할 때만 허용될 수 있다"고 주장했다. 그러나 오늘의 양극화는 이 최소한의 조건마저도 충족시키지 못할 정도로 심화되고 있다. 이것이 어찌 저들만의 일인가?

친구여, 보다 나은 사회를 꿈꾸었던 우리의 그 숱한 밤들이 떠오르는구나. 오늘 밤 우리 파가니니를 들어보자.

댓글토론

깊은 산 : 우선 '세 사람 모두 학창 시절 대단한 투사라기보다 정의와 민주주의를 사랑하는 휴머니스트들'이란 글귀에서 어떤 동류의식 같은 것을 느끼게 됩니다. 아버지 같았던 은사님께서는 당신을 '인도주의자'라고 항상 말씀하셨죠.

↳ 한성안 : 진보는 인도주의 정신에서 출발해야 한다고 생각합니다. 비록 그것이 무력하고 초라하게 보일지라도…….

blue note : 뭔가 해결되지 않는 아쉬움이 많이 남는군요.

↳ 한성안 : 해결 가능성 여부는 미리 예정되어 있지 않습니다. 역사에서 법칙이 존재하지 않듯이……. 해결 여부는 우리 인간이 결정하는 것입니다. 그 가운데서도 깨어 있는 시민과 행동하는 양심들이 이 불의한 사회를 정의롭고 따뜻한 사회로 바꿀 수 있겠죠. 비록 어렵지만…….

향원 : 파가니니의 난해한 악보도 위대한 연주자의 수려한 연주로 들으면 너무 아름다워요. 우리가 사는 세상에도 멋진 지휘자의 리더십으로 보수와 진보가 조화된 아름다운 연주가 울려 퍼졌으면 참 좋겠습니다.

↳ 한성안 : 함께 사는 세상을 여는데 파가니니의 음악이 기여할 수 있으면 좋겠군요.

명절 소회,
'좋은' 공동체를 위하여

아리스토텔레스는 인간을 '사회적 동물'로 정의하였고, 마르크스는 인간을 '유적 존재'라고 불렀다. 곧 인간이란 원래 사회적으로 협동하고 연대하면서 어우러져 살아가는 존재라는 것이다. 인간에 대한 이러한 관점을 이어받아 진보적 경제학자들은 사회적으로는 협력, 정치적으로는 연대, 경제적으로는 평등에 기초하는 공동체 사회를 꿈꾼다.

그러나 보수적 경제학자들의 생각은 이와 완전히 다르다. 신고전학파 주류 경제학에서 뚜렷이 드러나듯이 이들에게 인간은 사회적 관계와 제도적 맥락에서 독립되어 있는 '원자'로 이해된다.

이러한 원자론적 관점에 따라 보수적 경제학자들은 사회적으로는 경쟁과 고립, 정치적으로는 자유, 경제적으로는 불평등에 기초하는 자유방임적 시장을 지향한다. 급진주의자들에겐 우습게 들리겠지만 경제학에 관한 나의 생각은 진보적이다. 스스로 생각해보더라도 좀 미흡하지만, 그래도 진보적이고자 무척 고민한다. 그렇다면 공동체적 삶을 적극적으로 지향해야 마땅할 것이다. 그런데, 현실과 복잡하게 얽힌 생각은 반드시 그렇지 않다. 진보라고 외쳐대지만 실제의 생각과 삶은 모순과 갈등으로 어지럽다.

이런 모순이 가장 극명하게 드러나는 때가 혈연공동체가 힘을 얻게 되는 명절이다. 명절은 즐거워야 하지만, 결혼 후 독립된 가정을 갖고 나서 명절이 즐겁다는 생각을 한 번도 해본 적이 없다. 그건 우리나라 모든 며느리들이 겪는 명절증후군 때문이다. 그런데 요즘은 명절노동으로 지친 주부들만 명절을 고통스럽게 여기진 않는다. 청소년은 공부와 '엄친아' 때문에, 대학생은 직장 때문에, 직장인은 결혼 때문에 스트레스가 말이 아니다.

하지만 강력한 혈연공동체의 권력과 권위 앞에서 가련한 개인들은 이러한 노동과 무례를 견뎌내야 한다. 개인의 사정과 처지는 전혀 고려되지 않는다. 공동체의 존속을 위해 참거나 자발적으로 수용해야 하는 것이다. 내가 속한 혈연공동체는 종교공동체와 결합되어 있다. 그것도 전지전능하시고 무소부재하시는 유일신, 창조주 여호와를 믿는 기독교공동체다. 혈연공동체에서 행동과 사고는 가족관계에 종속되지만 종교공동체에서 그것은 신앙(믿음)으로 재단된다. 내가 경험한 바로는 기독교인들에게 신앙만큼 강력하고 설대적인 기준은 없다. 그 기준 앞에서는 어떤 다른 기준도 힘을 잃는다. 그것을 받아들이면 형제요, 자매요, 모친이지만, 그렇지 않으면 개종 대상이요, 사탄이며, 죄인이다.

내 아내는 자신의 완성된 삶과 풍족하지 못한 남편의 소득을 보전하기 위해 노동하느라 파김치가 될 정도로 지쳐 있다. 명절은 그녀가 쇠약해진 육체를 회복시킬 절호의 기회다. 절대 휴식이 필요하건만 혈연공동체는 이 가련한 구성원의 처지를 결코 이해해주지 못한다. 그의 이야기에 귀 기울이려 하지 않으며 가차 없이 가사노동이 할당된다. 그러니 명절은 육체적 피로를 가중시켜 오히려 병을 만든다. 고난의 행군이다.

그녀는 신앙을 갖고 있지 않다. 필요성을 느끼지 못한다는 것이다. 내가 봐도 아내가 신앙을 가져야 할 이유가 없다. 충분히 성실하고 도덕적이며 타인을 배려한다. 그 자체로도 충분히 존중될 만하다. 그녀의 무신론이 악의 구렁텅이에서 구원되어야 할 정도로 사악한 것인지 잘 모르겠다.

무신론적 사고도 유신론적 사고와 똑같이 존중되어야 할 가치가 있다. 그러나 기독교공동체는 그것을 결코 용납하지 않는다. 찬송, 기도, 성경 읽기 등 매년 그녀에게 가해지는 '종교적 테러'를 보고 있으면 안쓰럽다. 어떤 때에는 부아가 치밀어 공동체가 혐오스럽기까지 하다.

나는 이런 상황이 나만 겪는 명절증후군인 줄 알았다. 그런데, 알고 보니 이런 어려움은 인간적 사랑만으로 기독교공동체에 불가피하게 편입된 대다수 불신자들에게 해당되고 있었다. 가족공동체와 종교공동체 안에 연대는 풍부하지만 개인과 자유는 없다.

나는 진보적 경제학자로서 공동체적 삶을 지향한다. 그러나 그 공동체는 열려 있어야 한다. 그것은 가능한 개인의 삶을 존중하는 건강한 공동체여야 하다, 그리고 적어도 권위주의적 혈연관계는 물론 배타적 종교로부터도 자유로워야 한다. 곧, 좀 더 낮은 수준의 결속력과 더 많은 자유, 그리고 더 많은 개인주의가 필요하다는 것이다. 나의 공동체는 적어도 이 정도만큼 '보수적'일 필요가 있다.

사적인 일을 공론화시켜 이래저래 죄송하지만, 이런 이유들로 인해 공동체 자체를 혐오하게 되는 진보주의자들이 많을 것 같아 걱정스러워 발설해본다. 지나가는 말이지만 우리 가족 구성원들의 '진보적' 성향은 평균을 상회한다.

댓글토론

쭈니얌 : 많은 것을 이해할 수 있고 이해하려고 합니다. 단, 매달 혈연도 지연도 아닌 이웃에게 봉사할 수 있는 여유가 있다면, 조금 더 내 자신을 양보하는 미덕도 발휘할 수 있는 현명함도 필요하다 싶네요. 희생이라 생각하지 마시고요, 나눔이라 생각하면서 지내보시는 것도 괜찮을 듯합니다.

↳ 한성안 : 그런 것 같군요. 다만 핑계와 꾀병이 아니라 진짜로 건강이 악화된 경우에도 일을 해야 하는 상황이 많아 안타깝다는 생각에서 쓴 글입니다.

사고뭉치 : 동감입니다. 저도 아직 결혼은 안 했지만, 명절 때마다 고생하시는 여성들을 보며 가족공동체라는 게 참 폐쇄적이고 권위적이라는 느낌을 받기

도 하죠. 군대 같은 권위적인 조직에서 일상의 삶을 영위할 수 없으니, 우리가 추구해야 할 공동체의 정의에 대해서 깊게 고민해야 할 듯하네요.

↳ 한성안 : 아, 김기자님 솔로셨군요. 훌륭한 신랑감이 솔로로 계시다니……. 솔로탈출 순간부터 이런 고난이 시작될 텐데, 그때까지 '우리가 추구해야 될 공동체의 정의' 에 관한 리포트를 우리 블로그에 제안하셔야 될 겁니다.

시골선생 : 우리나라 사람들의 의식과 행동을 지배하는 강력한 종교 중 하나는 '남자교' 인 듯합니다. 남자교는 명절날에 그 실체가 비교적 잘 드러납니다. 신을 하나님 아버지라고 칭하는 기독교도 아무래도 남자교 중 하나가 아닐까 생각합니다.

↳ 한성안 : 남자교는 명절에 실체가 드러난다. 와우! 정말 재밌는 분석입니다.

박준철 : 태초 이래 결속력이 가장 강한 집단 베스트 3을 뽑은 적이 있습니다. 1위-종교, 2위-가족, 3위-군대 순서로 등극했더군요. 말하고 싶은 건, 군대의 명령은 가족의 사랑 앞에 무너질 수 있고, 가족의 사랑은 종교적 신앙 앞에 무너질 수 있다는 뜻입니다. 인간의 고통과 슬픔, 아픔과 불안, 이런 모든 것들을 종교에 기대어 마음의 평안을 얻고 삶의 지향점을 제시하면서도, 더불어 수많은 절제와 수련을 의무화하는 것이 일반적인 종교라면, 개신교 같은 경우는 절대자인 신을 무조건적으로 따르고 믿음으로써 모든 것을 덮어버리는 것을 모토로 취하곤 합니다. 눈감고 기도하고 절대적으로 믿기만 하면 모든 것을 주신다고 하지요. 그렇게 해서 이루어지지 않으면 개인의 믿음이 부족해서, 기도가 시원찮아서 그렇다고 합니다. 저희 집도 부모님이 기독교를 믿으셨습니다. 아버지는 몇 년 전 기독교의 독선과 독단, 타 종교에 대한 배타적인 태도와, '믿으면 천국, 안 믿으면 지옥' 이라는 이분법적 흑백논리에

질려버렸는지 발길을 끊으셨습니다. 어릴 땐 멋모르고 따라다녔는데, 저 역시 나이가 들고 사리분별이 명확해지고 나니, 늘 하던 것을 계속 하라는 강요를 당하는 것이 여간 불편하지 않습니다.

↳ 한성안 : 기독교가 배타성과 독선을 버리지 않는다면, 이 땅에 진정한 공동체는 마련될 수 없을 것 같군요. 진정한 공동체의 상상력을 억압하는 '교리'가 아니라 모든 이에게 공동체를 향한 희망을 줄 수 있는 종교로 중생하기를 바랍니다.

교육현장에서 본

좋은 것의 의미

'좋은 것'이란 무엇인가? 어떤 말의 의미가 분명하게 이해되지 않을 때 우리는 비슷한말과 반대말을 활용한다. 필자가 초등학교 다닐 때 비슷한말과 반대말 찾아오기가 국어 숙제의 상당 부분을 차지했었다. 정말 좋은 교육방식이었지만, 나는 그 학습방식을 철저히 배반했었다.

당시 '전과'라는 것이 출간되면서 그 답이 고스란히 나와 있었기 때문이다. 고민할 필요 없이 베껴 가면 만사형통이었다. 그 결과 점수가 높아질수록 국어실력은 형편없이 타락해버렸다. 어른이 되고 나서야 그 교육방식의 참뜻을 이해하고 경제학을 그 방식으로 연구하였다. 예컨대, 가장 간단한 '시장'과 '상품'을 정확히 이해하기 위해 '가족'과 '선물'이라는 단어를 떠올리는 것이다. 그래서 나는 경제학을 가르칠 때 항상 국어처럼 가르친다.

좋은 것의 반대말은 '나쁜 것'이다. 나쁜 것에는 악한 행동과 정의롭지 못한 행동이 포함된다. 고대인들은 무엇을 나쁘다고 생각했을까? 모세가 여호와로부터 시나이산에서 받았다는 '십계명'에는 여호와라는 유일신에 대한 불경과 더불어 살인, 절도, 불효, 간통, 사기가 나쁜 짓의 목록에 올라 있다. 서양에서 로마시대부터 기독교가 국교로 채택되었으니 나쁜 짓에 대한 서양인들의 인식은 십계명과 연관되어 있다.

고조선시대의 '8조금법(八條禁法)'은 살인, 상해, 도둑질을 나쁜 짓으로 간주하고 금지하였다. 적은 사례들에 불과하지만 고대인에게 종교적 계율을 제외하면 살인, 상해, 절도, 간통, 사기, 불효는 사회적 관계를 파괴하는 나쁜 짓이다. 이런 짓을 저지르면 공적 기관에 의해 처벌받았다.

하지만, 이 경우를 넘어서면 공적 처벌 대상이 아니다.

첫째, 그러한 것들은 사적인 영역, 곧 프라이버시로 간주되기 때문이다. 프라이버시를 치외법권 영역으로 간주하는 사상은 개인주의가 시작된 근대사회에서 강화되었다.

둘째, 공적 처벌 대상에서 제외되는 순간 사람들은 사적 영역에서의 행동을 '좋은 짓'으로 생각하게 된다. 사회적 악영향을 끼치지 않는다면 모든 사적인 행동은 좋다! 제발 내 맘대로 하게 놔두라는 자유방임사상이 싹트는 것이다.

자유방임주의가 사회에 나쁜 영향을 미친다는 사실은 존 내쉬(John F. Nash)와 같은 많은 경제학자들에 의해 이미 지적되었다. 하지만, 사회에 전혀 나쁜 영향을 미치지 않는 자유방임주의도 존재한다.

그렇다면 자유방임주의가 왜 문제가 될까? 그것은 자유방임주의가 '자신에게' 나쁜 영향을 미치기 때문이다. 많은 개인들은 편리한 것을 좋다고 생각한다. 또, 맛있는 것을 좋다고 생각한다. 나아가 쉬운 것을 좋다고도 생각한다. 신고전학파 주류 경제학은 그렇게 가르친다. 그런데, 사실 편리하다고 해서 자동차만 타고 걷지 않으면 결국 자신의 건강은 망가진다. 맛있다고 과식하면 비만해져 당뇨, 고혈압 등 성인병으로 평생 고통받는다. 쉬운 길만 찾다보면 진리를 얻지 못할 뿐 아니라 밥벌이에 필요한 실력조차 갖추지 못하게 된다.

요즘 학생들을 가르치는 일이 쉽지 않다. 필자의 지도방식은 엄격하다. 무엇보다 기초를 중시하며, 기본원리를 철저하게 반복시킨다. 나는 학생들에게 줄 돈도 없으며, 옷을 입혀주지도 못하고, 밥도 사주지 못한다. 그러나 이러한 지도방식의 결과가 나중에 그들에게 수천 그릇의 밥과 수백 벌의 옷을 가져다줄 것이라고 확신한다. 그것이 비록 고난의 길이어서 어렵게 여겨질지라도 좋은 길임을 확신한다.

원리를 이해하지 못하면서도 쉽게 진도를 나가는 교육, 피상적으로 훑고 암기만 하는 교육, 미리 나누어준 객관식 문제를 암기해서 평가를 마무리하는 교육, 어떻게 보면 가르치는 입장에서 편리하고 쉽다. 또 적지 않은 학생들이 그런 교육을 편하니까 '좋다'고 생각한다. 하지만 편리하고, 맛있고, 쉽다고 해서 좋은 것은 아니다. 교육은 더욱 그렇다. 편리하고 쉬운 것은 교육을 망친다. 교육이 안 되면 인간은 성찰능력도 없고 밥벌이도 못하게 된다. 결국, 독이 되는 것이다.

학생들에게 좋은 것을 좋은 것으로 이해할 수 있는 지혜로운 눈을 가지게 하려고 하지만 말처럼 쉽지 않다. 올해는 더욱 그런 것 같아 씁쓸하다. '피리를 불어도 춤추지 않는 세태'를 한탄하신 예수의 마음을 어느 정도 이해할 것 같다.

댓글토론

스케빈져 : 좋은 약이 입에 쓰다. 편안함이라는 물에 옷을 적시기는 쉽고 빠르지만, 이미 젖어버린 옷을 말리려니 시간은 걸리고……. 문득 또다시 쉽고 빠르게 말리려는 제 모습이 보입니다. 젖은 옷이 무겁게 느껴지는 글입니다.

↳ 한성안 : 요즘엔 기술이 발전하여 젖은 옷도 빨리 말릴 수 있죠. 드럼 세탁기가 있잖아요. 마음만 굳게 먹으면 이런 것쯤이야 불가능하겠습니까? 지금도 늦지 않았어요. 시작이 반입니다.

설날의 맛있는 휴식,
일, 놀이 그리고 행복의 경제학

일하고 싶은가, 놀고 싶은가? 자연을 연구대상으로 삼는 자연과학과 달리 경제학은 사회현상을 연구대상으로 삼는 사회과학이다. 그중에서도 경제학은 인간의 먹고사는 활동을 연구주제로 삼고 있다.

먹기 위해선 먼저 일해야 한다. 동물처럼 인간도 수렵과 채취를 통해서 먹거리를 구할 수 있지만, 그것만으로 복잡한 인간의 욕구는 충족되지 않는다. 그래서 인간은 자연자원에 인간의 힘과 의지를 가함으로써 생활에 필요한 물적수단과 정신적 결과물을 새롭게 생산해낸다. 우리는 이런 활동을 '노동'이라고 부른다.

이처럼 인간은 노동 없이 생활수단을 확보할 수 없고, 유무형의 생활수단 없이 살아갈 수도 없다. 따라서, 경제학이 인간의 먹고사는 활동을 연구주제로 삼는다고 할 때 그것의 가장 핵심적인 연구대상은 실제로는 노동이 되는 것이다.

인간의 이런 본질적인 활동에 주목해서 그런지 몰라도 성서는 '일하지 않는 자, 먹지도 마라'고 경고하고, 마르크스도 노동을 모든 가치의 본질로 보았다. 그의 '노동가치론'이 이를 대변해주고 있다. 이런 철학적이고 경제학적 사고는 단지 이념으로만 치부될 수 있다. 우리도 실업을 매우 두려워하지 않는가? 이런 치명적인 공포 때문에 케인즈 경제학은 실업해소를 최우선 과제로 삼고 있다.

노동에 대한 이런 우호적 태도는 베블런과 같은 진화 경제학자들에게서도 발견된다. 베블런은 《유한계급론》에서 노동하지 않으면서 낭비와 과시를 일삼는 유한계급들을 신랄하게 비판하는 동시에, 노동활동과 지식활동을 하는 '산업계급'을 찬양한다.

대체적으로 마르크스, 케인즈, 베블런 등 진보적 입장에 서는 경제학자들은 전통적으로 노동을 신성시하는 경향이 있다. 이들은 주로 인간을 '호모 파베르(Homo faber)', 곧 제작하는 인간으로 이해한다. 이런 자이언트들의 영향을 받아서인지, 필자도 게으른 사람을 별로 좋아하지 않고, 실업에 빠진 사람들에게 일자리를 제공하는 정책에 대해서도 매우 적극적이다.

그런데, 일도 과하면 고통과 질곡으로 변한다. 마르크스의 《자본론》을 읽어보면 영국의 산업혁명 시기에 자본가는 자연의 리듬을 거역하면서까지 노동시간을 연장하였다. 자본의 그런 '초자연적 전략'은 60, 70년대 한국의 산업화 초기 단계에서도 어김없이 적용된 후, 오늘도 여전히 그 위력을 발휘하고 있다. 한국 노동자의 노동시간은 OECD국가 중 가장 길다. 그것도 월등하게 말이다. 이런 '일중독사회'에서 노동예찬론을 부르짖는 건 어쩌면 죄악일지도 모르겠다.

나아가 인간은 노동하는 존재일 뿐 아니라 '놀이하는 존재'이기도 하다. 요한 호이징가(Johan Huizinga)에 의하면 인간은 호모 파베르일 뿐 아니라 '호모 루덴스(Homo Ludens)', 곧 '유희적 인간'이기도 하다는 것이다. 따라서 노는 건 죄악이 아니라 인간의 본질적인 모습이다.

지난 설날 연휴 동안 글 한 자 보지 않고 며칠을 쉬었다. 정말 살 것 같았다. 휴식이 이처럼 좋을 때가 없었다. 내가 호모 루덴스, 곧 본질적으로 놀이를 좋아하는 존재임을 깨달았다.

그렇다고 노는 것만이 선이고 노동은 죄악인가? 반드시 그렇지는 않다. 먼저, 인간은 노동행위와 그 결과물을 통해 자신의 존재를 확인하고 자신의 의지를 실현할 수 있다.

노동을 하지 않으면 자신의 욕구를 충족시킬 수 없음은 물론 사회에 기여할 수 없을 것이며, 노동이 없다면 휴식도 그처럼 달콤하지 않을 것이다. 장기간의 휴식, 영원한 놀이는 죽음과 같을 것이다. 그러므로 보수적인 주류 경제학이 일컫듯이 노동은 그 자체로 결코 '비효용(disutility)', 곧 고통이나 징벌이 아니다.

인간에게 노동은 반드시 필요하다. 하지만 인간의 심신을 훼손시키는 고역과 지나친 노동, 곧 과로는 불행을 초래한다. 따라서, 적당한 노동과 적당한 휴식이 우리에게 필요하다. 적어도 노동에 관해서는 '다다익선'보다 '과유불급'이 타당하다는 말이다. 그것만이 호모 파베르인 동시에 호모 루덴스인 인간의 본성에 부합될 것이며, 그것만이 우리에게 기쁨과 행복을 줄 것이다.

한쪽의 과잉노동은 다른 쪽에서 실업으로부터 고통받는 이웃들을 반드시 양산해낸다. 이처럼 과잉노동과 과소노동이 병존하는 한, 그 누구도 행복해질 수 없다. 그건 모두에게 불행이다.

그러나, 마음만 먹고 제도를 고치면 인간은 이 불행을 행복으로 바꿀 수도 있다. 정규직과 비정규직, 실업자들 사이에 일자리를 나누는 것! 그리고 이 '사회학적' 과정에 기업도 자신의 경제적 몫을 양보하는 것! 이런 나눔과 양보, 연대의 정신이 노동과 유희를 함께 즐길 수 있게 해주며 인간의 삶을 행복하게 만들어줄 것이다.

일하고 싶은가, 놀고 싶은가? 이제 극단적으로 생각하지 말자. 일도 하고 놀기도 하면서 행복해지자. 그러면 나뿐 아니라 모든 구성원이 행복해진다.

솔개 : 경영학의 입장에서 볼 때 가장 이상적인 것은 일을 놀이처럼 하는 것이지요. 그렇게 되도록 하는 것이 경영자의 본분이고요. 이런 관점에서 비정규직 문제를 포함한 제반 노동의 문제를 풀면 답이 나오는데, 눈앞의 이익에만 급급하니……. 실제로 좋은 성과를 내는 기업일수록 구성원들이 즐겁게 일하고 있습니다. 당연한 일이지요.

↳ 한성안 : 정규직은 일자리를 나누고, 기업과 부자들도 경제적 이익을 양보하면 불안 속에서 일하고 있는 비정규직들의 노동도 즐거워지겠죠. 그러면

정규직의 노동도 즐거워지고, 기업의 생산성도 향상될 텐데……. 경쟁과 대결의 문화를 협력과 공존의 문화로 바꾸는 작업부터 시작되어야죠. 그 래서 교육이 중요한 것 같습니다.

반만디젤 : 잘 쉬어야 일도 의욕적으로 할 수 있겠죠. 인간에게 주어진 사명을 다하더라도 쉼이 없는 인생은 너무 고달플 것 같습니다. 쉬는 것을 넘어 적극적으로 재미를 만들어야 하지 않을까 생각합니다. 교수님께서 푹 쉬셨다니 저도 왠지 뿌듯한데요.

↳ 한성안 : 일만 하는 인생! 그것도 자신의 소유만을 위한 일! 정말 무의미한 인생이죠. 덕분에 잘 쉬었습니다.

유리알 : 우리나라는 주당 40시간의 노동, 프랑스는 35시간이라고 들었습니다. 우리 학생들의 경우는 학교에서만 하루 15시간씩 5일, 토요일 8시간, 합이 83시간입니다. 여기에 개별적인 학습과 사교육까지 합치면, 이건 완전히 청소년 학대 수준입니다. 내년에 고3 담임을 하기로 했는데, 참 걱정입니다. 이런 교육이 청소년 학대라는 것을 모르는 세상에서, 어떻게 아이들을 위무하고, 행복하게 해야 할지 속수무책입니다

↳ 한성안 : 그런 학대 속에서 배움에 대한 열정이 싹트기를 기대하는 것은 무리겠네요. 고3까지만 배우고, 그 이후부터는 오로지 사회적 관계(사회적 프리미엄)에만 목숨 걸고 사는 사회, 그 때문에 술과 부정, 반칙으로 얼룩진 사회는 불행한 사회입니다. 이러한 사회로 가는 것을 막기 위해서 유리알님의 교육정신이 한층 요구되는 것 같군요.

Enjoying : 정당하게 땀 흘리는 자가 대접받는 사회를 이루기 위해 경제학을 배웁니다. 하지만 현실은 매우 답답합니다. 노동시간도 문제지만 비정규직으

로 대표되는 노동시장이 너무 문제입니다. 인구노령화에 비추어 국민연금을 빗대기도 하지만 사실 비정규직이 많아질수록 퇴직 후 받을 국민연금을 받쳐줄 사람도 적어질 수밖에 없다고 봅니다. 결국, 이 문제를 현재의 비정규직에 종사하는 사람들과 비정규직이 될 수밖에 없는 사람들의 문제로만 볼 수는 없습니다. 나중에 연금을 받는다고 좋아할 때가 아니라, 나중에 연금을 받쳐줄 정규직이 적다는 사실을 인식하고 공감대를 형성해야 한다고 봅니다. 왜 비정규직이 있어야 하는지 이해할 수가 없습니다. 도대체 누가 만든 함정이고, 그 함정에서 빠져나오지 못하는 젊은이들의 앞날이 너무나도 캄캄합니다.

↳ 한성안 : 인간의 삶은 안중에도 없이 자신의 소유, 과시, 지배만을 추구하는 냉혹한 파워엘리트들의 탐욕 때문입니다. 이러한 3가지 욕구를 충족시키기 위해 이들은 이윤만을 추구하고, 이를 위해 비용을 줄이려고 합니다. 비용을 극소화하는 냉혹한 시장주의적 사고 때문에 비정규직이 양산되고 있습니다. '경제적 합리성'과 '기업의 탐욕'이 결합되면 이처럼 많은 이들이 고통스런 삶을 살게 됩니다.

푸른지네 : 백수에게 '일자리'란 말이 얼마나 절박하게 들리는지, 백수를 겪어보지 않고서는 잘 모를 겁니다. 얼마 전, 대통령이 청년 백수들에게 눈높이를 낮추라고 한 적이 있는데, 생존의 벼랑 끝에 몰린 사람들은 알아서 눈높이를 낮춥니다. 그렇지 않으면 버틸 재간이 없거든요. 그래봐야 잡역부가 되는 게 최선이고, 그것도 동남아에서 온 노동자들과 경쟁해야 합니다. 실제로 제가 미나리꽝에서 일할 때 베트남, 캄보디아 사람들과 똑같은 일당을 받았습니다. 한국인이라고 절대 봐주지 않아요. 물론 그것에 대해서 불만이 있는 건

아닙니다. 주인 입장에서 보면 어차피 생산성에 차이가 없으니까요. 문제는 정부에서 일자리가 남아돈다고 생각한다는 것이죠. 비정규직 일자리든, 편의점 알바든 다 똑같은 일자리로 생각하는 모양입니다. 최소한의 생활이 보장되는 수준이 아니면 일자리 통계에서 제외해야 합니다. 그리고 저같이 생활고에 쫓기며 비자발적 백수생활을 오래 해본 처지에서는 노동시간의 많고 적음을 따지는 것 자체가 사치라고 느껴집니다. 물론 노동자의 복지와 권리를 위해 따질 건 따져야겠습니다만…….

↳ 한성안 : 비자발적 실업자들에겐 휴식보다 노동이 필요하겠죠. 정규직들이 과도한 노동으로부터 해방되면 실업자들의 강요된 휴식도 그칠 수 있겠죠. 그 와중에도 공부 많이 하셔서 좋은 글도 올리시고, 푸른지네님께서도 치열한 삶을 살아오신 것 같군요.

월드컵 결승진출에 좌절한
따뜻하고 푸른 전차군단

독일은 미국만큼은 아니더라도 프랑스나 일본만큼 우리에게 익숙하다. 하지만 그 나라에 대해서 별로 아는 바가 없다. 기껏해야 라인강의 기적을 이루어낸 근면하고 의지가 강한 국민 정도로 알고 있다. 또, 열심히 일하고 절약하는 국민이라는 것도 알고 있다. 초등학교 시절 일제고사가 끝난 후 보너스 휴식시간에 담임선생님께서 들려주신 신화(!)는 아직도 잊혀지지 않는다. 독일인들은 3명 이상이 모여야 성냥에 불을 붙여 담배를 피운다는 것이다.

또한, 질서를 잘 지키며 단결의식이 강한 국민으로도 알려져 있고, 이밖에도 한번 구입하면 결코 고장나지 않는 제품을 생산하는 장인정신의 나라로도 알려져 있다. 물론 사실이다. 유학생활을 하면서 독일에서 구입한 세탁기, 식기 세척기, 오디오는 도대체 고장날 기미가 보이질 않는다. 수리비와 교체비가 안 들어 고맙긴 하지만 가끔은 지겹기도 하다.

이런 독일의 특징은 근대화 시절 한국 보수집단들이 이스라엘의 민족성과 함께 본받을 만한 국민성으로 적극적으로 소개한 것 같다. 그리고 이러한 신화, 과장, 사실 그리고 이데올로기교육의 사고습관이 적당히 버무려져서인지 독일 축구팀은 요즘 우리 사회에서 '전차군단'이라는 별명을 얻게 되었다. 전차군단이 우리에게 주는 이미지는 강하고 조직적인 기계 시스템이다. 그것이 만들어내는 느낌은 스텐강의 날카로움과 흑백의 냉정함이다.

그러나 내가 느꼈던 독일은 반드시 그렇지는 않다. 물론 절약정신은 여전하다. 준법정신 역시 여전히 강하지만 요즘 독일 거리엔 담배꽁초가 엄청나게 많다. 장인정신을 가지고 철저하게 자기 일을 수행하지만 우리처럼 주당 40시간 이상 죽어라 일하거나 조직에 목매지 않는다. 그래서인지 저녁 6시가 지나면 거리는 한산하다. 독일 남자들은 집에 일찍 들어가는 것을 어색하게 생각하지 않는다. 오히려 가정에서 가족과 따뜻한 휴식을 취하는 것을 즐긴다. 우리의 생각처럼 그들은 그리 차갑거나 조직적이지 않다.

모두가 아는 바와 같이 독일은 칸트, 니체, 괴테, 실러를 배출한 철학과 문학의 나라이며 바흐, 베토벤, 슈베르트, 슈만 등 위대한 음악가를 탄생시킨 예술의 나라이기도 하다. 그들은 사색과 문화를 즐긴다. 기계시스템에서 철학과 문학, 예술이 창조되고, 기계부속품이 문화와 예술을 이해한다는 소리는 듣지 못했다.

독일 사람들이 마냥 고상한 것만은 아니다. 맥주축제에선 '쭘볼

(Zum Wohl!)'로 시끌벅적하지만, 그렇다고 해서 폭음하지는 않는다. 맥주 한 잔을 앞에 두고 얘기가 더 많다. 오히려 술집 매상이 걱정스러울 정도다, 나와 다른 스타일이라서 불만스럽긴 하지만 내가 강조하고 싶은 것은 70년대 한국의 근대화 세력이 오독한 것처럼 독일 사람들이 기계처럼 열심히 일만 하고 조직에 충성하는 냉혹한 성장주의자들이 아니라는 것이다.

어떤 이유에서인지 우리에게 잘 알려지진 않았지만, 다음 사실을 보면 이런 생각이 틀리지만은 않다고 생각될 것이다.

독일은 히틀러의 영도 아래 일치 단합하여 1, 2차 세계대전을 일으켜 세계를 엄청난 불행으로 빠뜨린 나라다. 하지만 그들은 제2차 세계대전 후 자신들의 흉악한 과오를 철저히 반성한 나라이기도 하다. 1951년 독일 아데나워 수상은 국회연설에서 "말로는 다할 수 없는 비인간적인 범죄의 책임은 우리 독일이 져야만 한다. 우리는 고통받은 그들에게 도덕적, 물질적 배상의 의무가 있다"고 역설하였다.

1971년 빌리브란트 수상도 독일에 의해 가장 참혹하게 파괴된 폴란드의 전쟁기념비 앞에서 무릎을 꿇고 사죄하였다. 그리고 이들은 이 반성을 실천으로 옮겼다. 독일인은 정의도 모르고 인간에 대해 성찰할 줄도 모르는 그런 냉혹한 경제동물이 아니다. 즉 독일인은 우리나라 뉴라이트집단이 그토록 사모하고 있는 후안무치한 일본인과는 근본적으로 다르다는 뜻이다.

독일은 사회보장제도를 통해 모든 국민이 보다 평등하게 살 수 있는 체제를 마련하였다. 이른바 '사회적 시장경제' 혹은 '조정시장경제'의 기초를 형성하는 독일의 사회보장제도의 역사는 1880년대로 거슬러 올라간다. 독일 노동운동에 위협을 느낀 비스마르크의 대응 전략이긴 하지만 어쨌든, 독일 진보세력이 눈물겨운 투쟁을 통해 얻어낸 것이다.

한 나라의 불평등도는 지니계수(0과 1사이의 값)를 통해 측정되는데 이 수치가 높을수록 그 나라는 불평등하다. 미국의 지니계수는 0.38이다. 이 값은 OECD 30개국 중 끝에서 세 번째에 속한다. 멕시코가 0.47로 꼴등이다. 독일의 지니계수는 0.30이니 독일사회는 '1등 제국' 미국과 우리나라에 비해 더 평등하다. 그래서인지 온 국민이 평등한 의료서비스를 받고, 교육비도 거의 공짜에 가깝다. 덕분에 나도 유학 시절 학비 걱정 없이 대학에서 공부할 수 있었으며 양육비, 기숙사, 교통요금, 의료비 등 모든 사회보장제도의 혜택을 누렸다.

독일에는 외국인과 결혼한 다문화가정이 많다. 문화적 차이의 불편함이 있기는 하지만 일부 나치즘 잔당을 제외한 대다수 독일인은 다문화적 공존을 인내하며 지향한다. 그래서 이런 혜택은 이주민에게도 예외가 아니다. 만민은 제도 앞에 평등하고, 그 제도는 모든 인간에게 평등한 기회를 부여하였다. 그 결과 '행운을 타고나지 못한 아이들'의 눈물을 닦아줄 수 있었다.

사회보장제도를 유지하자면 돈이 많이 든다. 물론 독일의 부자들도 세금을 많이 내는 것은 아깝게 생각한다. 그렇지만 대다수 독일인들은 그런 평등사회의 '비효율'을 용인한다. 오히려 그들은 그것을 더 발전적으로 활용하고자 노력한다. 우리나라 보수세력들이 신으로 모시고 있는 미국 체제와 다른 점이다. 이런 독일로부터 나는 스텐강의 차가움과 날카로움을 느낄 수 없었다. 내가 만난 독일인은 차분하지만 대체로 부드럽고 따뜻했다.

독일은 세계적으로 유명한 환경국가이고, 둘째가라면 시리워할 성도의 공업국이지만, 삼림국가로도 유명하다. 이 나라는 온통 숲으로 뒤덮여 있다. 이들의 환경기술과 환경 인프라는 세계 최고수준에 속한다.

이러한 환경국가의 위상은 장삿속에서 얻어진 것이 아니다. 생명에 대한 존경과 인류와 자연의 공존을 지향하는 환경운동의 정신이 확산된 결과다. 그래서인지 독일의 환경정책 원칙은 '환경보호'와 '사전대비'이며 그 목표는 절약과 재활용이다. 우리나라의 녹색성장정책처럼 멀쩡한 환경을 개발한 후 녹색으로 인위적 덧칠을 하거나, 4대강 사업처럼 강을 의도적으로 파괴한 후 사후처리 사업으로 장사하는 것과는 완전히 다르다.

이런 정신에 따라 독일은 현재 운하와 같은 인위적 구조물을 헐고 자연을 복원해나가고 있다. 참고로 독일은 러시아와 함께 1990년부터 2004년까지 탄소배출량규모를 감소시킨 '희귀한' 나라에 속한다. 이곳에서 죽어 있는 흑백의 색깔을 발견할 수 없었다. 오히려 독일로부터 상상할 수 있는 색은 살아 있는 푸른색이다.

정의를 존중하며 문화의 다양성을 인정하고 보다 평등한 삶을 추구하면서 사회구성원들과 자연이 공존하고자 하는 독일의 모습은 우리나라 교과서와 보수신문에 자세하게 소개되지 않는다. 단지 열심히 일하고, 절약하며 기술력이 높다는 사실만 소개될 뿐이다. 그것을 넘어 조직에 순종적이며 성장주의적인 인간들의 사회로 왜곡되어 전달되고 있다.

반칙과 기만, 화폐와 권력, 차별과 배제에 익숙한 이 땅의 보수세력들이 독일의 이러한 정의로우며 인간적이고 공존지향적인 모습을 참아내기 어려울 것이다. 이 불순한 사상에 이 땅의 순진하고 순수한 국민들이 오염되는 게 두려울 것이다. 하지만 지구 저편의 사람들은 이런 '불온한' 사상을 가지고 행복하게 살아가고 있는 것이 엄연한 현실이다.

비록 스페인에게 졌지만 2010년 독일이 월드컵 4강에 오른 후 전차군단의 위력에 관심이 집중되었었다. 하지만 독일은 조직에 순종하는 냉정한 부속물로 형성된 단순한 전차군단이 아니다. 독일은 따뜻한 나라이며, 생명이 존중받는 푸른 나라다.

그들의 뛰어난 축구실력은 다양성의 공존을 용인하며 '운 나쁜' 구성원들에게도 기꺼이 기회를 부여하고자 하는 그들의 휴머니즘 전통, 그리고 그것을 사회보장제도로 정착시킨 독일 진보세력들의 눈물과 투쟁의 결과인지도 모른다.

천개의 눈 : 지난해 콘라드 아데나워 재단과 함께 기업의 사회적 책임(CSR)과

관련한 국제 컨퍼런스를 개최하고 이를 조직한 바 있습니다. 아시다시피 콘라드 아데나워는 독일 사람들이 가장 존경하는 인물 중 한 명입니다. 독일 경제를 부흥시키고 한교수님이 말씀하신 사회적 시장경제의 든든한 바탕을 마련한 정치인입니다. 그는 또 전범국가인 독일의 책임을 강력하게 역설한 정치인이기도 합니다. 1951년 그가 국회에서 말한 내용은 다음과 같습니다.

"대다수 독일 사람들이 유태인에 대한 범죄를 증오하고 그 잔인한 학살에 가담하지 않았다. 그러나 그 범죄는 독일인의 이름으로 저질러졌고, 독일 민족의 이름으로 남았다. 그래서 말로는 다할 수 없는 비인간적인 범죄의 책임은 우리 독일이 져야만 한다. 우리는 고통받은 그들에게 도덕적, 그리고 물질적 배상의 의무가 있다."

그 후 아데나워 재단에서 한 권의 책을 선물 받았는데, 그 책 제목이 바로《사회적 시장경제》였습니다. 교수님의 글을 보니 그 책의 내용들이 떠오르는군요. 독일 축구의 저력 밑바탕에는 바로 따뜻함을 지향하는 '사회적 시장경제'가 자리하고 있다는 걸 새삼 깨닫게 됩니다.

mih4490 : 독일의 여러 가지 긍정적인 면들을 부정하는 사람은 아무도 없겠죠. 하지만 문제는 우리의 거의 모든 지식인들이 젊은 시절 독일이나 서구 여러 나라에서 공부했던 유학생 출신이라 지나치게 편향된 서구 중심적 세계관을 가지고 있다는 점입니다. 즉 우리는 아시아인이면서도 서구인이 보는 관점으로 아시아를 본다는 것입니다. 같은 아시아인이라도 인도나 중국에서는 이런 오리엔탈리즘에 전혀 빠져 있지 않아 균형감각을 지니고 세상을 보고 있어 자존심이 상합니다.

↳ 한성안 : 오리엔탈리즘에 관해서는 블로그에서 수차례 다룬 적이 있습니다.

제가 이 글에서 지적한 내용은 독일에 대한 한국 보수파의 '오독'이었습니다. 오리엔탈리즘보다 한국의 보수세력들이 독일을 아전인수격으로 오독해서 독일 사회가 투쟁을 통해 이룬 인류의 보편적 가치를 왜곡하고 있다는 점을 강조한 것입니다. 평등, 다양성, 환경을 위해 고민하는 이들의 노력마저도 오리엔탈리즘으로 비난한다면, 동양은 또다시 폐쇄주의에 붙잡히겠죠.

페도로프 : 다른 건 좋은데 외국인에게도 같은 혜택을 주는 것과 다문화주의로 나아가려는 모습은 안 좋아 보입니다. 자국 내에 외국인이 많아지거나 외국인이 잘나가게 되면 자국민의 설자리가 줄어들거든요. 또한 외국계는 모국에 대한 정체성과 충성심이 있습니다. 어느 그루지야 관련 서적에서 읽은 내용인데 러시아의 어느 장교에게 러시아와 그루지야 사이에 전쟁이 난다면 어느 편을 들 것인지 물었더니, 그 장교는 그루지야 편을 들겠다고 했다고 합니다. 그것뿐만이 아닙니다. 이민자들은 범죄를 많이 일으킵니다. 그런데다 자민족끼리만 있어도 통합되기 힘든 실정인데 문화와 인종이 다른 이민족이 늘어난다면 혼란만 가중되고 인종 간 편가르기 현상이 생깁니다.

↳ **여왕** : 페도로프님은 편견을 가지고 계시는 듯합니다. 이민자들도 그 나라에 공헌을 많이 합니다. 이민자들이 그 나라에서 힘든 일을 도맡아 하거든요. 우리나라에서도 외국인 노동자들이 힘든 일을 많이 하고 있는 게 현실입니다. 국가는 국가대로 협동해야 하지만 크게 보면 지구촌이지 않습니까? 다 함께 잘 살 수 있는 길을 찾는 것이 궁극적으로 행복한 사회를 만드는 길이라고 생각합니다. 세계역사를 보면 외국인도 그 나라에서 오래 살면 그 나라 사람으로 됩니다.

↳ **오드리와 상드** : 그 사람들이 한국에서 힘을 뻗어나가는 걸 걱정하기 전에, 이미 그들이 소외되거나 한국에서는 거들떠보지 않는 사각지대로 밀려나기 시작한 한국 사회의 현실을 걱정해야 합니다. 그리고, 그들을 보는 우리의 시각은 50년 전부터 미국이 한국을 보고 있는 시각보다도 더 산인힙니다. 또한 그들에 대한 몰이해로부터 나온 그릇된 우월감으로 이들을 계몽시켜야 하는 존재로 보고 있다는 현실도 반성해야 합니다.

나아가 30, 40년 전 유럽 각지로 퍼져 공부하고, 일하던 우리나라 젊은이들은 그곳에서 받은 따스함과 혜택들을 고마워하고 있습니다. 그러나 그 나라를 점령하겠다는 뜻을 품진 않았습니다. 좀 더 성숙하고 아름다운 한국 사회를 만들어가면 좋겠습니다.

외눈박이들을 위한,
두 눈으로 보는 행정수도 정책

같은 자본주의 국가라도 자세히 들여다보면 각 나라마다 제도들이 매우 다르다. 그중에서도 노동시장제도와 사회정책 등 소득분배와 관련된 제도들은 정말 특이하다. 예컨대, 미국에서는 노동시장의 이동성과 유연성이 높은 반면, 일본에서는 종신고용제와 연공서열방식 때문에 그렇지 않다. 또, 북유럽의 코포라티즘, 독일의 도제제도, 프랑스식 최저임금제는 미국식은 물론 일본식과도 다르다.

나아가 유럽 전역에서는 노사협상이 사회 동반자적 관점에 따라 이루어지는 반면, 북미에서는 그러한 용어가 우스꽝스럽고도 무의미하다. 모두가 시장경제를 채택하는 자본주의 국가들이지만 제도적 장치들은 이처럼 다양하다.

그렇다면 이처럼 서로 다른 분배제도들은 경제성장에 어떤 영향을 미칠까? 혹자는 미국식 노동시장제도와 빈약한 사회정책이 일본이나 유럽의 노동시장제도와 높은 수준의 사회정책보다 높은 성장률을 보여줄 것으로 기대하지만, 어떤 이는 유럽식 제도가 더 높은 경제적 성과를 보여줄 것이라고 예상한다.

수많은 경제학자들이 이 질문에 매달려왔는데, 연구결과는 실로 단순하지 않았다. 리처드 프리먼(Richard B. Freeman)이라는 경제학자는 노동조합이라는 제도의 존재 어부가 기업의 생산성에 미치는 영향에 관한 1990년대의 저명 논문들을 조사하였다. 그 결과 이 논문들 중 3분의 1 정도가 노조기업의 생산성이 비노조기업에 비해 더 낮으며, 나머지 3분의 2 정도가 노조기업의 생산성이 더 높다는 결론을 내리고 있다. 또 노조기업의 생산성이 분명히 높기는 하지만 그 규모는 예상보다 크지 않았다. 그러나 중요한 사실은 이러한 제도를 통해 노동자 간의 임금격차는 크게 완화되었다는 점이다.

그는 시장에 대한 제도적 개입이 성장에 미치는 영향에 대해서도 조사해보았다. 그 결과도 흥미롭다. 최저임금제도와 고용보호법, 산별교섭방식 등 노동시장에 대한 국가의 제도개입 역시 일자리 창출과 경제성장에 대해 분명한 방향을 보여주지 않았거나, 효율성제고 효과가 있더라도 그 정도는 미미하였다. 그렇다면 이러한 개입이 철폐되면 경제성장은 크게 촉진될까? 결과는 그렇지 않았다. 노동시장을 자유시장에 맡기고 분배제도를 폐기했을 경우에 경제성장이 촉진된다는 주장은 더더욱 입증되지 않았다.

그러나 역시 중요한 사실은 정부 차원의 이러한 개입 여부가 국민들의 소득격차에는 큰 영향을 끼쳤는데, 특히 산별교섭방식이 종료됨으로써 소득격차는 크게 벌어지게 되었다. 곧, 그러한 제도가 사라진 결과 불평등은 크게 확대되었다는 것이다.

이처럼 분배와 관련된 제도가 경제성장을 저해하거나 촉진할 가능성에 대해서는 한마디로 정리하기가 어렵다. 기껏해야 경제성장을 저해할 확률과 성장을 촉진시킬 확률이 각각 3분의 1과 3분의 2 정도인데, 후자의 규모도 눈에 띄게 크지는 않다. 그러나 그러한 제도의 도입은 노동자들의 임금격차와 소득불균등문제를 해소하는 데 기여함으로써, 소외된 다수 국민의 눈물을 닦아주는 사회적 효과를 가져왔던 점은 분명하다.

새행정수도건설을 두고 수도권 주민들의 반대가 거셌다. 그중에서도 지난 50여 년 동안 불균형 발전의 이익을 톡톡히 보아온 서울공화국 파워엘리트들의 반대는 격렬했다. 이전비용 등 반대논리와 함께, 이로 인해 국가 전체의 경쟁력이 훼손될 것이라는 주장이 서울 소재 대학교수들을 중심으로 제기되기도 했다.

수도이전이 유발하는 경제적 효과에 관한 실증연구들은 많지 않아 그 방향을 섣불리 단언할 수는 없다. 그래서 분배관련 제도에 관한 기존 연구결과들에 의존하여 억측(?)을 부릴 수밖에 없는데, 그래도 국가경쟁력을 제고할 확률이 그렇지 않을 확률보다 3분의 2 정도로 더 높다.

물론 그 효과가 그리 크지 않다는 사실을 나도 인정한다. 그렇지만 이러한 제도변화가 부유한 서울과 빈곤한 지방의 소득격차를 줄임으로써 지방의 반세기 눈물을 닦아주는 '사회적 효과'는 작지 않을 것이라는 점도 충분히 예측 가능하다.

어떤 제도변화의 결과를 제대로 평가하기 위해서는 계산 가능한 '경제적 효과'는 물론 계산 불가능한 '사회적 효과'를 함께 볼 줄 아는 지혜로운 눈이 필요하다. 우리 사회도 이제 편협하고도 이기적인 외눈박이 상태를 벗어나 두 개의 눈을 가질 때도 되지 않았을까?

댓글토론

미미 : 분배가 성장을 해치는지에 관해 항상 의문이었습니다. 비록 명쾌한 답변은 아니지만 노무현 전 대통령 집권 당시 '분배는 성장을 해치지 않는다!'는 논지를 많은 보수파들이 맹렬히 비난했던 기억이 납니다. 2004년도에 쓴 교수님의 칼럼이 보수파들에게 많은 영향을 주지 않았을까 생각해봅니다.

↳ 한성안 : 너무 명쾌한 완결구조를 지녔더라면 소설이었겠죠. 현실은 드라마가 아닙니다. 이런 현실을 설명하는 진정한 학문은 항상 불만족스런 부분을 남겨놓을 수밖에 없습니다. 칼 포퍼(Karl R. Popper)는 이를 학문의 '반증가능성'이라고 불렀습니다. 얼마나 영향을 주었는지 잘 모르겠지만 미미하지 않았던 것으로 압니다. 노무현 전 대통령께서 이 글을 읽고 제게 연구과제까지 제안할 정도였으니까요.

뮤즈 : 두 개의 눈을 갖는 것! 이기심이 유발하는 시정각 장애 때문에 생전엔 안 될지도, 어쩌면 영원히 안 될지도 모르죠. 제발 남의 말에도 귀 기울일 줄 아는 사려 깊은 문화가 빨리 정착되면 좋겠군요.

↳ 한성안 : 두 눈으로 보면 골치가 아프니까, 사람들은 한 눈으로만 보는 거죠. 세상은 한 눈만으로 다 이해할 수 있을 정도로 단순하지 않는데 말입니다. "성장하면 분배된다. 분배하면 성장한다. 경제가 가장 중요하다. 사회가 가장 중요하다" 등······. 얼마나 간결하고 명확한 주장입니까? 이해하기도 쉽고요. 세상이 이처럼 간결하고 명확하면, 어떤 문제도 없을 것입니다. 유토피아죠. 아무튼, 이런 터무니없는 소설에서 벗어나고 싶을 때, 이 글이 도움이 되면 좋겠군요.

혁신 없이 이루어진
민주당식 '규모의 경제'

'규모의 경제'라는 말은 경제학을 본격적으로 배우지 않은 사람들에게도 익숙하다. 경제학적으로 표현하면 생산규모가 커질수록 단위당 생산비, 곧 평균비용이 하락한다는 것이다. 이런 원리는 현실생활 속에서 다양하게 적용되고 있다. 하지만 어떤 이들은 아무 생각 없이 사용하고, 다른 이들은 사용하면서도 그 이유를 제대로 설명하지 않는다. 바보 아니면, 뭔가 말 못할 이유가 있기 때문일 것이다. 그들의 교과서에서 불쑥 튀어나오곤 하지만, 원래 규모의 경제는 보수정당의 이론인 신고전학파 주류 경제학 모형과 어울리지 않는다. 규모의 경제가 이들의 모형에 도입되면 핵심 전제와 가정을 수정해야 될 뿐 아니라, 몇 가지 자신들에게 낯선 사실들을 눈물을 머금고 설명해야 하기 때문이다.

그런데 핵심 가정을 수정하면 그 모형은 더 이상 성립될 수 없게 된다. 예컨대, 신이 존재한다는 전제를 수정하면 기독교가 성립할 수 없고, 인간의 본성이 조금이라도 선하다는 전제를 버리면 유토피아의 희망이 사라지는 것과 같다. 나아가 설명되어야 할 것들이 자신의 모형을 불안정하게 만드는 것을 넘어 궁극적으로 그 모형을 파괴할 지경에 이른다면 이거야말로 큰일이다. 예를 들면, '자원의 희소성'은 보수적 주류 경제학의 대전제에 해당한다.

생산규모를 늘리기 위해 기업은 토지, 노동, 자본과 같은 자원을 추가로 구입해야 한다. 이때 자원의 양이 본질적으로 제한되어 있으면, 생산을 늘리기 위해 추가로 구입할 때마다 비용은 더 커질 것이다. 모자라는 자원을 손에 넣기 위해 기업이 더 많은 돈을 지불해야 되기 때문이다.

그렇게 되면 규모의 경제는 발생하지 않게 된다. 곧, 자원이 희소하다는 보수 경제학자들의 전제를 끝까지 견지하면 규모의 경제는커녕 오히려 '규모의 불경제'가 발생하는 것이다.

그런데도 그들의 눈에도 규모의 경제는 현실적으로 존재한다. 이 적나라한 현실을 설명하기 위해 보수 경제학자들은 위험한 시도를 감행하지 않으면 안 된다. 곧, '기술혁신'과 '조직혁신', 그리고 '시너지 효과' 등 자신의 모형을 망가뜨릴 수밖에 없는 낯선 개념들을 도입해야 하는 것이다.

먼저 생산량을 늘리기 위해서는 그 생산규모에 상응하는 자원을 수집하여 한 장소에 모아야 한다. 그렇게 한다고 해서 평균생산비가 절감되는 규모의 경제가 달성될까? 천만의 말씀이다.

집중된 자원은 먼저 효율적으로 조직되어야 한다. 예컨대, 생산공정의 분업화를 이루는 동시에 세분화된 공정을 효과적으로 통합해야 한다. '구슬이 서 말이라도 꿰어야 보배'라고 하지 않던가. 무엇보다도 먼저 '조직혁신'이 일어나야 한다.

현대사회가 필요로 하는 제품은 인간의 근력만으로 생산될 수 없다. 그 조직에 상응하는 새로운 기술과 지식이 도입되지 않으면 안 된다. 비주류 진화 경제학자들은 이를 '기술혁신'이라 부른다. 규모 그 자체는 결코 경제적이지 않다. 조직혁신과 기술혁신이 수반되지 않은 규모는 오합지졸 덩어리에 불과하다.

하지만, 조직혁신과 기술혁신이 아무리 잘 이루어진들 그것이 기업의 성장으로 이어진다는 보장은 없다. 혁신을 통해 생산비를 절감했다고 하더라도 시장이 요구하지 않는 제품을 생산한다면 말짱 도루묵이다. 규모의 경제를 통해 생산된 제품은 시장에서 팔려야 돈을 벌 수 있다. 곧, 시장의 수요를 잘 파악해야 규모의 경제는 돈으로 실현된다는 것이다.

시장의 수요를 잘 파악하기 위해 경영자는 시장 흐름에 대해 통찰력을 발휘해야 하며, 판매자와 기술자들은 수요자와 상호작용을 통해 그들의 요구를 잘 이해해야 한다. 이를 위해 기업의 모든 구성원들은 수동적이거나 시대착오적인 사유습관을 혁명적으로 바꾸어야 한다. 이른바 '문화혁신'이 일어나야 한다.

조직혁신, 기술혁신, 문화혁신이 상호작용하게 되면, 엄청난 경제적 결과가 유발될 것이다. 이것이 바로 '시너지 효과'다. 그리고 이 시너지 효과의 결과가 시장수요와 일치하면 그 기업은 돈벌이에 성공하게 된다.

그런데, 기술, 혁신, 시너지효과, 시장수요조건, 상호작용, 이 모든 사실들은 보수적 신고전학파 주류 경제학에 어울리지 않을 뿐 아니라 궁극적으로 그들의 이론체계와 모형을 망가뜨린다. 그래서 이 계보에 속하는 경제학자들은 규모의 경제를 인정하면서도 그 이유에 대해서는 대체로 입을 다물거나 설명하지 못한다. 못 믿겠다면 주류 경제학 교과서를 다시 펼쳐보시라.

지난 지방선거와 재보선 때 후보단일화에 그처럼 목매고 있었던 것을 보면 민주당도 아마 규모의 경제를 인정했긴 했나보다. 하지만, 한데 모으기만 할 뿐 그들 중 아무도 '혁신'하지 않았고 진보적 유권자들의 요구와 희망을 파악하지도 않았다. 그러니 '경제'는 간데없고 '규모'만 나부낄 뿐이다. 승리의 새날이 올 리가 없다.

아무 생각이 없었거나 알고도 모른 척했을 것이다. 아무 생각이 없었다면 현재의 야당은 역사의 무대에서 퇴장해야 한다. 지적으로 무능하기 때문이다. 알고도 모른 척했다면, 그 당은 기득권의 상실을 두려워하는 옹졸한 지역사당이거나 혁신을 두려워하는 완고한 보수정당에 불과하다.

무능할 뿐 아니라 옹졸하고 완고한 '보수정당의 아류!' 그건 민주주의와 평등의 가치를 수호하기 위해 크고 작은 고난을 감내해온 이 땅의 민주개혁 세력의 스타일이 아니다.

찬 : 지적 무능과 옹졸함은 서로 다른 것 같아 보이지만 실상 역사의 지평 위에 올려놓고 보면 그 둘은 언제나 짝을 이루고 있는 것 같더군요. 그것은 아마도 지적 무능이 시야를 좁게 만들기 때문에, 생각하는 것 역시 작고 보잘 것없게 되는 것이 아닐까요? 물론 옹졸함이 지적 무능을 불러오는 경우도 많지요.

↳ 한성안 : 지적 무능과 옹졸함의 상호작용으로 인해 민주당은 민주세력에게 거의 희망을 주지 못하고 있는 것 같습니다. 그런데도 많은 이들이 '사표'를 방지하기 위해 어쩔 수 없이 민주당에 표를 던지고 있는 것 같고요. 민주당은 이런 '사표심리'에만 기대고 있는 무능하고 옹졸한 정당인 것 같습니다.

아즈라일 : 민주당은 크기에만 신경 썼지 내용면에서는 알맹이가 쏙 빠진 귤과 같습니다. 결국 제2정당으로 조금의 떡고물만 얻어먹는 데 익숙해진 그들에게 힘을 실어주기에는 그들이 많이 부족한 것 같아요. 이럴 때 진보정당들이 힘을 내줘야 하는데, 진보정당 측에서도 혁신적인 모습을 보여주지 못하니 문제네요. 시민들의 요구는 변하고 있는데, 그들이 따라오지를 못하니……

↳ 한성안 : 사표심리를 극복하고 모두가 함께 다른 진보정당에 투표하면, 어느 정도 문제가 해결되겠지만, 너무 여러 당으로 갈라져 있어 그 전략도 성공할 가망성이 낮습니다. 그러니, 울며 겨자 먹기로……

천개의 눈 : 앙리 베르그송(Henri L. Bergson)의 철학 용어 중 '엘랑 비탈(élan

vitale)'이 있습니다. 다윈이 《종의 기원》을 통해 제시한 새로운 세계상에 답하기 위해 베르그송은 획기적인 생명론을 제시했는데, 바로 이 과정에서 나온 철학의 근본 개념입니다.

생물체에는 무한정의 힘과 다양한 가능성이 미분화된 상태로 내재되어 있는데, 그로 인해 생물체는 에너지를 축적하는 경향과 활동력으로 변환하는 경향이 있다고 합니다. 그런데 이 생명체에서 두 측면, 즉 무한정의 힘과 경향 사이에 불균형이 발생하고 두 측면의 양립이 더 이상 불가능할 때 내부에는 폭발이 생겨 좀 더 높은 생명체로 진화한다고 합니다. 이때의 폭발과 도약이 바로 '엘랑 비탈'입니다.

정당을 생물로 본다면 민주당은 스스로 '엘랑 비탈'을 기대하기 힘든, 화석화되어가는 정당인 것 같습니다. 변화의 밑바닥에 존재하며, 도약으로 이끄는 근원적 힘인 '엘랑 비탈'이 소진되었다는 생각이 듭니다. 무기력하고, 정체되어 있으며, 고여 있어 썩기 일보 직전의 정당이 바로 지금의 민주당입니다. 중산층과 서민정당의 이미지만 팔아먹고 있으며, 공룡처럼 힘의 논리로 소수 진보정당을 '대연합'이라는 허울로 이용하고 있다고 생각합니다. 전당대회에서 당 대표가 누가 되든 민주당은 도루묵이라는 게 제 견해입니다. 당 기득권자들의 이전투구일 뿐입니다.

다가오는 총선과 대선은 민주당의 암울이 아니라, 바로 민주와 진보를 열망하는 시민들이 암울합니다. 민주당을 발전적으로 해체해야 미래가 있다고 저는 생각합니다. 한숨 쉬며 몇 자 적어봤습니다.

↳ 한성안 : 전라도 지역이 무조건 밀어준다는 안일한 생각, 그리고 몇몇을 제외하곤 사회의 진보에 전혀 관심이 없는 무리들이 대부분을 형성하고 있

어 '엘랑 비탈'이 거의 불가능할 것 같습니다. 여러 번의 선거에서 확인되었듯이 전라도민들도 이런 화석화된 정당을 퇴출시키고자 하고 있어 엘랑 비탈을 기대해볼 만도 합니다만, 자발성을 잃었기 때문에 그에 대해 저는 부정적입니다. 채찍에 의해 비로소 이루어지는 타율석 변화는 베르그송의 진정한 엘랑 비탈과 아무런 관계가 없기 때문입니다.

자해하는 군인들아,
그들은 강하지 않다

초등학교 때 취미로 1년간 클라리넷을 배운 적이 있는 아들은 운이 좋아 군악대로 군생활을 하게 되었다.

학예발표회를 준비하느라 쇼팽의 〈녹턴〉과 〈엘빔보〉만 엄청 연습하던 것만 기억나는데, 심사위원이 연습된 곡만 듣고 실수로(!) 선발했던 모양이다. 물론 다른 목적 때문에 군악대에 일반 전공자도 필요했던 것이다. 아무튼, 얼떨결에 군악대에 입대했지만 음악에 관한 기초 실력 부족 때문에 군복무 중 전공 선임자들로부터 혼도 많이 났다고 한다.

그 나물에 그 밥이라 아들 녀석도 나를 닮아 성격이 좀 삐딱하다. 나도 무려(?) 31개월간의 군생활 경험이 있지만 군대란 이제까지 경험한 것 중 가장 후진적이며 비인간적인 집단에 속한다.

도대체 합리성이나 도덕성은 눈을 씻고 찾아봐도 보이지 않는다.

인간성을 모욕하는 것을 넘어 완전히 도륙해버리는 곳이다. 개미 집단처럼 철저히 기계적인 체제라면 그마나 '체제적 효율성(systemic efficiency)'이라도 발휘되겠지만 이놈의 집단에는 그런 효율성마저도 없다. 그러니 군대생활에서 남은 건 예비군복 한 벌, 굴종과 체념의 징신뿐이다. 그런 점에서 나는 "군대생활 3년간은 뺑뺑이나 돌면서 썩는다"는 노무현 전 대통령의 말에 전적으로 공감한다.

아들은 부패하고 무능한 장교의 명령에 굴종해야 하는 건 비웃음으로 승화시켜버릴 수 있지만, 말도 안 되는 내무반 규칙, 후임에 대한 비인격적인 희롱, 비효율적 일처리 방식은 물론 미래의 착취를 고대하면서 현재의 악습을 인내하는 동년배들의 사고방식, 이 모든 것들을 참을 수가 없었던 것 같다. 특히, 군기가 세기로 유명한 군악대니 그 비합리성과 야만성은 혀를 내두를 지경이라고 한다.

그래서 내무반 중고참이 되고난 후 '개혁(?)'에 착수하였다. 선임의 비효율적인 내무반 관리방식과 신병들에 대한 비인격적 대우방식의 잘못을 지적하며 설득하였다고 한다. 그리고 후임들에게 작업을 적재적소에 배치한 후 남는 시간을 학습과 자기관리에 전념하게 했다. 일과가 끝나면 TV시청을 줄이는 대신 교양을 쌓도록 독서를 강제하고 학력이 떨어지는 대원들에게 영어과외(?)도 해주었다.

그 결과 업무의 성과가 훨씬 높아지고 모두 자신감도 얻게 되니 선임들도 어찌지 못했는가보다. 고참이 되자 선임이 누렸던 잘못된 특권들을 반납하고 '기능적' 권리만 유지시켰다. 동기들은 불만이 많았지만 대다수 후임들은 비인간성, 야만, 낭비로부터 해방될 수 있었다.

군내무반에 합리성과 민주주의의 꽃이 핀 것이다.

여기에서 얻은 신뢰를 바탕으로 동료들과 함께 중하위 간부들의 부패를 신고해서 부대를 좀 더 정의롭게 만들었다. 가장 아슬아슬했던 경험이었지만 이 부분이 의외로 쉬웠다고 한다. 합리성의 경험과 민주주의, 정의의 가치로 단합되니 그들은 결코 강하지 않았다고 말했다.

하지만 개별면담이 시작되자 대오는 무너졌다. 기득권 반납에 불만을 가졌던 동료들의 배반은 말할 필요도 없고 민주화의 혜택을 가장 크게 입은 후임들이 역습해오자 아들의 실망은 참으로 컸다.

아들에게서 전화가 올 때마다 "네가 옳다! 하지만 정의와 민주주의는 희생과 배신을 항상 수반한다. 결과를 바라지 말고 그 과정을 즐겨라. 그냥, 젊을 때 재밌는 경험 쌓는다고만 생각해라." 나는 이런 말만 할 수밖에 없었다. 결국 아들은 지극히 작은 변화만을 보고 전역하였다.

그리고 많은 시간이 흘렀다. 이제는 자기 공부에 바빠 자신의 '혁명적 거사(소심한 내가 보기엔 그렇다)'를 까맣게 잊고 있는 것 같다. 집에 잠시 들렀을 때 불거지는 군문제와 총기사건에 대해 말해주었다. 요즘 여느 대학생들과 마찬가지로 자기 일 때문에 혼이 빠졌는지 그 말에 신경도 쓰지 않는다. 말은 없었지만 그 비합리적이고 모욕적인 군대문화에 조직적으로 가담하는 비이성적 구성원들의 행태에 절망했는지 모르겠다.

오늘날 대한민국의 국민성, 곧 민족문화는 지극히 낙후된 병영문화에 깊이 뿌리를 내리고 있는 것 같다. 그래서 군대문화와 너무나도 흡사한 한국 사회의 병영체제에 대해 체념했을 수도 있다. 거대한 운명 앞에서 절망과 체념은 정신건강에 유리할 수도 있기 때문이다. 나아가 부조리한 현실에 대한 체념과 외면은 끔찍한 사건을 우회할 수 있는 효과적 전략일 수도 있지 않은가.

하지만 체념의 지혜는 일시적인 심적 평안을 주겠지만 궁극적으로 인간사회를 암흑과 야만, 노예의 상태로 만든다. 그건 어둠의 자식과 지배자들을 즐겁게 할 뿐이다.

배신과 과거 회귀에도 불구하고 아들 녀석이 남긴 작은 흔적이 그 군악대와 그곳을 거친 대원들의 사고에 영향을 주었기를 바란다. 그리고 아들이 체념하지 않고 끝없이 바위를 들어올리는 '시시포스'이기를 바란다.

그리하여 우리의 청년들이 하나의 문화로 굳어져버린 악습에서 해방되어 진정한 근대적 인간들로 성장할 수 있기를 바란다. 나의 대한민국이 우리의 젊은이들을 더 이상 모욕하지 않는 진정한 근대사회가 되기를 원한다.

그 때문에 절망하고 체념하거나 끔찍한 살상으로 절규하지 말고 건강한 방식으로 이 야만의 문화에 용감히 맞서자고 말하고 싶다. 알고 보면 그들은 그리 강하지 않다. 함께 연대하면 더욱 그렇다.

'뭉치면 인간 되고 흩어지면 노예 된다!'

HIAOAIH : 제 형도 지금 군대에 간 지 1년이 다 되어가는 데 군대라는 문화에 대해 여러모로 너무 힘들어하고 있습니다.

↳ 한성안 : 제가 보기엔 군생활에 적응을 잘하는 사람이 오히려 비정상적인 사람인 것 같습니다. 약간이라도 합리적인 사람이라면 그 문화를 정상적인 것으로 받아들일 수 없죠.

동춘반점 : 매우 공감이 가는 글입니다. 공중보건의 생활을 해서 군경험이라고는 논산훈련소의 4주밖에 없지만, 4주 내내 그 비합리성에 치를 떨어야 했습니다. 물론, 지금도 예비군 훈련에 나가면 그때의 기억이 잠시 스쳐 지나가 기분이 나쁩니다. 왜 군대는 합리적으로 변할 수 없는 것일까요? 전쟁이라는 목숨이 걸린 상황을 전제로 만들어진 집단이라서 그런 것일까요?

↳ 한성안 : 생명의 위협이라는 현실에 부딪히면 많은 가치로운 것들이 유보될 수 있겠죠. 하지만 그런 가상의 상황을 자의적으로 설정하거나 증폭시켜 공포를 조장해서 부당하게 지배체제와 착취구조를 강화할 수도 있죠. 이러한 비합리성의 정당화는 목숨과 관련된 직종에서 항상 일어날 수 있을 것입니다. 혹시 생명을 다루는 의료분야에서도 그런 악습이 만연하는지도 모르겠군요.

hiddenmarkov : 신자유주의도 문제지만, 시장이 사라지고 정부만 비대해졌을 때의 비효율성이 큰 문제인데, 현재의 징병제가 바로 이런 비효율성의 대표적인 모습이라고 생각됩니다. 이런 비효율성을 타파하려면 시장을 활용할 필요가 있다고 봅니다. 밀턴 프리드먼(Milton Friedman)도 자유시장 원리에 부합하는 지원병제도를 주장했습니다.

↳ **한성안** : 징병제가 자유시장 원리에는 어긋나지만 평등의 원리에는 부합됩니다. 군내문화의 붙합더싱 때문에 모병세로 바뀌는 것에 대해서는 좀 더 깊이 생각해봐야 할 것 같군요. 전쟁은 가장 귀중한 생명을 극단적인 위험 앞에 노출시킵니다. 이러한 위험이 화폐로 구매되거나 팔리게 되면, 가난한 자들은 화폐소유자의 생명을 보호하기 위해 자신의 생명을 희생시켜야겠죠.

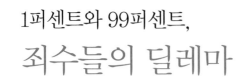

1퍼센트와 99퍼센트,
죄수들의 딜레마

J와 L은 고교동창들이다. J는 우수한 성적을 받아 세칭 일류대학의 경제학과에 입학했다. 1학년 1학기 설레는 맘으로 맨 먼저 수강한 과목이 《경제학원론》이다. 미국의 아이비리그에서 경제학 박사를 획득한 담당교수는 저명한 경제학자 그레고리 맨큐(N. Gregory Mankiw)의 《경제학》을 교재로 강의했다.

교수는 '자원의 희소성'과 인간의 '무한한 욕망'으로부터 경제학이 해결해야 할 근본과제가 등장한다고 운을 뗀다. 그리고 이 과제는 '효율성 원칙'을 통해 해결될 수 있는데, 효율성은 '경쟁과 인간의 이기심'으로부터 달성될 수 있다고 가르친다. 나중에 《경제학설사》 과목을 통해 알게 되었지만 효율성, 경쟁, 이기심은 이른바 신고전학파 주류 경제학의 출발점이며 신념이었다.

대학 4년 동안 최소 30개 정도의 전공과목을 배웠는데, 《경제수학》,

《미시경제학》,《거시경제학》은 물론《경제정책론》과《노동경제학》, 심지어 《후생(복지)경제학》마저도 이런 원리에 따라 구성되어 있었다. 모든 교수가 신고전학파 주류 경제학자들이었으니 J는 4년 동안 이 원리를 뼛속 깊이 하습한 깃이나.

모든 사람이 경쟁상대이며 이기주의자들이니 믿을 사람은 아무도 없다. 그에게 경쟁, 이기심, 불신은 삶의 철학이 되었다. 다시 다짐하자. 인간은 이기적인 존재다. 자본주의사회에서 모든 인간들은 나의 경쟁상대며 적이다. 믿는 도끼에 발등 찍힌다!

L은 학교를 졸업 후 한 직장생활을 하며 평범한 삶을 살고 있다. 사회생활을 하자니 정보는 좀 알아야 될 것 같아 출퇴근하면서 신문이나 읽어야겠다고 마음먹었다. 남들이 많이 읽는 조중동 신문을 선택했다. 약간 있어 보이고 싶어 사설과 칼럼도 탐독했다.

안중근 의사와 김구 선생, 유관순 열사는 민족공동체를 위해 목숨을 바쳤고, 이름 없는 독립투사들이 만주벌판에서 풍찬노숙(風餐露宿)하면서 민족의 안위를 걱정했지만, 그들의 삶은 초라했을 뿐 아니라 그 후손들은 고초를 겪고 있다고 배운 적이 있다.

방응모와 김성수는 L이 읽고 있는 조선일보와 동아일보의 사주다. 그들은 일제강점기 민족을 배반하고 황국신민이 되어 일제에 충성해서 부귀영화를 누렸던 자들이다. 그런데 그 후손들이 오늘 이 땅에서 부와 권력은 물론 명예까지도 누리며 '성공적 삶'을 살고 있다.

그뿐이랴. 독립군을 토벌하는 데 신명을 바치고 쿠데타로 정권을 탈취하여 민주주의를 질식시켰던 박정희의 후손이 대통령 후보로서 국민들의 흠모의 대상이 되고 있다. 처음에는 열도 받았다. 하지만 조중동 신문의 사설과 칼럼은 이러한 이기심과 배신의 역사를 아름답게 묘사하고 있다. 자꾸 읽다보니 개인의 성공 전략으로 틀린 것 같지 않다. 한국에서는 이렇게 헤야 성공하는 것 같다. "대한민국은 이런 곳이다. 한국놈은 못 믿는다." 조중동을 통해 L도 이기심과 불신을 삶의 철학으로 받아들였다.

몇 년이 지나 둘은 우연히 만나게 되었다. 월급도 변변찮고 해서 은행을 털기로 공모하였다. 그런데 둘 다 직장생활만 해서 그런지 뭔가 어설퍼 시작하자마자 덜미가 잡혔다. 그러나 범죄가 목적이 아니라 장난질이었다고 잡아뗀다.

검사는 체포된 J와 L을 격리시키고 다음과 같이 회유하였다. "둘 다 짜고 묵비권을 행사한다면, 물증이 부족한 나로서는 당신들의 죄를 입증할 수 없다. 그러니 5일의 구류만 살게 하고 풀어줄 수밖에 없다. 대신, 한 사람은 자백하는데 다른 한 사람이 입을 닫고 있으면 자백한 사람은 그 대가로 바로 풀려날 수 있지만 입을 닫은 사람은 괘씸죄로 20년을 살게 된다. 그런데 둘 다 자백하면 법정형량에 따라 8년형을 받는다. 어떻게 할 것인지 각자 다른 방에 머무르면서 잘 생각해봐라."

독방에 앉아 있는 J는 골똘히 생각한다. 내가 입을 닫고 있을 때 저쪽 방에 있는 L도 입을 닫아준다면 둘 다 5일의 구류만 살고 자유롭게 될 수 있다. 이렇게 되면 얼마나 좋을까?

최선의 해결책이었지만, L이 진짜로 그렇게 해줄지 알 수가 없다.

도저히 그를 믿을 수 없기 때문이다. 4년 동안 좋은 대학에 다니면서 박사님들로부터 배운 생활의 지혜가 무엇이더냐. 모든 사람은 이기적으로 행동한다. 그러니 남을 믿지 마라!

그리고 L이 입에 달고 다니던 말이 있지 않던가? "이기적인 한국놈들, 아무도 못 믿는다. 한국의 역사는 배신의 역사다. 조중동 신문과 친일세력은 배신을 통해 살아남았을 뿐 아니라 성공하지 않았나." 그러니 내가 죄를 털어놓았을 때, 그 녀석이 나를 위해 입을 닫을 리가 없다. 그는 분명히 이기적인 판단을 내리며 나를 배신할 것이다.

그래서 J는 딴 생각을 하게 된다. 내가 자백해버리면 어떨까? 이때 저쪽 방의 L이 바보처럼 나를 굳게 믿고 입을 닫아주면, 나는 5일의 구류도 살지 않고 곧바로 풀려날 수 있다. 물론, 어리석은 그 놈이야 20년을 혼자서 피눈물 흘리며 찬 바닥에 등을 대고 독수공방 살아야 되겠지. 하지만 나만 살면 되지 않나? 자백해버리자.

L은 어떻게 생각할까? J와 똑같이 생각한다. J의 언행을 기억해보자. 인간은 이기적이며 절대 믿을 게 못된다고 항상 열변을 토했던 것이 기억났다. 이 '경제원리'를 실력 있고 연구도 많이 한 교수님들한테 배웠다고 자랑스레 말하지 않았던가. 한 해 7, 8백만 원의 비싼 수강료를 지불하고 배웠다고 했으니 삶의 철학으로 받아들여도 된다고 자부했었다.

그러니 그 녀석이 나를 믿고 입을 닫을 리 만무하다. 즉, 하루의 구류도 살지 않기 위해 자백해버리고 말 것이다. 내가 20년을 살든 말든 무정한 그 녀석은 관심이 없다. 나쁜 놈! 자기만 살 궁리를 하겠지. 좋다. 무조건 자백이다.

J도 L도 자백해버렸다. 결과는? 둘 다 자백하면 둘 다 8년을 감방에서 지내야 한다고 했으니 죽을 맛이다. 둘 다 자신에게 가장 유리하다고 생각한 전략을 신택했지만 최악의 결과를 함께 맛보게 된 것이다.

J도 L도 이런 선택방식이 최종적으로는 최악의 참화를 가져올지 뻔히 알고 있다. 그런데, 이 최악에서 벗어날 도리가 없다. 왜? 서로 믿지 못하기 때문에!

마주 보고 있어도 못 믿는데 지금 서로 다른 방에서 취조당하고 있으니 더더욱 믿을 수가 없다. 평소에 이타적으로 살면서 서로 믿었더라면 지금처럼 격리된 상황에서도 서로 믿을 수 있을 텐데 말이다.

서로 믿고 있다면 둘 다 입을 닫고 있을 것이고 그 결과 둘다 5일의 구류만 살고 자유롭게 될 수 있는데, 이기주의와 불신이 그들을 망친 것이다.

이게 바로 경제학에서 유명한 '죄수들의 딜레마'이다. 애덤 스미스는 이기주의가 상호이익을 가져온다고 설파했지만 존 내쉬는 이기주의가 게임의 참가자들을 최악으로 이끈다고 반박했다.

이 딜레마로부터 벗어나는 방법은 없는가? 딜레마로부터 빠져나오지 못하는 원인을 살펴보면 답이 나온다. 게임의 당사자는 누군가? 죄수들이다. 그들의 철학은 무엇인가? 인간은 이기적이어서 믿을 수 없다는 것이다.

우리가 '죄인'이고 이기적인 존재여서 서로를 믿지 못한다고 확신한다면 이 딜레마로부터 빠져나올 방법은 없다. 하지만 우리가 '의인'이고 약간의 이타적인 마음만이라도 지니고 있어 서로를 신뢰할 수 있다고 생각하면 딜레마는 더 이상 딜레마가 아니게 된다.

서로 믿고 연대해보라. 그리고 이기주의를 벗어던지고 약간의 이타주의, 곧 '호혜주의'의 태도만이라도 취해보라. 그렇게 되면 이 딜레마는 간단히 해결된다.

과학기술이 발전되어 인류의 발전 가능성이 높아지니 가난한 자들의 삶은 개선되어야 할 것 같은데, 대다수 민중들의 삶은 피폐해지고 있고 부의 불평등은 심화되고 있다. 1퍼센트의 부자와 99퍼센트의 빈자가 가득한 세상이다!

보수세력에 의해 정의가 훼손되어 우리 사회가 정글사회로 변하고 있어도, 초등학생에게도 자명한 상식이 무너지고 있어도, 아무도 나서지 않는다. 개선의 부담은 남한테 지우고 자신은 편안함만 취하고 싶기 때문이다. 이기적이다! 그래서 선거날만 되면 짐 싸고 야외로 소풍간다. 내가 나설 때 남이 함께 나서주면 힘이 날 텐데 나를 따라 나서줄지 알 수 없다. 혼자 깃발 들고 나서다가 꼴사납게 되면 어쩌나. 아무도 믿을 수가 없다. 이렇게 되면 모두 패배주의에 빠지게 되는 것이다.

이기주의와 불신이 팽배하니 연대(solidarity)가 형성될 수 없다. 연대가 형성되지 않으니 힘이 만들어지지 않는다. 99퍼센트가 힘이 없으니 1퍼센트는 99퍼센트를 두려워하지 않는다.

그러니 거대한 부와 권력을 거머쥔 1퍼센트가 헐벗고 불안한 99퍼센트를 지배하고 농락하는 부조리가 '법칙'이요, '원리'로 보이는 것이다.

주류 경제학은 물론 마르크스 경제학도 시장법칙이나 역사법칙 등 무슨무슨 법칙을 대단히 좋아한다. 많은 이들이 철석같이 믿고 있겠지만 나를 비롯해 다른 경제학파의 경제학자들이 보기에 그건 웃기는 생각들이다.

최선의 해결책으로 향하는 법칙이 존재하지 않듯이 최악의 해결책으로 향하는 법칙도 존재하지 않는다. 적지 않은 것들이 인간의 단합된 의지, 즉 마음먹기에 달렸다.

과학의 탈을 쓰고 있으나 법칙과 원리라고 하는 것들 중 많은 것이 우매한 미신이며 조작된 이념일 뿐이다. 그것은 우리에게 근거 없는 낙관주의와 비관주의를 심어주어 선한 행동의 의지를 꺾는다. 특히 신고전학파 주류 경제학은 이 목적을 정확히 겨냥한다.

도깨비 같은 허황된 법칙에 주눅 들면 불평등과 불의의 법칙과 원리는 결코 파괴되지 않는다. 하지만 이 법칙과 원리를 지배하고 통제하면 그것은 더 이상 법칙이 아니다. 이기주의와 불신을 버리고 연대하면 이것이 가능해진다. 죄인들에겐 그것이 불가능할지 몰라도 시민들에게 그것은 가능하다.

죄수들 사이에 딜레마는 분명 존재한다. 그들은 주류 경제학의 원리와 조중동 신문의 프레임에 포박되어 있기 때문이다. 하지만 깨어 있는 시민들과 행동하는 양심들 사이에 딜레마는 존재하지 않는다.

chb8788 : 사람들이 연대하지 못하는 이유는 1퍼센트로 되기 위한 99퍼센트들의 이기적 갈망 때문이라는 생각이 듭니다. 항상 느끼는 것이지만 컴퓨터 앞에서 간단한 사유작용만 하고 있는 제 모습이 이렇게 작아 보일 수 없습니다. 반성합니다.

↳ 한성안 : '1퍼센트에 대한 정체성의 욕망'은 이들에 대한 그릇된 평가에 기인합니다. 이들이 '성실하다, 자수성가한 사람들이다, 똑똑하다, 아름답다, 급기야 선하다, 진실되다, 정의롭다'라고 생각하기 때문이죠. 하지만 1퍼센트 중에서 이 평가에 부합하는 사람은 극소수에 불과합니다. 세습, 폭력, 정경유착, 사기, 기만, 배반, 불의한 자들이 대부분이죠.

지오 : 어찌 개인이 거대한 공룡과 맞설 수 있겠습니까. 불의를 정의로 바꾸는 것은 주류나 정치인들이 아니라 항상 깨어 있는 시민, 행동하는 양심을 가진 99퍼센트의 힘이었다는 것은 역사가 말해주고 있죠. 공감합니다.

↳ 한성안 : 진정한 시민과 양심의 비율은 99퍼센트보다 훨씬 적었습니다. 99퍼센트 중 30퍼센트 정도 되겠죠. 나머지는 잠자고 있는 소시민, 양심을 저버린 룸펜프롤레타리아트들일 것입니다. 그들은 30퍼센트의 시민과 양심을 오히려 비난하고 있을지도 모릅니다. 하지만 99퍼센트가 될 정도로 크지 않지만, 30퍼센트의 적지 않은 시민들이 역사를 바꾸었습니다. 1퍼센트가 가장 두려워하는 사람들이죠.

고흥짱 : 목표와 의견을 조율하면 연대는 가능하다고 생각됩니다. 예를 들어

공동구매처럼 각자에게 이익이 되는 일에는 쉽게 뭉칩니다. 하지만 우리 사회의 깨어 있는 사람들을 제외한 대다수 사람들의 마음에는 이기주의가 깊이 뿌리내리고 있어 '의로운 일'을 향한 연대가 쉽지 않을 것 같습니다.

↳ 한성안 : 그 때문에 교육이 필요하겠죠. 자신의 권리를 찾고, 사회 전체의 발전을 생각하며, 사회적 약자를 배려하는 교육이 이루어지면 의로운 일에 대한 연대도 가능해질 것입니다. 1퍼센트는 이런 교육을 가장 두려워합니다. 우리나라의 교육 현실은 이런 1퍼센트의 두려움을 반영하고 있습니다.

신율정 : 믿음은 세상을 살아가는 데 아주 중요한 덕목인 것 같습니다. 하지만 서로가 서로를 믿는다는 건 현실적으로 매우 어려운 것 같습니다. 서로가 태어난 곳도 살아온 환경들도 모두 다르기 때문이지만, 무엇보다 우리 사회가 서로를 믿지 못하게 만드는 것 같습니다. 〈1박 2일〉이라는 프로그램에서 복불복을 할 때 출연자들이 "나만 아니면 돼"라는 말을 합니다. 즉, 이기주의는 이런 방식으로 세뇌되어 우리 마음속 깊은 곳에 똬리를 틀게 됩니다.

↳ 한성안 : 〈1박 2일〉의 이러한 개그는 젊은이들에게 지배 이데올로기를 교육하는 역할을 훌륭히 수행하고 있죠. 문화가 우리를 지배하고 있는 사례에 속합니다. 이런 비형식적 교육은 도처에서 모습을 드러내지 않고 우리의 지배 이데올로기를 문화로 채색하고 있죠.

체게바라워너비 : 각 개인이 자기의 단기적 이익을 달성하기 위해 가장 합리적으로 판단을 내리더라도 그러한 합리적 선택들의 총합이 그들 세대 전체적으로는 비합리적일 수도 있다는 점을 우리 젊은이들이 빨리 깨달았으면 합니다.

↳ 한성안 : 주류 경제학은 이런 '구성의 오류'를 전혀 가르치지 않죠. 개인의 합리적(!) 선택이 사회를 황폐하게 만들지만 그 속에서 지배자들은 자신들

의 안위를 확보할 수 있기 때문이죠. 엄청난 사회적 환란이 닥쳐야 비로소 정신차릴 겁니다.

권력에 좌우되는
시장가격의 현실

인간은 생존하고 생활하기 위해 제품을 생산하고 소비한다. 인류역사 대부분의 기간 동안 생산자와 소비자가 동일인이었지만 18세기 이후 자본주의라는 새로운 경제체제가 시작되자마자 생산하는 사람과 소비하는 사람이 분리되었다. 이와 함께 교환(exchange), 쉽게 말해 '바꿔갖기'가 일상화되기 시작하였다. 즉, 자급자족경제(autarky)에서 시장경제로 경제구조가 바뀌게 된 것이다.

시장경제에서 생산자는 재화를 자신의 소비를 위해 생산하지 않고 타인의 소비를 위해 생산한다. 그래서 그를 제공하는 사람, 곧 '공급자'라고 부른다. 생산자(producer)를 공급자(supplier)로 부르는 이유를 따지고보면 이처럼 재미있다. 경제학을 재미있게 공부하기 위해 '국어적 사고'가 필요한 이유다.

그렇다고 그를 이타적인 존재로 착각할 필요는 없다. '시장'에 등장한 생산자는 타인에게 자신의 재화를 양도하는 대신 반드시 반대급부 (대가)를 요구하기 때문이다. 곧, 받지 않으면 결코 주지 않는다. 대가는 물건으로 치러지기도 하지만 시장이 발달한 자본주의경제에서 그것은 화폐, 곧 돈으로 지러진다. 그래서 자본주의경제를 물물경세와 달리 '화폐경제'로 지칭하는 것이다.

자신이 공을 들여 생산한 재화에 대해 그것을 구입하는 사람(수요자)이 제시하는 대가를 '가격(price)'이라고 부른다. 곧, 수요자는 가격을 지불하고 공급된 재화를 자기 것으로 소유할 수 있다. 돈이 없으면 아무것도 취할 수 없다는 말이 이래서 나온 것이다. 마트의 진열대 앞에서 1시간이고 1달을 서 있어보라. 그리고 온갖 교태를 부리고 고상한 설교를 해도 그 제품은 꿈쩍도 안 하지만 돈을 지불하면 그 놈은 스르르 내 품으로 안긴다. 시장경제에서 돈이 개입되지 않으면 아무것도 움직이지 않는다. 이걸 '유통'이라고 부른다.

실로 돈은 시장의 윤활유다. 윤활유가 없는 자는 인간 취급을 못 받는다. 그것이 주류 경제학의 그 위대하고 아름다운(!) 신, 바로 시장이다. 그러면 돈만 지불하면 상품이 흐를까? 그렇지 않다. 공급자도 생각이 있기 때문에 준다고 다 받지는 않을 것이다. 돈을 받는 사람은 자신의 노력을 계산할 것이다. 그리고 자신이 생산한 제품의 수량과 다른 사람이 생산한 동일제품의 수량을 고려하면서 가격을 책정할 것이다. 또, 내 제품을 살 사람들이 얼마나 많은지도 고려한다. 머리를 엄청 잘 굴려야 하지만 별 문제없다. 이에 대한 정보는 물론 다 알려져 있고 계산과 판단능력은 신의 능력과 같기 때문이다.

돈을 지불하는 사람도 마찬가지다. 그는 수많은 공급자들의 생산비와 노력을 정확히 꿰뚫고 있어야 한다. 나아가 자신의 호주머니 사정(소득수준)을 잘 알고 있어야 한다. 그리고 호주머니에 있는 돈으로 사야 할 '다른 재화들'의 가격도 알아야 하고, 그 재화의 시장 상황에 대해서도 정확히 알아야 한다. 또, 자기 자신 외 다른 수요자들의 상황에 대해서도 훤하게 알아야 한다. 곧, 모든 정보에 대해 정통해야 한다는 것이다.

그리고 이런 정보를 활용해 그는 자신이 지불해야 할 가격을 전광석화처럼 빠르게 계산해야 한다. 그의 머리는 슈퍼컴퓨터보다 몇만 배 더 우수해야 한다. 물론 이런 초자연적 능력은 공급자에게도 이미 주어져 있다.

수많은 공급자들과 수요자들이 이런 초자연적 능력을 발휘하여 경제적으로 사고할 때 어떤 다른 비경제적 요인도 개입되지 않는다. 그는 사회적 관계도 고려하지 않는다. 문화적 영향도 받지 않는다. 그리고 정치권력의 영향으로부터 자유롭다. 이들은 모든 제도적 맥락(institutional context)으로부터 독립된 보편적 인간들이기 때문이다.

완전한 합리성, 완전한 정보(perfect information), 수요자와 공급자의 정보대칭성(information symmetry), 행위자의 맥락독립성(context-independence)이라는 가정이 충족되면 우리에게 익숙한 매끈하고 우아한 수요곡선과 공급곡선이 그려진다. 참 신통하기도 하다!

이런 곡선에 따라 쌍방이 동의할 수 있는 합리적 가격이 결정될 것이다. 이런 시장가격을 '경쟁균형가격'이라고 부른다.

지금까지 서술된 이야기는 약간 인문학적으로 재해석한 것 말곤 정말 익숙하지 않는가? 학교에서 배웠고, 신문과 방송에서 줄곧 얘기되고 있어 우리에게 이미 상식과 진리로 받아들여지고 있는 얘기다.

그런데 이런 우아하고 매끄러운 곡선이 노출되어 기막힌 맞춤기적이 형성되기 위해 어떤 가정이 설정되어 있는가를 되돌아보자. 수요자와 공급자는 슈퍼컴퓨터와 같은 계산능력을 갖추어야 한다. 그리고 시장에 존재하는 모든 정보에 정통해야 한다. 또, 수요자와 공급자 사이에 정보량이 같아야 한다. 뿐만 아니라 수요자와 공급자는 모든 제도적 맥락에 오염(!)되지 않은 순수한 존재, 곧 '경제적 인간(호모 에코노미쿠스)'이어야 한다. 그 때문에 그들 사이에 권력(power)이 개입되지 않아야 한다. 이게 바로 신고전학파 주류 경제학이 모형을 구축하기 위해 미리 설정한 가정들이다.

하지만 현실 속에 존재하는 나를 돌아보니 계산능력은 초라하기 그지없고 정보량도 턱없이 부족하다. 공개되지 않은 공급자의 생산비용과 노력은 고사하고 과자봉지에 공개되어 있는 수많은 정보도 이해하지 못한다. 공급자들이야 수요자들에 대한 정보를 많이 가지고 있겠지만, 수요자들은 공급자들의 정보에 대해 도통 문외한이다. 공시자료를 보지도 않지만 볼 능력도 없다. 그리고 공급자들이 제공하는 자료는 대체로 믿을 만하지 않다.

결국, 현실적인 수요자의 합리성(계산 및 평가능력)은 매우 제한적이며 공급자와 수요자의 정보량은 매우 비대칭적이라는 것이다. 그러니 매끄러운 수요곡선이 도출될 리 없고, 기막힌 경쟁균형가격이 형성될

리도 없다.

여기서 끝나지 않는다. 신고전학파 주류 경제학이 설정한 또 하나의 가정에 주목하자. 수요자와 공급자 사이에 어떤 권력관계도 개입되지 않는다는 가정이 그것이다. 그 가정은 얼마나 현실적일까?

먼저, 권력은 어떻게 형성될까? 재산을 많이 축적하면 힘이 생긴다. 경제적 부가 정치적 지배관계를 낳는 사례다. 돈이 있으면, 제 맘대로 하며 타인을 비굴하게 만들기도 한다. 또, 혼자 행동하지 않고 함께 행동하면 힘이 생긴다. 이때 재산이 많은 자들이 함께 행동하면 그 힘은 엄청나다. 사회적 결속이 정치적 지배를 강화하는 경우에 해당된다.

결국, 시장에 재산이 많은 대기업들이 존재하고 이들이 사회적으로 결속할 때 강력한 권력이 형성된다. 곧, 경제력이 집중되는 동시에 이들이 담합(collusion)을 이룰 때 엄청나게 강한 힘이 형성된다는 것이다. 그 힘을 어디에 사용할까? 다른 중요한 곳도 있지만 그들은 그 힘을 가격 결정과정에 행사한다. 이처럼 정치권력의 영향을 받아 형성된 가격을 '독과점가격'이라고 부른다. 이 가격은 신고전학파 주류 경제학이 찬양한 경쟁균형가격과 한참 거리가 멀다.

현실시장은 신고전학파 주류 경제학이 엉뚱하게 가정하고 있는 것처럼 단순하지 않다. 수요자와 공급자는 엉터리 합리성과 정보의 비대칭성은 물론이고 정치적 권력과 얽혀 있다. 이러한 일은 오늘 우리 사회에서 일반화되어 있다.

재벌닷컴 집계를 보면, 30대 재벌의 계열사는 2006년 731개에서 매년 평균 83.8개씩 증가해 지난해 말에는 1,150개로 늘어났다. 진출 업종도 크게 늘었다. 공정거래위원회의 상호출자제한 대상 기업집단(공기업 제외) 계열사가 진출한 업종은 2006년 13.7개에서 지난해 18.6개로 급증했다. 순대, 빵집 등 중소기업이나 영세 자영업자들의 업종까지 무차별적으로 사업을 확장한 결과다.

중소기업중앙회와 대한제과협회 등에 따르면 자영업자 제과점의 폐업은 해가 갈수록 증가하면서 2000년 전국 약 1만 7,000여 곳이었던 점포수는 지난해 말 4,500~5,000여 곳으로 크게 줄었다. 11년 만에 무려 70퍼센트 넘게 감소한 것으로, 대표적인 대기업 프랜차이즈인 파리바게트가 지난해 점포 수 3천 곳을 돌파하는 등 무섭게 성장한 것과 대비를 이룬다.

삼성전자와 LG전자는 2008년~2009년 세탁기, LCD 텔레비전, 노트북 가격을 담합해 인상한 사실이 드러나, 공정거래위원회로부터 446억 원의 과징금을 부과받았다. 경제적으로 강한 자들의 사회적 결속이 정치권력을 형성하여 가격결정과정에 개입했기 때문이다. 그 부담은 수요자가 고스란히 떠안아야 한다.

이런 권력관계가 소비자와 대기업 사이에만 개입된다고 생각하면 큰 오산이다. 그것은 기업과 기업, 더 나아가 중소기업과 대기업 사이에도 적용된다. 규모의 차이가 권력관계를 형성하기 때문이다. 그러한 권력은 대기업과 중소기업 사이에 불공정한 하도급 거래관계를 유발한다.

납품단가의 인하, 원자재가격 상승분 반영하지 않기, 장기하도급어음 발행 등과 같은 가장 전형적인 불공정거래관행 이외에도 납품계약

내용의 임의변경, 대가성 리베이트 요구, 계약서 및 서면미교부, 대금의 물품대지급, 보복조처 등 매우 다양하다.

대한제과협회가 발행하는 〈월간 베이커리〉의 김기설 편집장은 "대기업들이 건물주들에게 임대료를 올려준다거나 기존 빵집 바로 옆에 가맹점을 열겠다는 식으로 위협해 자영 제과점들을 몰아내고 있으며 한마디로 자본의 횡포"라고 말했다(〈한겨레신문〉, 2012년 1월 16일).

이게 바로 현실이다! 신고전학파 주류 경제학은 이런 생생한 현실을 외면한다. 그들의 가르침은 진리와 상식이 아니라 허위와 몰상식이다. 우리는 이런 잘못된 사유습성에서 벗어나 우리가 살고 있는 현장을 제대로 봐야 한다.

많은 경제학자들이 이 현실을 이미 수없이 지적했지만 그들은 귀를 막고 있다. 경제사회학자 칼 폴라니(Karl Polanyi)는 정치적, 종교적, 사회 심리적, 윤리적, 인종적 대항력, 즉 끈질기게 지속하는 다양한 '적대적 힘'에 대한 투쟁의 결과로 시장을 이해하였다.

노벨경제학상 수상자인 스웨덴 경제학자 군나르 뮈르달(Gunnar Myrdal)도 시장은 정치조직을 포함하는 사회에 의해 창조되고 촉진되었다고 보았다. "시장이 존재하기 오래전에 교환거래는 권력의 법칙에 종속되었다."

나아가 막스 베버도 시장이 확립되어 있을 경우, "최적 이윤생산은 상이한 계급들 사이의 권력관계에 의존할 것"이라고 설파하였다.

이러한 명백한 현실과 빛나는 통찰력에도 불구하고 그들은 잉뚱한 가정들과 소설 같은 허위와 몰상식에 왜 그토록 집착할까? 그것은 자신들의 '매끄러운 미학적 모형'에 집착하기 때문이다. 나아가 그런 프레임으로 세상을 보면 대기업의 악행을 숨겨줄 수 있기 때문이다.

대기업이 그냥 보고만 있겠는가? 경제적 보상, 사회적 지위, 정치적 권력, 안정된 직장! 그것이 바로 신고전학파 주류 경제학자들이 소설에 그처럼 목을 매는 이유다.

깨어 있는 시민들이라면 그들의 추악한 이해관계에 놀아나서는 안된다. 이제 신고전학파 주류 경제학의 주술과 사유습성에서 깨어나 정신을 차려야 한다. 그건 절대로 상식과 보편적 진리가 아니다. 이제부터 좀 더 상식에 입각해서 현실을 설명하는 '다른' 경제학에 관심을 기울일 필요가 있다.

댓글토론

소피아 : 시간이 흐를수록 동반성장위원회의 역할이 크게 주목받지 못하는 이유도 바로 그 어떤 권력 때문이겠죠. 시작은 유의미했으나 암초들이 곳곳에 산재해 있으니 자칫 유명무실한 조직이 되지 않을까 걱정입니다.

↳ 한성안 : 그렇죠. 하지만 정치적 주체의 권력이 아니라 '경제적' 주체가 갖고 있는 권력 때문입니다. 나아가 이러한 권력을 '경쟁력'으로 미화하거나 그것을 인식하지 못하게 하는 신고전학파 주류 경제학의 '문화적 기능' 때문이기도 하고요.

체게바라워너비 : 공감 만 배입니다. 대학에서 처음 《미시경제학》을 배울 때가

기억납니다. 수업시간에 시장균형가격에 대해 배우는데, 그 전제조건이 되는 이른바 완전 경쟁을 위해, 다수의 공급자와 수요자의 존재, 모든 상품의 동질성, 자원의 완전한 이동(자유로운 시장 진입과 퇴거), 상호 간 정보의 완전한 공유라는 지극히 비현실적인 가정들이 전제되더군요. 제가 보기에 그러한 가정을 모두 충족시키는 완전 경쟁시장이 현실적으로 존재하지도 않고, 앞으로도 존재 불가능할 것 같은데도 말이죠.

↳ 한성안 : 그런 엉뚱한 가정을 설정해야 안정성과 유일성을 갖춘 일반균형, 곧 환상적인 소설을 쓸 수 있기 때문이죠. 그것은 재미를 줍니다. 재미가 있어야 학생들이 공부하겠죠. 일반적으로 사람들은 학술서를 기피하고 판타지소설과 만화를 더 좋아하지 않습니까? 그래서 저를 포함하여 많은 이들이 신고전학파 주류 경제학의 소설에 매료되어 감탄하곤 했죠.

담배가게 아저씨 : 조그만 사업을 시작하면서 뼈저리게 느낀 부분입니다. 신고전주의자들의 말대로라면 저는 좋은 아이디어와 혁신적 사업모델 하나로도 충분히 수요를 예측하고 적당한 가격을 찾아서 합리적으로 유통할 수 있는 채널을 갖추어 사업에 성공할 수 있어야겠죠. 허나 현실은 대기업에게 아이디어를 빼앗길까 두렵고, 대기업의 자금공세가 두렵고, 유통업체의 횡포가 두렵습니다. 결국 대기업에 헐값을 받고 사업모델을 넘기거나 대기업에 인수되어 그들의 수족으로 살아갈 수밖에 없는 상황이 되는 것입니다. 아! 싫습니다.

↳ 한성안 : 신고전학파 주류 경제학은 담배가게 아저씨님께서 이처럼 뼈저리게 느끼는 현실을 왜 완전 경쟁시장이라고 그토록 우길까요? 그런 '학술적 프레임'을 가지면 자신 스스로도 그 불편한 현실을 외면할 수 있습니다.

그리고 그런 프레임을 학생들에게 덮어씌워주면 학생들도 그런 현실을 보지 못하게 됩니다. 설사 현실을 보더라도 그 프레임에 갇힌 사람들은 뼈저린 현실에 대해 손놓고 조금만 기다리면 청산되는 과도기적 현상쯤으로 착각하게 됩니다. 그게 누구를 즐겁게 합니까? 바로 대기업을 기쁘게 하죠. 그런 점에서 신고전학파 주류 경제학자들은 대기업의 기쁨조와 다르지 않습니다.

김근태,
희생과 봉사의 경제학

사람이 살다보면 혼자 힘으로 살기가 어려운 경우가 많다. 그때마다 타인으로부터 돈을 꾸어 쓴다. 이걸 보통 빚이라고 부른다.

빚은 자발적 요구로 진 부담이다. 남이 스스로 빌려준 것이 아니라 자신이 요구한 것이니 반드시 갚아야 한다. 곧 변제의 의무를 진다는 것이다. 그래서 그것을 '채무'라고 부르기도 한다. 그리고 갚을 땐 적어도 동일한 액수만큼 갚아야 한다. 그것보다 적게 되돌려주는 변제는 용납되지 않는다. 채권자는 이러한 동일한 액수의 변제를 요구할 권리를 가진다. 신고전학파 주류 경제학적 인간들로 구성된 세계다.

이와 달리 자신이 요구하지 않았는데도 불구하고 재화나 서비스, 화폐가 주어지는 경우도 있다. 누군가 나의 어려움을 목격하고 자발적으로 도움을 주는 것이다. 봉사와 희생이 그런 사례에 속한다.

봉사는 자신을 돌보지 않고 남을 위해 힘과 시간을 바쳐 애쓰는 행위다. 테레사 수녀와 같이 삶 전체를 바치기도 하지만 주로 남는 시간을 할애하여 타인의 이익을 도모한다.

희생은 그보다 강도가 세다. 남을 위해 신성한 것이나 자신에게 가장 귀한 것을 양도하는 행위다. 예컨대, 남을 위해 자신의 권리나 목숨까지 포기한다. 그래서 에밀 뒤르켐(Emile Durkheim)은 신성한 것의 제공을 희생의 본질적인 요소로 정의하기도 하였다.

채권자와 달리 봉사와 희생의 주체는 타인의 고난에 대해 자발적으로 그것을 제공한다. 곧, 수령자가 그것을 요구한 바가 없다는 것이다. 그로 인해 타인은 은혜를 입었지만 봉사와 희생을 변제할 의무는 없다. 나아가 그것은 빌려준 행위가 아니라 '베푼' 행위다. 제공자는 애초부터 변제를 요구하지 않았다.

봉사와 희생은 이타적 인간들의 행위다. 신고전학파 주류 경제학적으로 설명하기 어려운 이 바보 같은 인간들은 나눔을 지향하며 그것을 즐거워한다. 그런데, 나눔은 원래 고통스럽다. 그들은 고행자나 수행자가 아니다. 그래서 그들은 기꺼이 고통의 대가를 받기를 원한다. 그런 점에서 그들은 매우 경제학적으로 사고한다. 하지만, 그 대가를 자신이 취하려고 하지 않는다. 자신의 고통의 결과를 타인이 취할 때 행복해하는 사람들이다. 이 때문에 제공자 자신에게 변제가 필요하지 않다. 비주류 경제학적으로 행동하는 사람들이다.

하지만 은혜를 입은 사람이 입을 싹 닦아버린다면 그건 사람이라고 할 수 없다. 물론 일부러 망각하면서 살 수 있다. 더 나아가 배은망덕할 수도 있다. 하지만 건전한 사회, 곧 사람 사는 세상은 그런 주류 경제학적 사람을 인간의 범주로부터 제외시켜버린다. 그러니, 제대로 된 사람이라면 그것도 어쨌든 갚아야 하는 일종의 빚이다.

이런 빚을 갚는 두 가지 방법이 있다. 하나는 봉사와 희생의 제공자에게 직접 갚는 방법이다. 그런데, 그기 변제를 한사코 거절하면 평생 마음의 빚을 지고 살아야 한다.

또 하나의 방법이 있다. 받은 은혜를 불려 제3자, 곧 또 다른 타인과 사회 전체에 되돌려줄 수도 있다. 그렇게 되면, 마음의 빚을 갚아 홀가분해질 수 있다. 나아가 불행에 처했던 또 한 사람이 나로 인해 소생할 수 있고, 사회 전체가 아름답게 되니 나 또한 행복해질 수 있다. 나와 사회가 행복해지면 원래 나에게 봉사와 희생을 베풀었던 그도 행복해진다. 죽을 때도 편안히 눈을 감을 수 있다. 결국 희생과 봉사는 은혜를 입은 자가 타인에게 변제해야 할 빚이다. 그 희생의 결과는 승수적으로 증가한다. 이렇게 하여 '희생과 봉사의 경제학'이 탄생한다.

얼마전 김근태 선생이 운명하셨다. 그는 좋은 대학을 나왔으니 앞길은 보장되어 있었다. 하지만 일신의 영달을 버렸다. 대신 민주주의를 위해 자기 몸을 희생하였다. 그 과정에서 그는 모진 고문의 고통을 겪었다. 얼마나 고통스러웠을까?

김근태 선생은 1985년 9월 25일까지 이근안 등 고문기술자들로부터 물고문과 전기고문 등 모두 10차례나 죽음을 넘나드는 고문과 구타를 당했다. 얼마나 고문이 심했던지 고문기술자를 돕던 사람조차 김근태가 홀로 남았을 때 "더 이상 두고 볼 수가 없다. 어떻게 해서든 여기를 떠나라"고 울먹일 정도였다고 한다.

그는 그해 12월 19일 법정에서 '짐승의 시간'을 이렇게 증언했다. "고문을 받는 과정에서 본인은 알몸이 되고 알몸 상태로 고문대 위에 묶여졌습니다. 알몸으로 바닥을 기면서 살려달라고 애원하며 빌라고 했습니다. 저는 그들이 요구하는 대로 할 수밖에 없었고 그들이 쓰라는 조서 내용을 보고 쓸 수밖에 없었습니다"(〈한겨레신문〉, 2011년 12월 30일자).

그 희생의 대가로 우리는 '민중이 주인이 되는 체제', 곧 민주주의로 한걸음 더 다가설 수 있게 되었다. 그로 인해 우리는 좀 더 자유롭게 말할 수 있게 되었고, 더 평등한 삶을 누릴 수 있게 되었다. 우리의 행복의 규모는 크게 증가한 것이다. 그의 희생은 너무나 큰 성과를 낳았다.

하지만 그는 고통의 대가가 자신에게 변제되기를 바라지 않았다. 우리가 행복해지는 것에 더 기뻐하였다. 그의 봉사와 희생은 타인의 요구와 무관하게 자발적으로 이루어졌다. 따라서 변제의 의무는 없다. 하지만, 혜택을 누린 자가 적어도 인간이라면 은혜에 보답할 수 있어야 한다. 그리고 보답하면 그 결과는 승수적으로 증가하지 않았던가.

김근태 선생에게 보답하는 방법은 간단하다. 그가 그렇게 바랐던 민주주의와 평등, 정의의 세계를 우리 스스로 간직하며 발전시키면 되는 일이다. 그리하여 더 많은 사람들이 행복을 누릴 수 있게 만들어야 한다. '희생과 봉사의 경제학'을 더 발전시키는 것. 그것이 살아 있는 우리가 해야 할 의무다. 이런 최소한의 의무를 다할 때 그는 참혹한 고문의 고통을 잊고 편히 잠들 수 있으리라.

또 하나의 바보, 김근태. 고이 잠드소서!

댓글토론

잎눈 : 선거, 투표에 참여하는 자체도 경제학적으로 볼 때, 그리고 이기적인 인간을 전제로 할 때 설명하기 힘든 일이지요. 애써 버스비와 시간을 들여가면서 한 표를 행사해서 얻는 편익보다 거기에 드는 비용이 더 크게 보이겠죠. 수십, 수백, 아니 수천만 표로 한 후보가 당선되는 데에 비해 내가 행사한 이 한 표는 대세에 영향을 미치지 못하기 때문이기도 하고요. 하지만 이를 넘어서서 나와 가족, 나와 친구가 함께 살아가는 사람들과 더 정의로운 세상을 공유하기 위해서 투표에 참여하는 거라고 생각합니다. 국민의 권리이면서도 동시에 '인지상정'이 아닐까 생각합니다.

↳ 한성안 : 그렇죠. 신고전학파 주류 경제학의 관점에서 보면, 김근태 선생은 바보입니다. 그처럼 자기 시간을 쪼개어 투표장에 나가는 행위도 멍청한 짓이죠. 하지만 곧 비주류 경제학의 행위자인 바보들이 있기 때문에 사회는 발전하고 있습니다.

tulius : 인간적인 사람. 인간이기에 인간적인 게 당연한데도 그러기 힘들게 하는 사회가 그를 더욱 가치 있게 만드네요. 아니 그런 사회 핑계를 댔군요. 우리가 인간답게 살면 이 세상도 점점 그렇게 되겠지요.

↳ 한성안 : 실존적 인간은 사회구조에 종속되지 않습니다. 그는 부조리한 현실

을 모르지 않습니다. 하지만 부조리를 외면하지 않고 직시합니다. 그리고 완전한 변화가 불가능함을 알면서도 끝없이 변화를 추구하는 인간입니다. 시시포스와 같이!

anyboyz : 봉사와 희생을 적당히 하면 고통이 덜하지만 그것이 커지면 고통이 심해지고 타인에 대한 미움과 분노가 생깁니다. 그 결과 봉사와 희생의 정신이 감소해버립니다. 이것이 헤르만 헤세의 소설《동방으로의 여행》에서 개념화된 서번트 리더십의 치명적인 단점입니다. 하지만 사랑과 자비의 경제학이 되면 아마도 마르지 않는 샘터가 될 것 같습니다. 이때 애타주의자 자신의 내면에서 기쁨과 평화가 은밀히 퍼지므로, 톨스토이의《인생론》에 나오듯이 사랑의 대가를 받지 않아도 행복감을 느낄 수 있습니다. 모성애를 생각하면 이해될 수 있죠. 제가 본 김근태 선생은 어렵고 힘겨운 민중에 대한 사랑, 보답을 바라지 않는 자비심, 퍼주고 퍼주어도 마르지 않는 바다의 마음이었다고 생각합니다. 그래서 신체적 괴로움 속에서도 그 얼굴에 찬란한 기쁨과 평화가 보였나 봅니다.

↳ 한성안 : anyboyz님의 질문은 저의 나태한 사고를 자극해주시는군요. 그러나 '사랑과 자비의 경제학'도 필요하지만 연약한 인간으로부터 마르지 않는 사랑과 자비를 요구하는 것은 비현실적이라고 보았습니다. 그런 경제학을 너무 강요한 나머지, 그분들의 사랑과 자비가 고갈되고 있을 때에도 우리는 그들이 고통을 좀 더 인내하기를 바라면서 관조하거나 외면하는 수가 많습니다.

그들의 사랑과 자비가 고갈되어 죽음에 이르면, 비로소 우리는 그들에게 '미안하다, 죄송하다, 바보여서 고맙다'고 눈물을 흘리면서 추모하죠. 저는 그런 행동은 바람직하지 않다고 봅니다. 노무현 전 대통령과 김근태 선생의 사랑과 자비가 고갈되기 전에, 우리가 행동함으로써 이 사회를 발전시켰더라면 얼마나 좋았을까요? 그분들이 살아계시면 그분들의 카리스마와 지혜를 결합하여 더 좋은 사회를 만들 수도 있겠죠. 아무튼 '봉사와 희생(헤세)'와 '사랑과 자비(톨스토이)'를 구분하는 시도는 많은 생각을 하게 해주었습니다. 인문학은 경제학 연구를 위해 중요하다는 사실을 한 번 더 절감하게 되었습니다.

새로운 경제학 패러다임,
'변화'의 경제학

내가 생각하는 진정한 학자는 상대주의자다. 상대주의자는 의심이 체질화된 사람들이다. 그들은 '절대'와 '정답'이라는 개념을 경멸한다. 그들에겐 믿음이나 신앙이 낯설다. 그러한 태도는 종교에만 해당되지 않는다. 윤리는 물론 도덕도 그렇게 보인다. 상대주의자는 집착과 맹신, 습관, 전통, 결속으로부터 자유롭지만 항상 번민과 고독에 시달린다. 절대주의자들이 광신과 맹종, 독재의 정신병을 앓듯이 상대주의자들도 우울, 허무, 불안, 방황의 정신병으로부터 자유롭지 못하다. 이런 점에서 대다수 사람들은 약간의 정신질환(!)을 앓고 있다.

절대주의자들이 정신질환을 이겨내기 위해 확립된 자신의 기준을 의심할 필요가 있듯이, 상대주의자들은 뭔가 특별한 '기준'을 스스로 마련해서 자신의 정신질환을 고쳐나가는 수밖에 없다. 한편으론 기준을 허물라고 하면서 다른 한편으론 기준을 세우라고 하니 참 난감한 결론이다. 욕 안 먹고 남한테 피해를 주지 않으면서 사회에서 정의와 도덕을 구현하기가 이처럼 어렵다는 것이다.

그러니 개념 없이 기회주의적으로 실천을 요리조리 미루는 상대주의자를 마냥 비닌힐 수 없듯이 자신의 신념을 무지비히게 밀어붙이는 절대주의자를 무조건 비판할 수도 없는 것이다. 절대주의자에게 학문과 의심이 결핍되어 있다면 상대주의자에겐 가치와 행동이 결핍되어 있다. 그러므로 자칭 학자로서 상대주의자인 나의 가치와 행동이 결핍되는 것은 당연하다. 가치와 행동이 결핍되면 불안과 허무, 고독, 방황의 정신병을 이겨낼 수 없다. 그래서 나중에 궁극적으로 부정될지언정 초라하지만 판단과 행동의 기준이 뭐든 필요한 것이다.

그런데 애석하게도 그에 대한 기준, 나아가 규범이 사실상 그리 많지 않다. 그리 많지 않은 이유는 아는 게 많지 않기 때문이다. 지금까지 비주류 경제학을 공부해온 경험으로 비추어 공평한 분배, 연대와 공존, 기본권, 정의 등을 규범으로 제시할 수 있겠다. 그런데도 이런 경제적, 사회적, 정치적, 도덕적 기준의 내용은 여전히 모호하며 그마저도 항상 변화에 직면한다.

하지만 상대주의자인 나에게도 확실한 기준은 있다. '존재하는 모든 것은 변한다' 는 것이다. 나는 이것이야말로 변하지 않는 절대적 진리라고 믿는다. 상대주의자의 절대주의적 신념! 나에게 흔들리지 않는 학문적 기준은 '변화' 다. 세상은 변한다. 사회도 변한다. 경제도 변한다. 자본주의도 변한다. 그 속에서 인간도 변한다. 결국, 학문과 진리도 변한다.

그런데, 이처럼 중요한 '변화'라는 단어에 주목한 지는 그리 오래되지 못했다. 다윈, 슘페터, 베블런으로부터 시작된 후 최근 케인즈 경제학과 결합되고 있는 '진화 경제학'이라는 새로운 방법론에 본격적으로 익숙해졌을 때이니 10년 남짓할까 모르겠다.

그전에 학교생활을 할 때는 온통 '불변의 정답 찾기'를 강요당하고 절대적 진리와 절대자를 믿는 종교적 문화 속에서 자랐다. 대학 시절에는 신고전학파 주류 경제학자들에 의해 '유일하고 신성기인 균형', 곧 '일반균형'의 신념체계로 훈육되었고, 대학원 시절에는 공산주의라는 '불변의 유일한 종착역'에 매료되었던 적이 있었다. 그러니 변화는 오류와 조롱의 대상일 뿐이었다.

변화에 대한 인식의 개인사가 학술적으로도 이처럼 짧지만 현실적으론 길까? 그렇지 않다. 그 역사는 더 짧다. 스스로 변화를 실감하게 된 것은 매우 최근의 일이다. 나이가 더 들어가니 나의 모습도 뚜렷하게 변한다. 머리숱도 적어지고 흰머리도 슬슬 생긴다. 얼굴에 주름도 자글자글 비치기 시작한다. 불과 몇 살 더 많은 선배들의 변화는 확연하다. 불과 몇 년 전만 해도 그 변화를 감지할 수 없었다.

친가, 처가 할 것 없이 각각 5형제다보니 조카들도 상당히 많다. 내가 4남 1녀 중 막내고, 아내가 1남 4녀 중 장녀이니 조카의 연령폭도 엄청 넓다. 아직 초등학교 2학년인 조카부터 이미 직장인이 된 조카까지 다양하다. 제일 큰 조카 녀석이 장가를 들어 올 설에는 새로운 식구가 한 명 늘었다. 조카의 처이니 조카며느리가 되는데, 조카며느리가 내년에 아이를 낳게 되면 나는 그 아이의 뭐가 되지? 복잡한 지위

변화에 대해 더 이상 생각하고 싶지 않다.

서울에서 학교를 다니는 아들 녀석이 내려왔다. 제법 오래 서울에서 살다보니 서울이 생활의 본거지로 되어버렸는지 오자마자 돌아가기 바쁘다. 가서 해야 될 일들이 많단다. 작년까지만 해도 집에서 좀 더 머물다가 가고 싶어 했지만 올해부턴 빨리 가야 한단다. 이젠 더 이상 내 아들이 아니라 '사회의 아들'이다. 내 품에서 점점 멀어지고 있다. 애틋하면서도 섭섭하지만 그것 역시 변화된 현실이다. 이번 설은 변화를 실감했던 명절이다.

존재하는 모든 것은 변하는구나! 변화에 대한 확신은 나에게 슬픔은 물론 걱정과 고민도 가져다준다. 물론 해마다 다가오는 변화는 자연인으로서 필자를 우울하고 슬프게 만든다. 하지만 변화의 중요성에 대한 확신은 새로운 환경이 도래하였음에도 불구하고 여전히 변하지 않는 한국의 진보적 경제학계를 떠올린다. 보수야 변화를 거부하겠지만 진보는 변화에 주목해야 하는데 그렇지 못한 것 같아 진보 경제학자로서 무척 걱정스럽다.

그것은 지식기반경제라는 변화된 조건 아래서 공평한 분배, 연대와 공존, 기본권, 정의 등 초라하지만 나름대로 견지하고 있던 규범들이 어떤 내용으로 채워져야 할지 진화 경제학자로서 나를 고민스럽게 만들기도 한다.

다윈, 슘페터, 베블런, 케인즈가 지금 살아 있다면 이 고민에 대해 어떤 조언을 제시할까?

그리고 마르크스는?

짱구아빠 : 곧 할아버지가 되시겠네요. 변화를 받아들이셔야겠습니다.

↳ 한성안 : 짱구아빠님, 결국 그 단어를 발설하시다니……. 흑흑.

Sophia : 맞아요. 깊이 공감합니다. 절대주의와 상대주의! 도그마(dogma)를 피하려다보니 "인생은 권력에의 의지의 집합"이라는 니체의 말처럼 가치를 설파(!)해야 하는데, 제가 지닌 가치에 대해 의심하거나 스스로를 강하게 설득하지 못하게 되더라고요. 아직 풀어내지 못한 숙제입니다.

↳ 한성안 : 확신과 의심 사이에서 끝없이 방황하고 숙고하는 게 인생이 아닌가
　　싶군요. 그러한 숙제를 짊어지고 사는 사람이야말로 올바른 인생을 사는
　　훌륭한 인격체 아니겠습니까?

훅 : 변화를 고려하는 경제학? 마르크스 경제학도 변화를 전제로 두는 경제학이지 않습니까? 마르크스는 변증법적 과정에 따라 역사가 변하는 것으로 보았다고 알고 있습니다. 변화의 경제학이 이미 존재하는데, 굳이 새로운 경제학이 필요할까요?

↳ 한성안 : 좋은 질문이군요. 신고전학파 주류 경제학과 달리 마르크스 경제학
　　은 인류역사는 물론 자본주의경제를 움직이는 것으로 이해합니다. 하지만
　　역사나 자본주의경제도 법칙에 따라 변하며 그 결과도 결정되어 있습니
　　다. 제가 생각하는 변화는 이런 법칙적이고 결정론적인 변화와 관계없이
　　인간사회의 변화과정에는 법칙이나 예정된 종착역이 존재하지 않는다는
　　입장입니다. 이런 입장은 '진화 경제학적 변화'로 표현될 수 있겠죠. 이런

차이 때문에 변화를 올바로 이해하게 해주는 새로운 변화의 경제학이 필
요한 거죠.

saramhan : 교수님은 진보적 이념을 지향하시잖아요. 마르크스를 비판적으로
수용하는 것 같아 논외로 하겠지만, 새로운 진보적 경제학을 생각할 때 케인
즈 경제학과 진화 경제학은 어떻게 엮어지나요?

↳ 한성안 : 어렵고도 좋은 질문입니다. 기술혁신에 관심을 갖는 '네오슘페터
리언 진화 경제학(Neo-Schumpeterian)'은 지식기반경제에서 심화되고 있는
불균등 발전의 문제를 이해할 수 있게 해줍니다. 나아가 이들의 '국가혁신
체제론'은 지식기반시대에서 정부가 담당해야 할 새로운 역할을 이해시켜
주고, '베블런의 진화 경제학'은 제도와 그 다양성, 불확실성에 주목하게
해줍니다. 불균등 발전, 정부, 제도, 불확실성과 같은 주제는 케인즈 경제
학이 전통적으로 관심을 가져온 주제입니다. 최근 들어 베블런의 진화 경
제학과 케인즈 경제학의 공동 작업이 확대되고 있습니다.

상식이 그리운 시대, 인문학으로 풀어보는

블로그 경제학

초판 1쇄 발행 2012년 3월 25일
초판 2쇄 발행 2012년 6월 30일

지은이 | 한성안
펴낸이 | 김경수
기획, 책임 총괄 | 박향미
편집 | 배은경, 최현숙
마케팅 | 정은진

제작 | 팩컴 AAP(주)
펴낸곳 | 팩컴북스
출판등록 | 2008년 5월 19일 제 381-2005-000074호
주소 | 463-867 경기도 성남시 분당구 정자동 159-4 젤존타워 2차 8층
전화 | 031-726-3666
팩스 | 031-711-3653
이메일 | pacombooks@hanmail.net
값 | 15,000원

ISBN 978-89-97032-08-2 13320

* 이 책은 팩컴코리아㈜가 저작권자와의 계약에 따라 발행한 것이므로 본사의 서면 허락 없이는 어떠한 형태
  나 수단으로도 책의 내용을 이용하지 못합니다.
* 팩컴북스는 팩컴코리아㈜의 출판 브랜드입니다.
* 이 도서의 국립중앙도서관 출판시도서목록(CIP)은 e-CIP홈페이지(http://www.nl.go.kr/ecip)와 국가자료
  공동목록시스템(http://www.nl.go.kr/kolisnet)에서 이용하실 수 있습니다.
  (CIP제어번호: CIP2012000895)